알기 쉬운 불교강좌

(제1권)

알기 쉬운 불교강좌(1권)

엮은이 · 대안스님
발행인 · 김상일
발행처 · 혜성출판사
기   획 · 안정수, 김광호
디자인 · 김성엽
사   진 · 혜성PHOTO
인   쇄 · 대웅인쇄
출   력 · 대초출력

주   소 · 서울특별시 동대문구 신설동 114-91 삼우빌딩 A동 205호
전   화 · 2233-4468
팩   스 · 2253-6316
등록번호 · 제5-597호
수정증보 제1판 인쇄일 · 2004년 10월 15일
수정증보 제4판 발행일 · 2016년 02월 20일

홈페이지 www.hyesungbook.com
전자우편 hyesungbook@live.co.kr
정가 10,000원

책의 파본은 교환해 드립니다.
더욱 더 맑고 향기로운 책을 만들기위해서 노력하겠습니다..

알기 쉬운

불교강좌 제1권

대안스님 지음

혜성출판사

| 머 리 말 |

　부처님의 가르침은 우리의 영원한 삶의 길잡이며, 복잡한 현대사회를 보다 맑고 향기롭게 살아갈 수 있게 합니다. 1600여년 전 이 땅에 전래된 불교는 우리 민족의 정신적 지주로 찬란한 민족문화를 꽃피우는 원동력이었으며, 다가오는 21세기의 확실한 지표로 자리매김하리라 믿습니다.
　그러나 불교에 입문하는 분들이나 절에 다니면서 신앙생활(信仰生活)을 하고 계시는 불자들이 불교는 어렵다고 합니다. 교리면에서 이해하기도 그렇지만 기도(祈禱)니 수행(修行)이니 하는 말들이 우선 중압감을 주기 때문일지도 모릅니다.
　『알기쉬운 불교강좌』는 불교의 전반적인 내용을 실었습니다. 불교대학(佛敎大學)을 개설해서 강의를 하는 가운데 평소 불자들이 필요로 하는 것을 알고 여러 책을 두루 참고해서 엮었습니다. 처음에는 단순히 본인의 강의 교재로만 쓰려고 시작했던 것이 이렇게 책으로 엮어지게 되었습니다. 이 책은 첫째, 신행과 교리부분을 함께 엮음으로써 두 가지를 병행할 수 있도록 하였습니다. 둘째, 불교공부를 조금 더 깊게 하고자 하시는 분들을 위하여 각주와 참고문헌을 세세하게 달아 안내하였습니다. 셋째, 불교에 대한 이해를 쉽게 하기 위하여 학술적인 표현보다 구어체 문장을 사용해서 친근감을 느끼도록 하였습니다.

　이러한 것을 중심으로 엮어진 『알기쉬운 불교강좌』의 내용은 다음과 같습니다.

　제1장은 불교에 입문하는 분들을 위해 사찰의 구조와 예절에 대하여 알기 쉽게 다루어 보았습니다.

　제2장과 제3장은 석가모니부처님의 일대기와 불보살님에 대하여 정리하여 이해의 폭을 넓히고자 하였습니다.

　제4장과 제5장은 불교의 사상적 전개와 그 배경이 된 불교의 우주관에 대하여 살펴보았습니다.

　제6장부터 제9장까지는 부처님 입멸 후 부처님의 말씀이 결집되기까지의 역사적 전개과정에 대하여 살펴보았습니다.

　제10장에서 제12장까지는 불교문화에 대한 개괄적인 고찰과 불교를 바탕으로 이루어진 인류의 위대한 문화에 대한 이해를 돕고자 불교문화·예술 전반에 관하여 서술하였습니다.

　제13장은 부처님이 주시는 삶의 지혜를 살펴봄으로써 사라져가는 인간의 본성을 찾는데 도움을 주고자 하였습니다.

　제14장은 다종교 사회를 살아가는 우리들에게 타종교와의 대화는 필수 불가결한 일이므로 다종교에 대한 바른 이해를 갖고자 종교에 대하여 서술하였습니다.

　제15장에서 19장까지는 불교는 멀리 있는 것이 아니라 '생활이 곧 불교'라는 뜻에서 의식, 참선, 사경, 발우공양, 다도 등으로 나누어 실었습니다.

　마지막으로 제20장과 제21장에서는 21세기를 위한 제언과 흔히 쓰이는 불교 용어, 상식을 소개하였습니다. 아무쪼록 이 책을 통하여 불교를 믿고(信)·알고(解)·행하고(行)·증득하는데(證)

조금이나마 도움이 되었으면 합니다.

  끝으로 이 책을 엮음에 있어서 현묵, 관제, 종현, 일장, 원광, 보각 등 청신사·청신녀 여러분의 발원과 보광출판사 관계자 여러분의 노고에 진심으로 감사드립니다. 더불어 물심양면으로 도와주신 송금이 영가의 극락왕생을 기원합니다.

  나무마하반야바라밀

불기 **2544**년 하안거 결제중에
대안 합장

| 차 례 |

머리말 · 5

제1장 사찰의 구조와 예절　13
　　제1절 사찰의 기원 · 15
　　제2절 사찰의 구조 · 16
　　제3절 법당의 구조 및 예배 방법 · 23
　　제4절 공양물 · 25
　　제5절 절하는 법 · 29
　　제6절 앉는 자세 · 35
　　제7절 기타 예절 · 37

제2장 석가모니 부처님의 일대기　49
　　제1절 거룩한 탄생 · 51
　　제2절 태자의 번민 · 54

제3절 위대한 출가 · 57
제4절 구도행각 · 58
제5절 성도 · 61
제6절 교화 · 63
제7절 열반 · 68
제8절 팔상성도 · 69
제9절 우리의 본사와 십대제자 · 75

제3장 불보살님　81
　제1절 부처님이란 · 83
　제2절 보살 · 93
　제3절 삼성신앙(산신, 칠성, 독성) · 97
　제4절 나한 · 99
　제5절 부처님의 위신력 · 100

제4장 불교의 사상　105
　제1절 삼법인 · 108
　제2절 오온과 십이처 · 110
　제3절 연기 · 114
　제4절 사성제 · 팔정도 · 120
　제5절 불교의 목적 · 127
　제6절 기도와 염불 · 128

제5장 불교의 우주관 135
제1절 불교적 우주관 · 137
제2절 삼계 · 139
제3절 극락세계 · 153
제4절 우주의 변화 · 155
제5절 부처님의 또 다른 가르침 · 159
제6절 타종교의 우주관 · 160

제6장 경전결집 165
제1절 경전의 성립과 삼장 · 167
제2절 경전의 구성과 종류 · 170
제3절 경전의 분류 · 177
제4절 제경의 세계 · 179

제7장 대승불교운동 95
제1절 교단의 변천사 · 197
제2절 대승불교 운동 · 201
제3절 불교의 수도론 · 204
제4절 대승불교운동의 설천 덕목 · 214
제5절 삼학 · 233

제8장 대승사상의 전개 237

제1절 중관사상 · 239

제2절 유식사상 · 241

제3절 천태사상과 화엄사상 · 246

제4절 선사상과 정토사상 · 250

제9장 불교의 역사 255

제1절 인도 불교사 · 258

제2절 중국 불교사 · 267

제3절 한국 불교사 · 273

제4절 일본 불교사 · 287

제5절 기타 · 289

제10장 불교미술 295

제1절 불교미술의 영역 · 297

제2절 불교 유적 · 298

제3절 불상의 구체성 · 304

제4절 불화 · 319

제5절 기타 · 326

찾아보기 344

제1장

사찰의 구조와 예절

제1절 사찰의 기원
제2절 사찰의 구조
제3절 법당의 구조 및 예배 방법
제4절 공양물
제5절 절하는 법
제6절 앉는 자세
제7절 기타 예절

제1장

사찰의 구조와 예절

제1절_ 사찰의 기원

절은 부처님을 모시고 부처님의 가르침을 배우는 성스러운 곳으로 불(佛)·법(法)·승(僧) 삼보(三寶)가 두루 갖추어져 있는 곳이다. 절은 부처님의 정법(正法)을 배우고 업장을 참회해서 번뇌가 없는 즐거움의 세계를 증득하여 생사를 초월하여 성불(成佛)하는 곳이다. 따라서 불자들이 지혜(智慧)와 희망과 용기를 얻는 근원지이고 또한 그러한 사람들의 마음을 함께 모으는 장소이기도 하다.

절을 가리키는 말에는 도량(道場), 가람(伽藍), 총림(叢林), 산림(山林), 사찰(寺刹), 사원(寺院), 사(寺), 암(庵), 정사(精舍), 원(院), 포교당(布敎堂), 포교원(布敎院), 선원(禪院), 아란야(阿蘭若) 등이 있다.

1) 절의 어원

우리 나라에서 일반적으로 절이라고 부르는 것은 몇 가지 설이 있다.

첫째, 아도화상(墨胡子)이 신라땅에 들어와 모례(毛禮)라는 집에 머문 것에서 비롯되어 모례→털례→철례→절례→절로 음운 변화되었다는 설이 있다. 둘째, 팔리어 테라(Thera)에서 왔다는 설이다. 셋째, 절을 하는 곳이라는 뜻에서 생긴 설이다.

2) 절의 다른 이름들

절을 가리키는 말들의 뜻을 살펴보면 첫째, 사(寺)는 중국에서 그 유래를 찾을 수 있다. 중국에서 원래 외국 사신을 대접하는 공사(公司)였다. 이것이 사(寺)라는 의미로 쓰여진 것은 마등(摩騰), 법란(法蘭)이 처음으로 불교경전을 가지고 와서 홍려사(鴻臚寺)에서 묵었다고 하는 데서 시작되었다.

둘째, 도량(道場)은 불법의 도를 닦는 장소를 말한다. 셋째, 가람(伽藍)은 승려들이 모여 수행하는 곳으로 승가람마(僧伽藍摩, sangarama)의 약자다. 넷째, 정사(精舍, 비하라 vihara)는 정진하시는 스님들이 계시는 집이란 뜻이다.[1] 다섯째, 선원(禪院)은 참선하는 곳이란 뜻이다. 여섯째, 아란야(aranya, 林主)는 수행하기 좋은 한적한 숲속 수도처란 말이다.

제2절_ 사찰의 구조

절의 주요 건축물로는 대웅전, 각법당(전·각), 탑, 요사 등이 있고 이에 부속하는 구축물이 있다. 절에 갈 때에는 대개 여러 개

---

1) 조계종 포교원 편, 『불교입문』 조계종출판사, 1997, 193-194쪽 참고.

의 문을 통하여 들어가며, 도중에 부도전을 지나게 된다. 통상적으로 대웅전 앞에는 탑과 석등이 있고 좌우에 요사가 있다.

1) 문(門)

절에는 여러 가지 문이 있다. 문이란 경계이고, 이 세계에서 저 세계로 들어가는 입구이다. 즉 서로 다른 세계를 가르는 경계이기도 하고, 또한 서로 다른 세계를 이어 주는 통로이기도 하다. 그러므로 우리의 인생도 좋은 문으로 들어가야만 성공된 삶을 살 수 있는 것이다.[2]

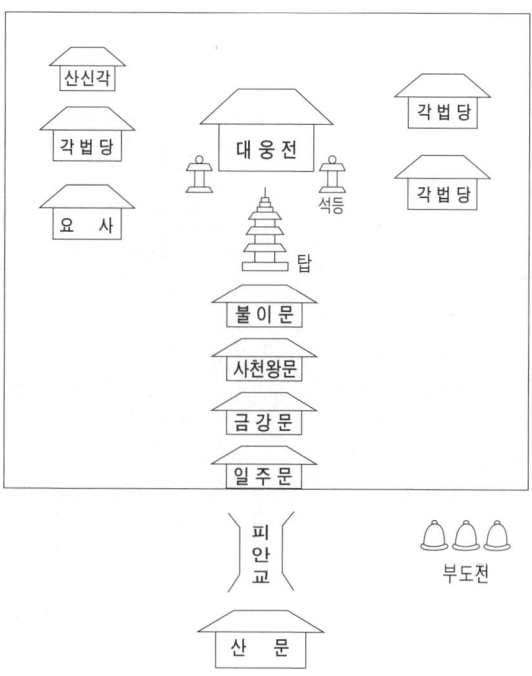

사찰구조 사찰의 특성에 따라 약간의 차이는 있으나 일반적으로 사찰의 구조는 그림과 같다.

절에 있는 문들을 살펴봄으로써 그 문이 우리에게 주는 상징적인 의미를 알아보고자 한다.

(1) 산문(山門)

절은 산 속에 위치해 있는 관계로 산의 초입에 세워진 절의 바깥문을 말한다. 세속의 인연을 끊고 영원한 해탈의 세계, 즉 마하반야바라밀의 세계에 이를 수 있다는 의미에서 단속문(斷俗門)이라고 한다. 또한 부처님의 가르침을 통하여 깨달음으로 인도한다고 해서 법문(法門), 특정 가르침에 의거하여 종지를 세운 특정 종파의 문을 뜻한다고 해서 종문(宗門)이라고도 한다.

(2) 일주문(一柱門)

일주문   보통 기둥 네개에 3칸으로 이루어진 일주삼간으로 회삼귀일 사상이 담겨 있다.

---

2) 권영한 지음, 『예불하는 마음에 자비를』 전원문화사, **1995**, **80**쪽 참고.

보통 기둥 네 개에 **3**칸으로 이루어진 일주삼간(一柱三間)으로 이는 법화경 속의 회삼귀일사상(會三歸一思想) 즉, 중생의 바탕과 능력에 따라 성문(聲聞), 연각(緣覺), 보살(菩薩)로 나누어진 불교의 여러 교법을 오직 성불을 지향하는 일불승(一佛乘)의 길로 간다는 사상적 의미가 담겨있다.[3] 불자들은 일주문을 들어섬으로써 사실상 사찰 경내에 들어서는 것이고 부처님의 세계에 다다른 것이다. 일주문에 들어서면 큰 법당을 향해서 합장하고 반배를 한다.

(3) 금강문(金剛門)

절의 수호신인 금강역사(金剛力士)가 있는 문이다. 흔히 인왕문(仁王門)이라고도 한다.

금강역사는 본래 야차신의 하나였지만 항상 석가모니 부처님 주위에서 금강저(金剛杵)를 손에 들고 설법을 도우며 따르다가 점차 많은 불·보살까지 수호하게 되었다. 금강은 주로 그림으로 등장하는데, 왼쪽이 밀적금강역사(密迹金剛力士)이고, 오른쪽이 나라연금강역사(那羅延金剛力士)이다.

첫째, 밀적금강역사는 금강(金剛)의 무기를 갖고 항상 부처님을 수호하는 야차신 가운데 한 분이다. 그는 부처님 가까이 있기를 원하며 부처님의 비밀스러운 사적을 들으려는 원이 가득하므로 밀적(密迹)이라는 이름이 생겨났다.

둘째, 나라연금강역사는 천상에 있는 역사(力士)의 이름으로 그 힘이 코끼리의 **100**만 배나 되는 어미어미히게 힘이 센 분이다. 인왕문, 금강문이 마련되지 않은 사찰에서는 대웅전 등의 벽면에 여

---

3) 금정불교대학, 『교재 강의』 1997, **168**쪽 참고.

러 인왕의 모습을 그려서 부처님을 수호하도록 하고 있다.

(4) 사천왕문(四天王門)

불법을 수호하는 신인 사천왕(四天王)을 모신 문이다. 사천왕은 인도에서 숭상했던 신들의 왕이었으나, 부처님께 귀의하여 불법을 지키는 수호신이 되었다. 세계의 중심으로 우뚝 솟아있는 수미산(須彌山)의 정상인 도리천 바로 아래 산 중턱에 있으면서 동서남북 사방을 지키며 도리천 주인인 제석천왕(帝釋天王)을 섬기고 있다. 즉 동방의 지국천(持國天), 서방의 광목천(廣目天), 남방의 증장천(增長天), 북방의 다문천(多聞天)이 갑옷을 입고 손에는 칼이나 창, 용, 보탑, 비파 등을 쥐며 발로는 마귀를 밟고 선 무인상의 모습을 취하고 있다.[4] 사천왕을 모시는 이유는 다음과 같다.

① 절을 수호한다.
② 불자로 하여금 도량 안은 모든 악귀가 물러난 청정한 곳이라는 마음을 가지게 한다.
③ 수행과정의 상징적 의미로 보며 일주문을 거쳐서 수미산의 중턱에 이르고 있다는 뜻이다.
④ 위압적인 인상을 보고 잡념을 씻어 청정한 마음을 가지게 한다. 처음 대하면 거부감을 주는 사천왕들은 사실은 착한 사람을 도와주는 고마운 분들이다. 사천왕의 마음과 내 마음이 상통해서 불도를 이루어 청정한 부처님의 세계에 들어가는 계기가 되었으면 한다.

---

4) 금정불교대학, 앞의 책, **169**쪽 참고.

불이문 진리가 둘이 아니라는 불이의 경지를 상징하며, 해탈문, 진여문, 자하문이라고도 한다.

(5) 불이문(不二門)

수미산 정상에 도리천(忉利天)이 있고, 도리천 위에는 부처님 세계로 들어가는 불이문이 서 있다. 진리는 둘이 아니라는 불이(不二)의 경지를 상징한다. 해탈문(解脫門), 진여문(眞如門), 자하문(紫霞門), 안양문(安養門) 이라고도 한다. 불법(佛法)이 둘이 아니며, 승(僧)과 속(俗)이 둘이 아니며, 생(生)과 사(死)가 둘이 아닌 완전한 세계에 들어감을 상징한다. 이는 곧 수행의 가장 큰 목표로서 모든 번뇌의 속박에서 벗어나 대자유를 얻는 것을 뜻한다.

2) 탑(塔)

탑은 원래는 부처님 사리(舍利)를 봉안하고 그 위에 흙이나 돌을 높이 쌓아 만들었던 것이 최초의 기원이다. 후대에는 사리 대신 불상이나 불경을 모시기도 하고 아무것도 들어 있지 않은 경우에도 쌓아올려 탑이라 부르게 되었다. 탑돌이를 할 경우에는 시계 도는 방향으로 한다(自東南來). 또는 우요삼잡(右遶三匝)이라 한다.[5]

3) 요사(寮舍)

스님들이 생활하는 건물을 통틀어서 요사라고 한다. 스님들이 수도하는 곳, 일하는 곳, 기거하는 곳을 모두 요사라 하므로 사무실, 후원(後院), 객실, 창고 등이 모두 이에 해당된다.

스님들이 수도하는 요사의 명칭은 여러 가지를 사용한다.
① 해행당(解行堂) : 올바른 행을 하는 집이다.
② 수선당(修禪堂) : 참선하는 장소이다.
③ 심검당(尋劍堂) : 지혜의 칼을 찾는 곳이다.
④ 선불장(選佛場) : 부처님을 선출하는 장소이다.
⑤ 적묵당(寂默堂) : 말없이 명상하는 곳이다.
⑥ 설선당(說禪堂) : 설법과 참선을 하는 집이다.
⑦ 향적전(香積殿) : 향나무를 때서 밥을 짓는 집 등의 이름으로 현판을 붙여서 부르기도 한다.

4) 전각(殿閣)

전각의 명칭은 모셔진 분에 따라 달라진다. 보통 부처님이나 보살, 부처님의 제자상이 모셔진 곳은 전(殿)이라 하며 그 외에는 각(閣)이라 한다. 절의 가장 중심되는 건물을 큰법당(大雄殿)이라

---

5) 조계종 포교원 편, 앞의 책, **206**쪽 ; 석청암 엮음, 『불교, 절에 대한 바른 이해』 우리출판사, **1996**, **59-60**쪽 ; 권영한 지음, 앞의 책, **317-321**쪽 참고.

한다.

① 전(殿) : 대웅전(大雄殿), 대적광전(大寂光殿), 극락전(極樂殿), 미륵전(彌勒殿), 약사전(藥師殿), 영산전(靈山殿), 나한전(羅漢殿), 관음전(觀音殿), 지장전(地藏殿), 문수전(文殊殿), 보현전(普賢殿) 등이 있다.

② 각(閣) : 산신각(山神閣), 칠성각(七星閣), 독성각(獨聖閣), 영각(影閣), 장경각(藏經閣), 가람각(伽藍閣) 등이 있다.

5) 피안교(彼岸橋)

피안(彼岸)이란 고해의 이쪽 언덕이 아닌 무한 행복의 저쪽 언덕을 뜻한다. 그곳은 고통과 근심이 없는 부처님 세계다. 따라서 피안교란 저 언덕에 도달하기 위해 건너는 다리를 뜻하고 있다. 우리들이 절에 갈 때 피안교를 건너는 것은 세속의 마음을 청정하게 씻어버리고 진리와 지혜의 광명이 충만한 부처님의 세계로 나아간다는 것을 의미한다.[6]

제3절_ 법당의 구조 및 예배 방법

법당의 통상적인 구조를 살펴보면, 상단·중단 및 하단의 **3**단 설치(三壇設置)를 하고 있다. 부처님과 보살님을 모신 상단, 불법을 수호하는 호법 신중들을 모신 중단, 그리고 영가를 모신 하단

---

[6] 석청암 엮음, 앞의 책, 57쪽 참고.

이 그것이다.

(1) 상단(上壇)

법당의 중앙문('어간문'이라고 한다) 바로 맞은 편에 가장 높게 설치해서 상단이라고 한다. 부처님과 보살님을 모시기 때문에 불보살단(佛菩薩壇), 삼존불(三尊佛)을 모셨다고 해서 불단이라고 한다.[7]

(2) 중단(中壇)

호법을 발원한 선신들을 모신 단이다. 신장단(神將壇)을 중단이라 하는데, 여러 신장님들을 모신 단이기 때문에 신중단(神衆壇)이라고도 한다. 부처님의 세계는 하나지만 미혹한 중생의 세계는 수없이 많다. 중생들은 되는 대로 살기도 하고, 악행을 업으로 삼고 살아가는 중생도 있는 반면에 부처님의 가르침을 배워 참된 길을 나아가려고 노력하는 중생도 있다.[8]

신중(神衆) 가운데에는 발심하여 착한 사람을 돕고자 하는 선신도 있다. 중단에는 이와 같이 부처님이 아닌 발심한 선신들을 모셨으므로 우리가 존경하고 감사를 드린다.

신중단에 모신 선신들은 지혜롭고 자비로우며 위신력이 대단하다. 불법을 수호하겠다는 원을 세워 부처님에게 부촉을 받아 착한 불자를 수호한다.

---

7) 김길원 편저, 『불자예절과 의식』 불광출판부, **1996, 38-41**쪽 참고.
8) 조계종포교원 편, 앞의 책, **208**쪽 참고.

(3) 하단(下壇)

영가(靈駕)의 위패가 모셔진 단이다. 재나 제사를 지내는 곳이며 영단(靈壇)이라고 한다.

(4) 어간(御間)

부처님이 앉아계신 정면으로서 중앙 출입문과 상단 사이의 공간을 말한다. 경탁 등 여러 가지 불구(佛具)들이 있는 곳이다. 이곳은 스님들께서 위치하는 곳이므로 일반불자들은 통상적으로 이곳에서 절을 하거나 앉지 않는다.

상단을 통과할 때에는 예를 갖추어야 하며 상단 뒷편의 통로를 사용하는 것이 예의다. 불자들 중에 혹시 어간에 앉거나, 어간에서 기도를 드리는 경우를 보면 친절하게 가르쳐 주어야 한다.

제4절_ 공양물

공양(供養)은 '공급(供給)하여 자양(滋養)한다'는 뜻으로 부처님께 드리는 것을 말한다. 나아가 사람을 비롯한 어떤 대상에게 무엇을 드리는 것까지도 의미한다.

부처님께 공양을 드리는 것은 스스로 삼독(三毒)에서 벗어나 맑은 마음으로 서원을 세우고, 성취하기 위하여 정성을 다하는 데 있다.

1) 육법공양(六法供養)

공양물(供養物)에는 대표적으로 여섯 가지가 있다. 우리는 이

공양물을 육법(六法)으로 이해하고 염원해야 한다.

(1) 향 : 자유로움, 희생, 화합, 공덕

향은 해탈향(解脫香)이다. 우리는 명예, 돈, 권력에서 해탈되어야 한다. 아집의 몸을 버리고 훌훌 연기가 되어 자유로운 몸이 되어간다. 즉, 향은 해탈, 자유로움을 상징한다. 뿐만 아니라 향은 자기를 태워 주위를 맑게 하므로 희생을 상징한다. 또한, 향은 푸른 향이든 붉은 향이든 연기가 되어 모두 어우러져 한 덩어리가 된다. 즉, 화합을 상징한다. 향은 또한 부처님 도량을 향기롭게 하는 공덕을 짓는다.

(2) 등(초) : 지혜, 희생, 광명, 찬탄

등은 반야등(般若燈)이다. 지혜가 없으면 어둠에 사는 인생이요, 지혜가 있으면 모든 인생을 바르게 보며 참되게 산다. 즉, 등불은 지혜를 상징한다. 또한 등불은 자기를 태워 세상을 밝히므로 희생을 의미하기도 하며, 등불은 말 그대로 광명이며 불도량을 밝히는 찬탄이다.

(3) 꽃 : 수행, 장엄, 찬탄

꽃은 만행화(萬行花)이다. 꽃은 피기 위해 온갖 인고의 세월을 견딘다. 이처럼 우리 중생들도 성취의 꽃을 피우기 위해 온갖 수행을 해야 하는 것이다. 즉, 꽃은 만행을 상징한다. 꽃은 또 불도량을 화려하게 장엄하며 찬탄한다.

(4) 과일 : 깨달음

과일은 보리과(菩提果)다. 과일은 열매이다. 우리들의 수행과 공부는 깨달음이란 열매를 거두기 위해서다. 깨달음의 열매로 영글어 가는 공부가 기도, 참선, 주력, 독경, 사경, 보살행 등이다.

(5) 차(청수) : 만족, 청량

차는 감로다(甘露茶). 부처님의 법문은 감로의 법문이다. 목마를 때 마시는 한잔의 물은 말 그대로 감로수이다. 부처님의 법문은 만족과 청량함을 준다. 즉, 청수의 공양은 만족과 청량을 의미한다.

(6) 쌀 : 기쁨, 환희

쌀은 선열미(禪悅米)다. 쌀은 농부에게 있어서 곧 기쁨이다. 탈곡 후 한 줌의 쌀을 손에 든 농부는 환희스러울 뿐이다. 쌀공양은 이처럼 기쁨과 환희를 준다. 선열이란 불교를 신행하면서 일어나는 기쁜 마음이다. 쌀의 어원은 사리다. 사리는 만 중생에게 기쁨과 환희를 준다. 쌀 공양은 결국 선열을 상징한다.

이외에 금전공양, 떡공양, 음성공양, 법공양 등이 있다.

2) 마지(摩旨)

부처님께 올리는 밥을 마지라고 한다. 사시에 천수경이 끝난 후 뚜껑을 연다. 미리 올라 왔을 경우도 이때 뚜껑을 연다. 공양을 지을 때는 잡다한 말을 해서는 안되고 공양간에서 이동할 때도 조심해야 하며 오른손에 잘 받쳐들어야 한다.[9] 상단 불공이 끝나면 중단으로 옮긴다. 이를 퇴공(退供)이라고 한다. 마지 담는 그릇을 불

마지 올리는 법   부처님께 올리는 공양으로 사시에 천수경이 끝난 후 뚜껑을 연다.

기(佛器)라고 한다. 이 많은 공양물들은 사시(巳時)에 이루어지는 마지를 중심으로 불보살님 전에 올린다. 특별한 경우에는 시간에 구애를 받지 않는다.

3) 공양 올리는 순서

먼저 상단에 올리고 중단으로 퇴공(退供)한다. 그 다음 하단에 옮겨서 쓸 수도 있다. 공양물이 넉넉하면 상단, 중단, 하단에 나누어서 올릴 수 있다.

(1) 초, 향, 차를 올리고 내리는 순서

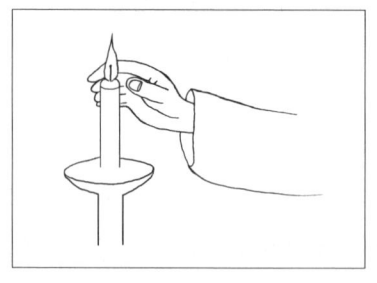

촛불 끄는 법   입으로 불어서 끄는 것이 아니라, 손이나 준비된 도구를 사용한다.

---

9) 김길원 편저, 앞의 책, **138-139**쪽 참고.

먼저 상단에서부터 중단, 하단의 순서로 촛불, 향, 차를 올린다. 촛불과 향은 하단, 중단, 상단 순으로 끈다. 차는 상단, 중단, 하단 순으로 거둔다.

(2) 기타 공양물 올리는 법
① 과일은 법당 참배 후 깨끗이 씻어서 올린다.
② 쌀은 바로 올린다.

(3) 주의할 점
① 법당에서 나올 때는 반드시 촛불을 끄고 나와야 한다.
② 촛불은 입으로 불어서 끄는 것이 아니며, 손으로 끄거나 또는 준비된 도구를 사용한다.
③ 향은 향로에 한 개씩만 피우는 것이 좋다(일주향(一柱香)).
④ 차(茶)를 올릴 때는 다기(茶器)소리가 나지 않게 주의하며 청정수(깨끗한 물)로 대신하기도 한다.

제5절_ 절하는 법

1) 합장(合掌)

합장은 한결같은 마음으로 공경을 표시하는 것이며, 모든 불교 예절이 기본이 된다. 그러므로 항상 합장하는 습관이 몸에 배어있는 것이 좋으며 자연스러워야 한다.
① 두 손을 조용히 올려 모든 손가락은 가지런히 붙이고 손바닥은 가운데가 뜨지 않게 해야 한다.

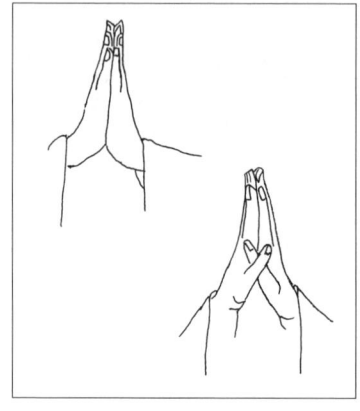

합장하는 법 합장은 마음을 모으며, 피어나는 연꽃봉우리를 나타낸다.

② 손은 세워서 코끝을 향하도록 하며, 가슴에서 손가락 굵기만큼 약간 띄우고 팔은 상대방이 보아 수평이 되게 하는 것이 좋다.
③ 왼쪽 엄지손가락이 오른쪽 엄지손가락을 누른다.
④ 합장한 손은 장지와 약지 끝만 보일 정도로 약 45°의 각도로 유지하면 되고, 서 있을 때 발뒤꿈치는 붙여서 차려 자세를 취한다.
⑤ 몸의 자세는 가지런해야 하며 눈동자를 두리번거려서는 안 된다.

이와 같이 합장은 첫째, 마음을 모은다.(정성을 모은다) 둘째, 피어나는 연꽃 봉오리를 나타낸다.(희망과 성취를 약속한다) 셋째, 왼손(體)과 오른손(用)이 하나임을 나타낸다.[10]

---

[10] 편집부 엮음, 『100문 100답(입문편)』 대원정사, 1998, 199-200쪽 참고.

2) 차수(叉手)

두 손을 자연스럽게 그리고 공손하게 마주잡는 자세다. 손에 힘을 주지 말고 손가락 부분이 서로 교차되게 하여 오른손으로 왼손을 가볍게 잡는다.[11]

차수하는 법 두손을 자연스럽고 공손하게 마주잡는다.

3) 반배하는 법[12]

① 합장한 자세에서 자연스럽게 허리를 60° 정도 굽혔다가 다시 일으키면 된다.
② 경망스럽게 빨리 한다든지 합장한 손을 아래위로 끄덕거려서는 안된다.
③ 자기보다 아랫사람이라도 단정하게 해야 한다. 불자들이 반배를 해야 하는 경우는 다음과 같다.
　㉮ 일주문에 들어서서 법당을 향하여 절할 때
　㉯ 길에서 스님이나 법우를 만났을 때
　㉰ 옥외에서 불탑이나 기타 구조물 등에 절을 할 때

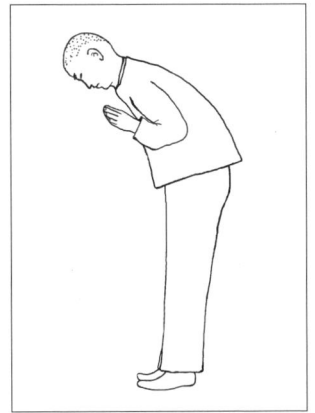

반배하는 법 합장한 자세에서 허리를 60°정도 굽혔다가 다시 일으킨다.

---

11) 김길원 편저, 앞의 책, **1996**, **52**쪽 참고.
12) 홍사성 주편, 『불교상식백과』 불교시대사, **1993**, **791**쪽 참고.

㉣ 야외 법회시나 복잡한 옥내 법회시에
㉤ 큰절을 하기 전이나 마친 후
㉥ 불전에 공양물을 올리기 전이나 올린 후
㉦ 법당에 들어선 후나 법당에서 나오기 전
㉧ 법당 안팎에서 부처님 전을 통과할 때 등이다.

4) 큰절하는 법
① 합장 후 반배를 한다. 무릎을 꿇고 자기 어깨 넓이 정도로 팔을 벌려 바닥을 짚고 왼발이 오른발을 눌러서 포갠다. 이마와 팔꿈치를 바닥에 붙인다.
② 손바닥이 이마 부분을 넘지 않게 하며 귀에서 너무 떨어지지 않게 한다. 엉덩이를 발꿈치에 붙여 등을 되도록 낮게 해서 수평이 되는 것이 좋다.

큰절하는 법 절은 자신의 교만한 마음을 버리고 자기 마음의 문을 열게 한다.

③바닥에 대었던 손을 뒤집어 놓는다.
  ㉮ 자기의 불성을 세상에 내어 보이듯이
  ㉯ 부처님을 공경하듯이 한다.
④다시 손을 바닥에 뒤집고 밀쳐서 상체를 세워 손을 합장하고 가슴에 붙여서 두 발을 나란히 한 상태로 곧게 세워서 발가락 힘으로 일어난다. 한 발을 앞으로 내어서 일어나거나 무릎을 손보다 먼저 바닥에서 떼어서는 안 된다.

이와 같이 큰절의 근간이 되는 오체투지(五體投地)는 신체의 다섯 곳(양 팔꿈치, 양 무릎, 이마)을 땅에 닿게 한다. 이것은 인도식의 머리, 다리, 팔, 가슴, 배의 다섯 부분을 땅에 닿도록 엎드려 절하는 예법에서 유래된 것이다.

5) 삼배(三拜)하는 법

먼저 서서 합장 반배한 다음 세 번 큰절을 하고 일어나서 다시 합장 반배한다. 마지막 큰절에 고두례(叩頭禮＝唯願半拜, 엎드린 채 이마를 들어 그 밑에 합장하여 곧게 세워 붙임)한다.

고두례는 절을 몇 번 하든지 제일 마지막에 한다. 지극한 마음을 표시하기 위해서 7배, 21배, 108배, 1080배 혹은 3000배를 해도 제일 마지막 절을 할 때 한다.[13] 다시 한번 지극 정성으로 마음을 모아 예를 드린다는 뜻이다.

(6) 절은 왜 하는가?

① 절은 자신의 교만한 마음을 버리고 자기 마음의 문을 열게 한

---

13) 조계종 포교원 편, 앞의 책, **168-169**쪽 참고.

다. 그러므로 끝내 탐내고(貪) 성내고(瞋) 어리석은(癡) 삼독(三毒)의 마음을 조복(調伏) 받는다.

② 지극한 정성의 뜻이며 삼보(三寶)께 귀의(歸依)하고 순응한다는 뜻이다. 특히 삼배를 드림은 몸(身)·입(口)·뜻(意)으로 짓는 세 가지 업(三業)을 참회하고 삼보께 귀의하며 참된 진리를 배우고자 하는 데 있다.

③ 정신통일을 이루어 망상으로부터 벗어날 수 있게 한다. **108배, 3000배**를 하는 순간순간 업장이 소멸되고 무아의 경지가 나타나 소원이 성취되는 것이다.

④ 신체적 활동에 의한 건강증진, 대사기능의 원활을 가져와 두뇌의 총명을 얻는다.

⑤ 절은 척추를 튼튼하게 한다. 한의학에서는 절을 하는 과정에서 다섯 발가락에 대돈(大敦)이라는 혈(穴)을 자극한다고 한다. 이 혈은 간과 연결되어 간장(肝)이 좋아지게 한다. 한편 발바닥의 용천(湧泉)의 혈을 자극한다. 용천의 혈은 바로 신장(腎臟)과 연결되어 있다. 용천의 지압을 통해서 신장의 기능이 좋아진다. 신장의 건강은 곧 활력(活力)이다. 신장이 좋아지면 정(精)이 좋아진다. 한편 절은 반드시 합장하면서 하게 된다. 손바닥에는 심포경(心包經)이 있으므로 합장은 심포경을 자극하여 심장(心臟)을 좋게 한다. 심장은 신(神)과 통한다. 즉 용천, 대돈의 자극으로 신장(精)이 좋아지고 합장으로 심장(神)이 좋아져 정신(精神)이 맑아진다.

7) 절을 해서 받게 되는 열 가지 공덕[14]
① 아름다운 몸을 받게 된다.

② 무슨 말이나 남들이 믿어준다.
③ 어느 곳에서나 두려움이 없다.
④ 부처님께서 항상 보호하신다.
⑤ 훌륭한 위의를 갖추게 된다.
⑥ 모든 사람이 친하기를 바란다.
⑦ 모든 사람들이 사랑하고 공경한다.
⑧ 큰복과 덕을 갖추게 된다.
⑨ 마침내 열반을 증득한다.
⑩ 명(命)을 마친 후는 극락세계에 태어난다.

제6절_ 앉는 자세

1) 좌선 자세[15]

불자가 일반인들과 비교했을 때 가장 돋보이는 자세가 앉아있는 자세다.

(1) 결가부좌

한쪽 발을 반대쪽 허벅지 위에 올려놓되 발을 끌어 당겨서 발바닥이 위로 향하도록 복부 쪽으로 당긴 다음 같은 요령으로 반대쪽 발을 반대쪽 허벅지 위에 교차시켜 얹어 놓은 자세이다. 두 발은 같은 각도로 교차되어야 하고 두 무릎이 바다에 밀착되어야 한다.

---

14) 석청암 지음, 앞의 책, **27-28**쪽 참고.
15) 홍사성 주편, 앞의 **788-789**쪽 ; 김길원 편저, 앞의 책, **59-60**쪽 참고.

결가부좌, 반가부좌 앉아있을 때에 두 귀와 두 어깨가 지면에 평행이 되도록 한다.

두 발은 모두 바짝 당겨 하복부에 가까이 붙여야 한다.
둔부의 중심과 두 무릎이 삼각형을 이루며 바닥에 밀착되어 금강과 같이 견고하다고 하여 금강좌(金剛座)라고도 한다.

(2) 반가부좌

결가부좌보다 약간 수월한 자세다. 두 다리 중 어느 쪽이든 관계없이 한쪽다리를 밑에 깔고 다른 다리를 반대쪽 다리의 허벅지 위에 올려놓는다. 이 자세에서도 두 무릎은 바닥에 밀착되어야 하나 밑에 깔린 다리로 인하여 두 무릎을 바닥에 밀착시키기란 쉽지 않다. 참선의 경험이 없는 불자는 몸에 무리가 없는 반가부좌의 자세가 좋다.

결가부좌든 반가부좌든 앉아 있을 때에는 두 귀와 두 어깨가 지면으로부터 평행이 되고 코와 배꼽이 나란히 되도록 자세를 바로 유지하고 턱을 약간 당겨서 염불 또는 독경을 하는 경우를 제외하고는 입을 꼭 다물도록 한다. 옆에서 볼 때 지면과 몸이 수직이 되도록 곧은 자세를 취하여 뒤로 젖혀지거나 앞으로 굽은 자세가 되어서는 안 된다.

2) 장궤(長跪) – 호궤(胡跪)

수계(受戒)시 무릎꿇는 자세를 장궤라고 한다. 보통의 무릎꿇는 자세와는 약간 다르다. 무릎을 꿇되 머리에서 무릎까지 상체가 수직이 되도록 몸을 곧추세우며 두 발의 발가락 끝으로 땅을 지탱해 버티는 자세이다.[16)]

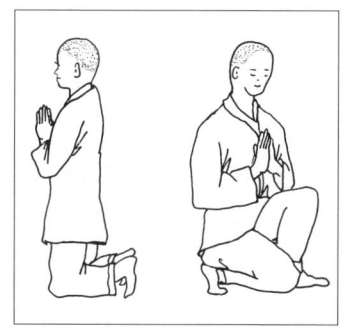

장궤, 우슬착지   장궤는 수계식때, 우슬착지는 지형상 큰절이 불가할 때 사용된다.

3) 우슬착지(右膝着地), 좌궤(佐跪)

오른쪽 무릎은 땅에 붙이고 오른쪽 발끝은 땅을 버티게 하며 왼쪽 무릎은 세우고 왼쪽 발은 땅을 밟고 있는 자세로서 큰절을 하고 싶으나 지형상 불가할 때 혹은 그 외의 경우에 사용된다.

제7절_ 기타 예절

인간이 예의를 갖추는 데는 여건에 따라 여러 가지의 형태가 있다. 사찰에 맞는 불교식 예배를 올려야 함은 두말할 나위가 없다. 불자는 경내에서 어떤 몸가짐을 지녀야 하는 것인지에 대해 알아보자.

---

16) 김길원 편저, 앞의 책, **61–62**쪽 참고.

1) 도량에서의 몸가짐[17]

① 산문에 들어서서 집에 돌아갈 때까지 몸과 마음을 단정히 한다.
② 일주문에 들어서면 법당을 향해서 합장하고 반배를 올린다.
③ 천왕문, 불이문 등을 통과할 때도 합장 반배하며, 천왕문의 경우는 좌우에 다시 각각 합장 반배하여도 무방하다.
④ 큰 법당에 먼저 예배한 후 사찰에 모든 볼일을 본다.
⑤ 법당 안에서는 상단, 법당 밖에서는 중앙 출입문을 지나칠 때는 합장 반배한다.
⑥ 절에서 공양을 하였거나 하루 묵었다면 사찰내의 관계자에게 인사하며 예의를 지킨다.
⑦ 불자는 등산이나 여행시 사찰을 보게 되면 그쪽으로 합장 반배하고 시간이 허락하면 법당에 들러 참배하는 것이 마땅하다.
⑧ 공양을 하게 되면 다같이 평등하게 나누어 먹어야 하며 남기거나 버리는 일이 없도록 한다.
⑨ 고성방가, 음주, 흡연은 절대 삼가하고, 이러한 행위자에게는 충고한다.
⑩ 이성간의 교제 장소로도 많이 활용되는 바, 특히 이성간에는 몸가짐에 유의하고 정숙한 자세를 유지하여야 한다.
⑪ 노출이 심한 복장이나 슬리퍼 등을 신고 돌아다녀서는 안 된다. 단정하고 간편한 복장을 하며 신을 꺾어 신거나 소리를 내어 끌지 말고 조용히 다녀야 한다.
⑫ 사찰 구조물 등에 기대어서 촬영 등을 해서는 안 된다. 석탑

---
[17] 권영한 지음, 앞의 책, **34-36**쪽 참고.

에 기대어 사진을 찍는 것은 부처님께 기대어 사진을 찍는 것과 같다.
⑬ 스님을 뵙거나 불자끼리 만났을 경우 합장 반배하면서 인사한다.
⑭ 종을 쳐 본다거나 북을 두들겨서는 안 된다.
⑮ 사찰에 있는 물건은 삼보의 귀중한 공유물로서 소중히 하여 항상 제자리에 두어야 한다.
⑯ 마루에 걸터앉거나 불전을 등지고 서 있는 것을 삼가야 한다.
⑰ 특히, 기도나 제사에 참석할 때는 부정한 일을 멀리 한다.
⑱ 도량을 항상 깨끗하게 청소하고 자기의 물건은 분실치 않도록 주의해야 한다.

2) 법당 출입 및 법당 안에서의 행동
① 법당에 들어갈 때는 어간문으로 들어가지 말고 옆문으로 들어간다.
② 문을 들어갈 때 부처님 쪽에 있는 발부터 먼저 넣는다.
③ 법당 문에 들어서면 곧장 부처님께 합장 반배한다.
④ 불을 켠 다음 성냥개비를 지정한 곳에 잘 넣는다.
⑤ 향을 한 개 집어서 촛불로 불을 붙인다.
⑥ 향을 두 손으로 받들어 이마 위로 약간 올렸다가 앞가슴 높이로 다시 내린 뒤 두 손으로 공손히 향로 한가운데에 꽂는다.
⑦ 향을 꽂은 뒤 합장힌 채 뒤로 물러나 반배한다.
⑧ 합장한 채 뒷걸음으로 불전(佛前)에서 **3~4**걸음 뒤로 물러난다.
⑨ 절은 삼배를 한다. 이 때 마음속으로 자기의 소원을 빌며 마

음이 맑아지기를 염원한다.
⑩ 입구까지 조용히 걸어가서 돌아서서 반배를 올린 다음 법당 문을 나온다.
⑪ 발 부분이 방석에 올라가지 않도록 해서 사용한다.
⑫ 앉는 자리 때문에 다투지 말며, 서로 양보하고, 법당 안에서의 인사는 목례로 한다.

3) 기도법회에 임하는 자세[18]
법회는 부처님의 정법을 배우는 수련의 모임이며 신앙생활이기 때문에 항상 경건한 마음가짐으로 돈독한 신심을 가지고 임해야 한다.
① 부처님의 정면은 스님이나 법사님의 자리이므로 피하여 좌우에 앉는다.
② 법문을 들을 때는 단정한 자세로 허리를 곧게 펴고 들어야 한다.
③ 법회 중에 옆 사람과 얘기하거나 졸지 말며 한눈을 팔면 안 된다.
④ 가능한 법회시간 전에 도착하며 결석하지 않는다.
⑤ 시간적 여유가 있으면 탁자 위를 잘 닦고 촛대, 향로 등을 깨끗이 손질한다.
⑥ 법당 또는 사찰 주위를 청소한다.
⑦ 냉난방 시설, 실내환기, 조명 등을 돌본다.
⑧ 시간이 되면 대충의 인원수를 생각하여 방석을 깔고 정돈한다.

---

18) 홍사성 주편, 앞의 책, **800-802**쪽 참고.

⑨ 법회가 시작되면 모든 언행을 삼가고 법회에 일심 동참한다.
⑩ 아는 내용의 법문이라도 경박한 마음을 내어서는 안 된다.
⑪ 부득이 늦게 도착한 불자는 삼배를 보류하고, 선 채로 반배 후 곧바로 법회에 동참한다.
⑫ 기도, 법회가 다 끝나기 전에 먼저 자리를 뜨지 않아야 한다.
⑬ 법회를 마치면 자기가 사용했던 물건을 반드시 제자리에 정리한다.

4) 스님을 대하는 예의[19]
① 스님은 삼보(三寶) 가운데 승보(僧寶)이며 모든 이의 복전(福田)이 되므로 공경스러운 마음으로 대하여야 한다.
② 사찰이나 길에서 스님을 만나면 공손한 자세로 합장하고 인사드린다.
③ 어른 스님이나 직함이 있는 스님의 법명은 함부로 부르는 것이 아니며 되도록 직함을 호칭하고, 스님의 말씀을 엿듣거나 스님에 관하여 허물 등을 말하는 것을 절대 삼가해야 한다.
④ 스님께 여쭐 것이 있으면 찾아 뵙고 공손히 물어야 한다.
⑤ 스님의 방에 출입할 때는 자신을 밝힌 다음 답을 들은 후 들어간다.
⑥ 스님들의 수행생활에 필요한 음식, 의복, 의약, 방사 등을 공양한다.
⑦ 스님의 자리에 장난 삼아 있거나 눕지 못하고, 옷과 노사를

---

[19] 관음불교대학 편,『불교교양대학교본』 1996, 35-36쪽 참고.

입거나 써 보아서는 안 된다.
⑧ 스님 앞에서는 벽에 기대거나 탁자에 의지하지 않고 단정히 바로 앉아야 한다.
⑨ 예배하려 할 때 법사나 큰스님에게는 삼배, 그 밖의 스님에게는 일배 드리고 스님께서 그만 두라 하시면 그만 두어야 한다.
⑩ 앉아 있더라도 스님이 지나는 것을 보면 일어나서 합장의 예를 한다.
⑪ 스님을 빙자한 자를 알아볼수 있는 안목이 있어야 한다. 그러기 위해서는 재가불자들의 노력이 필요하다.
⑫ 스님께 세속의 잡다한 것을 묻지 않는다.(나이, 이름, 출가동기, 학력, 고향 등)

5) 스님에게 예배 드리지 않아도 좋을 때[20]
① 스님께서 예배 드릴 때
② 스님께서 좌선하고 계실 때
③ 스님께서 경을 설하실 때
④ 스님께서 경행하고 계실 때
⑤ 스님께서 공양 드실 때
⑥ 스님께서 양치하고 계실 때
⑦ 스님께서 누워 계실 때
⑧ 스님께서 해우소 갔다 오실 때
⑨ 본인의 손에 불상이나 경전을 받들고 있을 때

---

20) 김길원 편저, 앞의 책, **91-93**쪽 참고.

⑩ 어른스님 앞에서 상좌, 불자끼리 서로 절하면 실례가 된다.
⑪ 스님 앞에서는 스님들이 먼저 인사 드리고 재가불자는 기다렸다가 인사 드려야 한다.

6) 경전(經典)을 대할 때
① 경전은 삼보 중의 하나인 법보(法寶)이며 부처님의 진리가 담긴 책이니 항상 소중히 간직해야 한다.
② 경전에 먼지나 더러운 것이 묻어 있으면 깨끗한 수건으로 잘 닦아내야 하며 더러운 손으로는 경전을 만지지 않는다.
③ 경전 위에 다른 책이나 물건을 함부로 놓아서는 안 되며 항상 높은 곳에 간직하는 것이 좋다.
④ 경전의 내용에 의심이 가거나 모르는 내용이 있으면 스님이나 잘 아는 분에게 물어서 알도록 하며 혼자서 그릇된 판단으로 비방해서는 안 된다.
⑤ 불교잡지나 불교신문 등은 철하여 잘 보관한다. 보관상의 어려움으로 없애야 할 경우에는 깨끗한 장소에서 소각하여야 한다.

7) 공양(供養)하는 방법
부처님께서는 공양을 받는 자나 공양을 올리는 자나 공양하는 물건이나 모두가 청정해야 한다고 하셨다. 그러므로 공양은 매우 중요하고 복을 심는 씨앗이다. 정성스럽게 심고 소중하게 거두어야 한다.
① 공양 종이나 목탁소리가 나면 옷을 정돈하고 자리에 앉는다.
② 공양은 평등공양으로 분배를 똑같이 한다.

③ 음식이 좋고 나쁘건 불평하지 않아야 한다.
④ 씹고 마시는 등의 소리를 내지 않아야 한다.
⑤ 수저를 집고 놓을 때 소리를 내지 않아야 한다.
⑥ 밥을 입에 넣어서 말하거나 웃지 않아야 한다.
⑦ 맛있는 음식만 먹고 맛없는 것은 남에게 주어서는 안 된다.
⑧ 공양이 부족할 때는 손으로 신호하거나 가서 더 받아야 한다.
⑨ 음식에 뉘나 벌레나 머리카락 등이 있을 때는 소란 피우지 않고 대중 모르게 치워야 한다.
⑩ 공양할 때 머리를 긁거나 트림을 하지 말아야 한다.
⑪ 앉은자리에서 끝날 때까지 먹어야지 이리저리 옮겨 다니지 말아야 한다.
⑫ 대중을 떠나 따로 먹지 말아야 한다.
⑬ 자기가 공양한 그릇은 자기가 씻어야 한다.
⑭ 한 알의 쌀이 나의 입에 들어오기까지는 많은 인연들이 있다. 항상 감사한 마음을 가진다.

8) 불자 상호간의 예절

재가 불자이지만 불교 종단을 구성하는 사부대중(四部大衆)의 일원이고 불제자이므로 나이가 많은 분은 형, 언니이고 적은 분은 아우이다.

① 부를 때는 김순이 보살님, 김동국 거사님, 홍길동 법우님이라 한다.
② 법명이 있으면 꼭 법명을 불러준다.
③ 사찰이나 길거리에서 만났을 경우 정중히 인사하고 법회 중일 때는 생략하고 나중에 한다.

④ 신입 법우는 따뜻이 맞이하고 친절히 안내하며 스님께 소개한다.
⑤ 불자가 가게를 하거나 사업을 할 경우 그곳을 이용함이 좋다.
⑥ 함께 법회를 보는 불자가 경조사를 당했을 경우에는 모임에서 찾아뵈야 한다. 모임이 없는 경우에는 불자 상호간에 연락하여 상부상조해야 한다.
⑦ 특히 궂은 일, 슬픈 일에는 솔선해서 동참하고 봉사한다.
⑧ 고민이 있거나 어려움에 처한 분이 있으면 잘 위로하고 스님께 상담을 주선한다.
⑨ 불자를 사칭하여 불교를 비방하는 사람을 보면 잘 타일러 다시는 죄업을 짓지 아니하고 정법의 세계에 들도록 잘 인도한다.
⑩ 불자들끼리 좋지 못한 시빗거리에 파당을 지어서는 안 되며 신심 있는 불자를 모함해서는 안 된다.
⑪ 대중공양을 받았을 때는 꼭 고마움의 인사를 한다.
⑫ 사찰의 일, 신행단체의 일을 잘 협의·협조한다.
⑬ 나이 많은 이와 적은 이가 서로 상경하애(上敬下愛)한다.
⑭ 설사 불자가 허물이 있다고 해도 덮어주고 덕담을 해야한다.

9) 가정에서의 신앙생활[21]

가정이란 생활의 공간이다. 너무 신성화시켜도 안될 것이며, 그렇다고 부처님을 모실 수 없는 곳이라고 단정해도 안될 것이다. 불자의 가정에는 불상이나 불화, 기타 불교를 소재로 한 예술 작품(병풍, 그림, 조각, 사진 등) 한두 점은 있어야 한다.

---

21) 불교교육연합회 편, 『종교(불교) 상』 대원정사, **1993**, **121**쪽 참고.

① 전 가족이 불자화가 되어야 한다.
② 장소가 허락하면 간단한 불단을 마련하여 가족이 예불이나 기도를 할 수 있는 공간과 시간을 가지는 것이 좋다.
③ 가족이나 이웃에게 불교를 믿게 하려면 본인이 모범적인 생활을 우선 해야 하며, 샤머니즘(삿된 믿음)적인 행위는 하지 않아야 한다.
④ 전 가족이 함께 공양기도문을 낭송하고 공양한다.
⑤ 절에서 주관하는 기도나 법회 각종 봉사활동에 적극 참여한다.(만약 못 올 경우 이웃 불자에게 불전 공양금, 기도금을 전달하고 절에 전화하는 것이 마땅하다)

10) 직장과 사회생활 속에서
부처님은 우주(宇宙) 어느 곳이나 계시지 않는 곳이 없다. 직장에도 사회 구석구석에도 항상 부처님을 만날 수 있어야 한다.
① 직장에도 불자 모임이 결성되어 신행생활(信行生活)이 연결되어야 한다.
② 현대의 종교는 다원화되었다. 내 것이 귀중하듯이 남의 것도 존중해 주어야 한다. 특히 이 어려운 현대 사회에 봉사를 통한 포교활동(布敎活動)이 더욱 절실히 요구되는 바이다.

11) 인사용어
스님이나 불자들을 만났을 때 혹은 법회나 기도가 끝난 후이거나 고마움 등을 표시할 때 사용한다.
① 성불하십시오.
② 부처님 되십시오.

③ 반갑습니다, 안녕하세요, 감사합니다 등이다.

12) 편지 쓰는 법
스님께, 불자끼리, 또는 절에 공문을 보낼 때
① 봉투
　　앞, 귀하(貴下), 혜존(惠存)→법하(法下). 예하(猊下, 큰스님일 경우)
　　올림, 보냄 → 합장(合掌), 화남(和南)[22]
② 내용
　　처음 : 귀의삼보(歸依三寶)하옵고,
　　　　　계절인사 ………………
　　　　　용 건 ………………
　　끝 : 나무석가모니불 또는 나무관세음보살 또는 나무마하반
　　　　야바라밀

　　　　　　　　　　　　　　　불기 254 년 월 일
　　　　　　　　　　　　　　　김동국 합장 (合掌)

13) 세수, 양치, 청소할 때
① 세수할 때에는 그릇을 구분하여 사용한다.
② 양치는 한자리에서 끝내어야 한다.
③ 청소할때에는 법당과 방, 마루를 닦을 때는 빗자루나 걸레를
　 구분한다.

---

22) 화남 : Vandana음역으로 예배라는 뜻이다. 경의를 나타내며 "제가 예를 드립니
　　다"라는 뜻.

14) 해우소(解憂所) 사용시 주의점[23]
① 머리를 숙여 아래를 보지 말아야 한다.
② 낙서나 침을 뱉거나 힘쓰는 소리를 내지 말아야 한다.
③ 외우고자 하는 게송이 있으면 외운다.
　㉠ 입측진언(入廁眞言, 해우소에 들어가는 진언) : 옴 하로다
　　야 사바하.
　㉡ 세정진언(洗淨眞言, 뒷물을 하는 진언) : 옴 하나마리제
　　사바하.
　㉢ 세수진언(洗手眞言, 손을 씻는 진언) : 옴 주가라야 사바하.
　㉣ 거예진언(去穢眞言, 더러움을 버리는 진언) : 옴 시리예바
　　혜 사바하.
　㉤ 정신진언(淨身眞言, 몸을 깨끗이 하는 진언) : 옴 바아라
　　놔가닥 사바하.
　㉥ 무병수진언(無甁水眞言, 병에 물이 없게 하는 진언) : 옴
　　정체혜체 사바하.
④ 걸어가면서 허리끈이나 옷매무새를 정리하지 말아야 한다.
⑤ 손을 씻기 전에는 다른 물건을 만지지 말아야 한다.
⑥ 근심을 푸는 곳이라고 하여 해우소(解憂所)라고 한다.

---

[23] 관음불교교양대학, 앞의 책, **43**쪽 참고.

제 2 장

석가모니 부처님의 일대기

제1절 거룩한 탄생
제2절 태자의 번민
제3절 위대한 출가
제4절 구도행각
제5절 성도
제6절 교화
제7절 열반
제8절 팔상성도
제9절 우리의 본사와 십대제자

제 2 장

석가모니 부처님의 일대기

석가모니 부처님 외에도 많은 부처님이 계신다.

이들 부처님은 석가모니 부처님께서 아뇩다라삼먁삼보리(無上正等正覺)를 이루시고 그 지혜로써 과거, 현재, 미래의 삼세와 한량없는 우주공간을 두루 살펴보시고 가르쳐 주신 부처님들이시다. 우리는 어떤 부처님을 신봉해야 하는가.

당연히 모든 부처님을 신봉해야 한다. 그러나 우리는 사바세계인 이 지구상에 살고 있다. 그러므로 이 지구상에 태어나셔서 깨달음을 성취하시고, 우주의 실상을 확실하게 꿰뚫어 보시고 우리에게 참된 삶의 길을 가르쳐주신 부처님에 대해서 잘 알지 않으면 안 된다.

석가모니부처님이 이 땅에 오시지 않으셨다면 다른 부처님들에 대해서도 알 수 없고 불교가 이 땅에 존재할 수 없기 때문이다.

제1절_ 거룩한 탄생(誕生)

히말라야 남쪽 산기슭, 갠지스강(Ganga, 恒河)의 한 지류인 라

부처님의 탄생 마야부인 오른쪽 옆구리에서 부처님이 탄생하는 순간이다./간다라

프티강(Rapti)의 동북 유역에 석가(釋迦, Sakya)족이 몇 개의 왕국을 이루고 있었다.

카필라국도 그 가운데의 한 나라였다. 카필라는 쌀을 주식으로 하는 농업국이었다. 모든 것이 비교적 풍요한 이 나라의 왕은 숫도다나(Suddho-dana, 淨飯王)였다.[1]

왕 자신과 왕비 마야 부인의 나이 **40**세가 넘도록 자식이 없었다. 그러던 중에 **6**개의 이빨을 가진 흰 코끼리가 오른쪽 옆구리로 들어오는 태몽을 꾸고 잉태하였다. 마야 왕비는 만삭이 되어 해산할 때가 되자 풍습에 따라 친정인 콜리성으로 향하였다. 그러나

---

1) 高崎直道 외3 共著, 權五民 譯, 『印度佛敎史』 경서원, **1995**, **35**쪽 참고.
2) 김혜법 저, 『불교의 바른 이해』 우리출판사, **1988**, **33-34**쪽 참고.

가는 도중에 아들을 낳았는데 그 곳이 룸비니 동산이었다. 자연의 경치가 아름다운 동산의 무우수 아래에서 귀한 옥동자를 얻었는데 그 날이 4월 8일이었다. 그날 첫 새벽에 태어났다는 그 아기는 여느 아기의 출생과 달랐다.[2]

마야왕비가 무우수(無憂樹) 아래에 서서 나뭇가지를 손으로 잡는 순간에 오른쪽 옆구리(右脇)로부터 아기가 태어났다. 갓 태어난 아기 태자는 사방으로 일곱 걸음(周行七步)을 걷고 사방을 둘러보며 또렷한 발음으로 "하늘 위나 하늘 아래에 오직 진실한 내가 가장 존귀하다(天上天下 唯我獨尊)"라고 외쳤다. 왕자가 없던 왕궁에 태자가 태어났으므로 나라의 경사임은 물론이었다. 부왕 숫도다나왕의 기쁨은 매우 컸다. 더구나 아지타라는 예언가는 태자의 관상을 "장차 전륜성왕(인도의 이상적 제왕)이 되어 천하를 정법으로 다스리게 될 것입니다. 이 아기가 만약에 출가하여 수행의 길에 나선다면 도(道)를 이루어 세상에 둘도 없는 진리를 증득한 부처님이 될 것입니다"라고 보았다. 왕은 이 말이 마음에 걸렸지만 장차 자신의 뒤를 이을 태자가 왕위에 오르는 것이 당연한 일이었기 때문에 출가라는 말은 마음에서 떨쳐 버리려고 노력하였다. 그러나 기쁨도 잠시의 일이었다. 태자가 태어난지 7일만에 그 어머니가 세상을 떠났던 것이다. 어머니를 잃은 태자는 이모인 마하파자파티(Mahaprajapai, 摩訶波闍波提)를 새어머니(繼母)로 하여 자라게 되었다.[3]

---

3) 교양교재편찬위원회 편, 『불교학개론』 동국대학교출판부, **1994**, **20**쪽 참고.

제2절_ 태자의 번민

태자는 나날이 눈에 띄게 자랐고 덕스러운 자태도 또한 그러하였다. 희귀한 전단향, 염부단금, 값진 보배, 신령스런 약으로 몸을 보호하고 영락으로 그 몸을 장엄하였다. 이웃 나라에서 태자를 축하하여 갖가지 진기한 보물을 보내왔다. 소수레, 양수레, 사슴수레, 말수레, 찬란하게 보배로 장식을 하고 태자의 마음을 기쁘게 했다.[4]

태자는 무럭무럭 자랐다. 비록 일찍이 생모를 여의었지만 아무 불편 없이 온갖 보배와 화려한 장식과 갖가지 진기한 장난감 속에 싸여서 호화롭게 자라났다.

부왕은 태자를 위해 삼시전(三時殿)을 지어 주고, 또 그 궁전의 후원에 아름다운 못을 만들어 색깔 고운 연꽃을 심고, 그 주변에 갖가지 진기한 화초를 가꾸어 언제나 희귀한 꽃이 향기를 뿜게 하였다.[5]

그가 7세쯤이었던 봄, 농경제가 있었던 날이었다. 그날 태자는 부왕을 따라 농경제에 참석하였는데 어린 태자는 농부가 밭가는 것을 신기한 듯 보고 있었다. 보습 끝에 일구어지는 흙구덩이 속에서 꿈틀거리는 벌레를 어디선가 새 한 마리가 쏜살같이 날아와서 벌레를 쪼아 물고 날아가는 것이었다. 곧이어 또 다른 큰 새가 날아와서 작은 새를 가로채어 갔다. 그 광경을 보고 있던 태자는 무엇인가 골똘히 생각에 잠겼다. 그는 누가 이끌기라도 하듯 부왕

---

4) 교양교재편찬위원회 편, 앞의 책, 21쪽 참고.
5) 中村元 외3, 김지견 역, 『불타의 세계』 김영사, 1994, 185쪽 참고.

과 대신들의 곁을 떠나 나무숲으로 찾아가 그늘 밑에 앉았다.

작고 약한 놈을 강한 놈이 잡아먹는다. 왜 강한 놈은 약한 놈을 잡아먹으며 약한 놈은 잡아먹히는가?

소를 부리는 농부나 농부의 수고에 의해 편안히 배불리 먹는 부자나 귀족들도 그와 다를 것이 무엇이란 말인가?

그러한 생각에 잠겨 그는 시간이 가는 줄도 몰랐다. 이 일을 '염부수(閻浮樹) 아래의 정관(靜觀)' 이라고 한다.[6]

수하관경   나무 밑에서 밭가는 모습을 지켜보고 계신다./간다라

그런 일이 있고 부터 태자는 사색하는 버릇이 생겼다. 왕의 생각에 언뜻 떠오른 것은 태자가 태어났을 때 관상가가 했던 말이었다. 꿈에라도 아들이 출가하는 일이 있어서는 안 된다고 생각했다. 그러나 불안해지는 마음은 어쩔 수가 없었다.[7]

어느 날 태자는 동문 밖으로 산책을 나갔다가 백발에 허리가 굽은 노인을 보고는 인간은 누구나 늙는다는 사실을 실감하였고, 남문 밖에서는 고통에 신음하는 병자를 보고 병에 시달리는 인생의 괴로움을 절실히 느꼈으며, 서문 밖에서는 장사 지내러 가는 상여 행렬을 보고는 세상에 태어난 자는 반드시 죽는다는 사실을

---

6) 김지견 역, 앞의 책, **186**쪽 참고.
7) 교양교재편찬위원회 편, 앞의 책, **21**쪽 참고.

성을 떠나는 태자 행복한 삶(열반)을 얻기 위해 출가하는 모습이다./나가르주나 콘다

알았다.[8]

"인생은 태어났다가 결국은 늙고 병들어 죽고 마는 것! 어머님은 이미 세상을 떠났고 아버님도 또 나도 언젠가는 죽는다. 이 세상에 태어난 자는 누구나 어쩔 수 없이 늙고 병들어 죽는 괴로움. 아아, 인생은 허무하고 괴로운 것이다. 아무리 몸부림쳐도 벗어날 수 없는 죽음의 수렁이 우리의 앞을 막아 서 있다"

그러나 북문 밖에서 한 가닥의 희망을 보았다. 그것은 출가 수행자를 만났기 때문이다.

세상의 모든 형식적인 속박에서 벗어난 자유인으로 보이는 그 수행자는 해탈의 길을 찾아 출가하였다는 것이다. 늙고 병들고 죽는 괴로움의 속박에서 벗어날 수 있다는 것은 태자 싯다르타에게는 큰 기쁨의 소식이 아닐 수가 없었다.[9]

---

[8] 불교교재편찬위원회, 『불교사상의 이해』 동국대학교 불교문화대학, **1998**, **54**쪽 참고.
[9] 이기영 저, 『석가』 한국불교연구원, **1999**, **70**쪽 참고.

태자는 날 것만 같았다. 꽉 막힌 숨통이 확 트이는 듯 했다. 그 모습을 보고 한 여인이 넋을 잃고 다음과 같은 노래를 했다.

"저러한 아들을 둔 어머니와 그 아버지는 얼마나 기쁘고 즐거우랴. 저 같은 분을 남편으로 맞이하는 여인은 참으로 가장 행복할 것이다"『五分律』

태자는 최상의 행복이라는 소리에 귀가 번쩍 뜨였다. 그는 마음속으로 "그렇다! 행복 중에서도 가장 행복인 무상의 열반을 얻어야 한다. 어떻게 해야 얻을 수 있을까?"라고 외쳤다.

태자의 행동에 관심을 기울이고 있었던 부왕은 태자의 심경변화를 알아차리고 크게 염려하였다. 아무래도 출가하고야 말 것 같았기 때문이다.

부왕은 태자에게 왕통을 이을 왕손을 얻기 전에는 출가할 수 없다는 조건을 내세울 수 밖에는 별 도리가 없었다.

태자는 19세에 같은 석가족의 콜리 성주의 공주인 야소다라와 결혼하였고 그와의 사이에서 아들 라훌라를 낳았다. 아들이 태어난 뒤에 그는 드디어 출가수행자의 길로 나섰다.[10]

제3절_ 위대한 출가

고타마 싯다르타가 출가한 이유는 분명했다. 자애에 넘친 아버지와 새어머니의 뜨거운 모정, 아름다운 아내와 태어난 아들에게

---

10) 김지견 역, 앞의 책, 185쪽 참고.

로 향하는 말할 수 없는 연민, 그 모든 것에 등을 돌리고 그는 훌쩍 가정이라는 테두리에서 뛰쳐나와 버렸던 것이다. 거기에는 남들이 쉽게 이해할 수 없는 절실한 까닭이 있었음에 틀림없다.[11]

깨달음을 얻고 난 뒤에 이렇게 말하고 있다.

"내가 출가한 것은 병듦이 없고, 늙음이 없고, 죽음이 없고, 근심·걱정·번뇌가 없고, 지저분함이 없는 가장 안온한 행복의 삶(涅槃)을 얻기 위해서였다."『中阿含經』

이와 같이 싯다르타 태자는 생노병사(生老病死)의 괴로움에서 벗어나기 위하여 출가하였다는 것을 알 수 있다. 물론 그가 출가를 결행하게 된 데에는 당시의 시대상황과 내성적이며 명상적인 그의 성격도 어느 정도 작용이 되었으리라 본다.

밤중에 궁전을 나온 싯다르타는 날이 밝은 뒤에 어느 강가에 이르렀다. 여기서 그는 스스로 머리를 깎고 지나가던 사냥꾼과 옷을 바꿔 입고 출가수행자, 즉 사문이 되었다. 수행자(修行者)가 된 그를 흔히 사문(沙門) 고타마라고 부른다.[12]

제4절_ 구도행각

사문 고타마는 당시 저명한 수도인을 따라 편력(遍歷)의 길에 나섰다. 그가 처음 찾아간 수행자는 바가바(婆迦婆, Bhagavat)라는 고행주의자(苦行主義者)였다. 고타마는 바가바가 온갖 고행을

---

11) 이기영 저, 앞의 책, 114쪽 참고.
12) 고순호 저, 『불교개관』 선문출판사, 1991, 69쪽 참고.

하고 있는 것을 보고 그 고행의 목적이 무엇인가를 물었다. 그들은 천상에 태어나기 위한 것이라고 하였다. 이에 고타마는 천상에 태어날 것을 목적으로 하여 고행하는 것은 지금의 자신이 죽지 않고는 불가능한 일이라고 생각하였다. 천상에 태어난다고 하더라도 수명이 다하면 고통을 겪어야 하지 않을 것인가? 또, 천상에 태어난다는 것을 무엇으로 보장한단 말인가? 그래서 그는 떠났다.

그가 다음에 찾아간 곳은 배화주의자(拜火主義者)였다. 그들은 범천(梵天)과 해와 달, 물과 불을 섬기고 있었다. 이 또한 자신이 닦을 만한 수행이 못된다고 판단하여 그 곳을 물러났다.[13]

그는 당시 가장 명망이 높은 대표적인 선인(仙人)들을 한 사람씩 차례로 찾아갔다. 한 사람은 알라라 칼라마이며 또 한사람은 웃다카 라마풋타였다. 이 두 사람은 모두 수정주의자(修定主義者)였다.

이들은 정신통일에 의하여 정신적 작용이 전면 정지되어 숙정(寂靜)한 경지에 도달함으로써 해탈에 이른다는 것이다. 고타마는 이들에게 각각 지도를 받아 수행하였다. 그리하여 그들이 해탈의 경지라고 인정하는 최고 수행의 단계에까지 이르렀다. 그러나 그 경지도 일단 정신통일의 상태가 끝나버리면 다시 전과 같은 상태로 되돌아오게 되므로 수정(修定)을 끊임없이 되풀이하여야만 했다. 그러므로 그것은 결코 무고안온(無苦安穩)의 해탈이 될 수는 없었다.[14]

그와 같이 훌륭한 수도자들을 찾아보았으나 아무에게서도 그가

---

13) 교양교재편찬위원회 편, 앞의 책, **27**쪽 참고.
14) 權五民 譯, 앞의 책, **40**쪽 참고.

고행상 부처님은 정신적 자유를 얻기 위해 6년간 고행했다./간다라

바랐던 바를 찾을 수가 없었다. 그리하여 마지막으로 찾아간 곳이 붓다가야의 네란자라(泥蓮禪河, Neranjara) 강 근처 고행림이었다.

이 곳에서 그는 다시 맹렬한 고행을 시작했다. 정신의 자유를 얻기 위한 심한 육체적 고행이었다. 이 때 부왕은 아들을 염려하여 다섯 사람을 보냈는데 이들도 수행자가 되어 함께 고행을 닦았다.

그가 출가한 후 이 고행림에서의 수행이 가장 오래이었던 것 같다. 그러나 그가 출가한 목적이 육체를 괴롭히는 고행을 하기 위해서가 아니었다. 무고안온(無苦安穩)의 열반을 얻고자 하는 것이 목적이었으므로 고행을 버릴 것을 결심하였다. 그리하여 그는 네란자라 강물에 들어가 몸을 씻었다.[15]

오랜 고행으로 지치고 더러워진 몸을 깨끗이 씻고 난 그는 기진하여 거의 탈진 상태에 빠져 간신히 나뭇가지를 잡고 언덕으로 올라갔다. 그 때 마침 그 곳을 지나던 근처 마을의 처녀 수자타(Sujátå)에게서 우유죽을 공양 받았다.

그와 함께 수행을 했던 다섯 수행자는 그 광경을 보고 크게 실망을 했다. 그래서 그들은 "고타마는 타락하였다. 그는 정상적인 수행자가 아니다. 신성한 수행(苦行)을 모독하였다. 우리는 그가

---

15) 교양교재편찬위원회 편, 앞의 책, **28**쪽 참고.

있는 곳에 머물 수가 없다" 하고는 고타마 곁을 떠나 녹야원으로 가 버렸다.

사문 고타마는 맑은 강물에 목욕을 하고 우유죽을 먹고 난 뒤 한층 더 기운을 차렸다. 그는 젊고 의지가 강하였으므로 심신의 회복도 빨랐다. 과거의 모든 수행을 깨끗이 청산한 그였으므로 마음을 가다듬고 독자적인 길을 찾아 나섰다.[16]

제5절_ 성도(成道)

그는 마침 그늘이 좋은 핍파라수를 발견하고 그 아래로 갔다. 거기에는 앉기에 알맞은 반석이 있었다. 고행에 지친 그가 앉기에는 돌바닥이 너무 딱딱해서 부드럽고 깨끗한 풀을 한아름 깔고 앉았다.

사문 고타마는 "깨달음을 이루지 못하면 결코 이 자리(金剛寶座)에서 일어나지 않겠다"는 결심을 하였다.

인간을 괴롭히고 자유를 박탈하는 것은 결코 외부적인 것이 아니라, 우리들의 내심(內心)에 그 원인이 있다고 그는 보았다.

그리하여 그 근본적인 원인이 무엇인가 하는 것을 마음 속으로 깊이 추구(推究)하였다. 그것은 번뇌 때문에 생긴 진리(眞理)에 대한 무지(無知)는 곧 무명(無明)이라는 것을 깨달았다.[17]

그리하여 고타마 싯다르타는 내심의 깊은 성찰에 잠겨 모든 것

---

16) 이기영 저, 앞의 책, **94**쪽 참고.
17) 교양교재편찬위원회, 앞의 책, **32**쪽 참고.

이 연기(緣起)하는 도리를 알았다. 연기(緣起)라는 것은, 이 세상의 모든 것이 하나도 예외가 없이 다 그것이 형성될 수 있는 조건에 의하여 이루어져 있다는 것이다.

연기의 도리를 깊이 관찰한 고타마는 생사 괴로움의 근본 원인인 진리에 대한 무지, 즉 무명을 멸함으로써 무고안온의 열반을 증득하는 데에 성공하였다.

그는 끝내 마구니의 항복을 받고 더없이 바르고 참된 평등원만(平等圓滿)의 깨달음, 곧 무상정등정각(無上正等正覺, 아뇩다라삼막삼보리)을 이루었다는 것이다.

이리하여 수행자 고타마는 부처님(Buddha, 覺者)이 된 것이다.

"나는 일체의 승자(勝者)이며 일체의 지자(智者)이다. 일체법(一切法)에 물들지 않고 일체를 버렸으며, 갈애(渴愛)가 다하여 해탈하였다"『大品』

성도(成道)란 보편 타당한 우주와 인생의 진리를 올바르게 보고 참되게 알아 그것을 자기화 함으로써 자율적이고 자주적인 인격을 완성한 것이며 그와 같이 인격을 완성한 사람을 부처님이라고 한다.

석존의 성씨는 고타마(Gotama), 이름은 싣다르타(Siddartha)로 붙여서 고타마 싣다르타라 부르기도 하며 부족의 이름은 샤카(Sakya)이며 성자(聖者)란 의미의 무니(Muni)를 덧붙여 석가모니라고 한다.[18]

---

18) 김혜법 저, 앞의 책, 41쪽 참고.

제6절_ 교화(敎化)

고타마 싣다르타는 보리수 아래에 앉은 채 형언할 수 없는 기쁨(法悅)에 잠겨 있었다. 대우주 속에 실로 조그마한 인간에 불과하였으나 이제 대우주와 하나의 생명으로 통해 있는 자신을 발견하였다. 비로소 목적을 달성하였다는 만족감과 기쁨으로 충만했고, 그 만족감과 기쁨은 자신만의 것으로 끝나서는 안된다고 생각했다.

자신의 기쁨은 온 누리의 생명 있는 존재, 즉 중생(衆生) 모두의 기쁨이 되어야 하는 것이었다. 그런데도 자신이 성불한 기쁨과 만족감으로 혼자 법열에만 젖어있다면 그것은 진실로 부처님이 취할 태도라고는 할 수가 없다.

그가 법열(法悅)에 잠겨 빙그레 미소짓고 있는 그 순간에도 중생들은 생(生)·노(老)·병(病)·사(死)의 고통에서 허덕이고 있다. 무엇이 행복이며 괴로움인지 조차도 모르는 많은 사람들이 있다.

모든 괴로움에서 벗어나 혼자만의 안락을 누리는 것은 부처님의 도리가 아니다. 처음에는 스스로의 무고안온한 열반을 얻기 위함이었다. 그러나 완전한 열반은 개인주의적인 안락만이 아니다. 부처님은 중생의 아픔을 자신의 아픔과 다름없이 보는 대자대비하신 분이다.

불교는 이 대자대비가 없이 진리만 깨달은 이를 부처님이라고 하지 않는다. 보리수 아래에서 부처님은 법열의 자리로부터 몸을 일으켰다. 중생을 제도해야 한다는 움직임이 시작된 것이다. 실로 거룩한 부처님의 길은 여기에서부터 비롯된 것이다.

진리를 모르는 중생들에게 진리의 세계를 어떻게 알려 줄 것인가? 어떻게 그들을 고통으로부터 밝음으로 이끌어 낼 것인가? 어떤 방법으로 그들을 일깨울 것인가? 그리하여 그가 붓다가야의 보리수 밑을 떠나 처음으로 향한 곳이 바라나시의 녹야원이었다. 거기에는 다섯 비구가 수행하고 있었기 때문이다.[19]

고타마가 성도한 사실을 전혀 모르고 있던 그들은 아는 체를 하지 않기로 하였다. 그러나 그들은 고타마가 곁에 이르자 자기들도 모르는 사이에 일어나 자리를 권하였다고 한다. 부처님이 이 녹야원에서 다섯 비구(교진여, 아사바사, 마하나마, 발제리가, 바사파)에게 비로소 가르침을 폈으니 이것을 초전법륜(初轉法輪)이라고 한다. 이 때 부처님은 출가수행자는 욕락과 고행의 두 극단(二邊)을 버리고 중도(中道)를 취해야 할 것을 가르쳤으며, 사성제(四聖諦), 팔정도(八正道)의 법문으로써 그들을 깨우쳐 진리의 세계에 눈뜨게 하였다. 이리하여 불교가 비로소 세상에 출현하게 되었으며 불(佛, Buddha), 법(法, Dharma), 승(僧, Samgha)의 삼보가 이루어졌다.

그 때 그 근처 어느 부호의 외아들로서 인생을 비관하고 번민하던 야사(Yasa)라는 청년이 녹야원에서 부처님의 설법을 듣고 출가하여 불제자가 되었다. 야사의 부모와 아내도 부처님의 가르침을 받고 재가불자가 되었는데 이들이 우바새와 우바이의 시초다. 또 야사의 친구 55명도 감화를 받고 부처님의 제자가 되었다.[20]

이리하여 부처님의 가르침을 받고, 귀의한 제자가 60명이 되었다. 이들이 가르침에 따라 진리를 증득하게 되자 부처님은 이들로

---

19) 김지견 역, 앞의 책, 207쪽 참고.
20) 교양교재편찬위원회 편, 앞의 책, 36쪽 참고.

초전법륜 　다섯 비구에게 법을 설하는 모습으로 부처님이 행한 최초의 설법이다./간다라

하여금 지방으로 가서 진리의 가르침을 전하게 하였다.

"그대들은 이미 해탈을 얻었다. 그러므로 많은 사람들의 이익을 위하고 많은 사람들의 안락을 위하여 그리고 세상에서 구하는 미래의 이익과 안락을 위해서 가도록 하라. 다른 마을로 갈 때 혼자 가되 두 사람이 한 곳으로 가는 일이 없도록 하라. 그대들은 많은 사람을 연민(憐愍)하고 섭수하여 이치에 맞게 잘 알아들을 수 있도록 설법하라. 나도 우루벨라의 병장촌으로 가서 설법 교화하겠다"『불본행집경(佛本行集經)』

이와 같이 한 곳에 한 사람씩, 가급적이면 빨리 많은 곳으로 가서 가르침을 펴도록 제자들에게 지시하고 부처님께서도 또한 빠른 걸음으로 마가다국의 왕사성(王舍城, Rajagrha)으로 향하였다. 이 길목에서 그는 30명의 젊은이들을 교화하고 우루벨라의 병장촌으로 가서 사화외도(事火外道)의 바라문 가섭 삼형제를 교화하

기원정사 부처님은 이곳에서 계시면서 『금강경』, 『화엄경』, 『미타경』 등 수많은 설법을 하셨다./사위성

여 제자로 삼았다.

　이들 가섭 삼형제는 당시 왕사성에서는 가장 이름 있는 종교가였으며 국왕인 빔비사라 왕의 존경을 받고 있었다. 이들에게는 모두 합해서 1,000명의 제자가 있었는데, 이 무리들도 모두 스승을 따라 부처님에게 귀의하여 새로운 제자가 되었다. 이들 삼 형제는 부처님보다 연상이었다. 이들이 부처님의 제자가 되었으므로 마가다 국왕을 비롯한 왕사성 사람들의 놀라움은 매우 컸다. 국왕도 왕실의 권속들 및 많은 신하들과 함께 감화를 받고 불자가 되었으며, 가르침을 펼 수 있는 사원을 지어 바쳤다. 그 절이 최초의 불

---

21) 이기영 저, 앞의 책, 155쪽 참고.

교사원 죽림정사(竹林精舍)이다.[21]

이로부터 불교는 왕사성을 중심으로 하여 크게 교세가 확장되어 갔다.

그 뒤 부처님은 고향 카필라 성으로 가서 부왕을 비롯한 많은 친척과 그 곳 사람들을 교화하고 그의 아우인 난다와 아들 라훌라를 출가시켰다. 뿐만 아니라 이 때 아난, 데바닷타, 아누룻다 등 사촌동생과 적지 않은 석가족 사람들이 불제자가 되었다.

그리고 코살라(Kosâla)국의 수도인 사위성(舍衛城, Sravasti)의 큰 부호 수달다(須達多, Sudatta)가 많은 재산을 들여 유명한 기원정사(祇園精舍)를 지어 부처님의 교화에 큰 도움을 주었다. 그로부터 코살라국의 파세나짓 왕과 그 비(妃) 말리 부인을 교화하고, 기원정사를 중심으로 널리 가르침을 폈다.

부처님이 직접 교화한 곳으로는 왕사성과 사위성이 가장 중심지였으며 북쪽으로는 카필라, 남쪽으로는 바라나시, 동쪽은 참파, 서쪽으로는 코삼비 등이었다. 당시 그 가르침은 각계 각층에 펼쳐져서 종래의 풍습에 의해 출가한 수행자나 새로운 출가 수도자나 국왕, 왕비, 귀족, 부호, 평민, 천인이나 모두가 차별 없이 교화되었고 큰 감화를 받게되었다. 부처님의 제자에는 계급의 귀천도, 빈부의 차별도, 인종의 구별도 없었다. 진리(法)에 의한 질서만이 존중되었다. 그리고 여자 출가 수행자(比丘尼)도 자리를 잡았다.[22]

---

22) 김지견, 앞의 책, 210쪽 참고.

제7절_ **열반(涅槃)**

부처님은 바이샬리 근교의 대림중각강당(大林重閣講堂)에서 설법 끝에 석달 후에 입멸하리라고 말씀하셨다. 그 후 쿠시나가라로 가시던 중에 대장장이 춘다(Cunda)의 버섯죽 공양을 받으시고 아무 차별없이 드셨다. 부처님은 춘다의 공양을 수자타의 우유죽 공양의 공덕과 다를 바가 없다고 보셨다.

부처님은 성도한 지 45년이 되는 80세 때에 북쪽 쿠시나가라(Kusinagara)의 살라나무사이(少羅雙樹間)에 자리를 잡고 아난을 비롯한 여러 제자들에게 마지막 말씀을 하셨다.[23]

"자기 자신을 등불로 삼고 자기를 의지하여라. 진리를 등불 삼고 진리를 의지하여라(自歸依 法歸依 自燈明 法燈明). 이 밖에 다른 것에 의지해서는 안 된다. 그리고 너희들은 내 가르침을 중심으로 서로 화합하고 공경하며 다투지 말아라. 물과 젖처럼 화합할 것이요, 물 위의 기름처럼 겉돌지 말아라. 다 함께 교법(敎法)을 지키고 배우며 수행하고 부지런히 힘써 도(道)의 기쁨을 누려라.

나는 몸소 진리를 깨닫고 너희들을 위해 진리를 말하였다. 너희는 이 진리를 지켜 무슨 일에나 진리대로 행동하여라. 이 가르침대로 행동한다면 설사 내게서 멀리 떨어져 있다 하더라도 그는 항상 내 곁에 있는 것과 다름없다.

죽음이란 육신의 죽음이라는 것을 잊지 말아라. 육신은 부모에게 받은 것이므로 늙고 병들어 죽는 것은 어쩔 수 없는 일이다. 여래는 육신이 아니라 깨달음의 지혜다. 육신은 여기에서 죽더라도

---

23) 김혜법 저, 앞의 책, **49-50**쪽 참고.

열반상 부처님의 위대한 가르침을 기리기 위해서 거대한 암반에 새겨진 부처님의 열반상이다./포콘나르와

깨달음의 지혜는 영원한 진리와 깨달음의 길에 살아 있을 것이다. 내가 간 후에는 내가 말한 가르침이 곧 너희들의 스승이 될 것이다. 모든 것은 덧없다. 게으르지 말고 부지런히 정진하라"

이 말씀을 남기고 부처님은 열반에 드셨다. 부처님의 육신은 이 세상에서 떠나갔지만 그 가르침은 어두운 밤에 등불처럼 중생의 앞길을 밝게 비추고 있다. 이 세상에 인류가 살아있는 한 부처님의 가르침도 영원히 살아있을 것이다.[24]

제8절_ 팔상성도

이 세상에서 가장 존귀하신 분, 석가모니 부처님은 당신 자신은 오지 않아도 될 이 머나먼 사바세계에 걸음을 재촉하셨다. 온 우

---

[24] 김지견 역, 앞의 책, **235**쪽 참고.

주가 부처님의 몸 아닌 곳이 없지만 이토록 몸을 나타내심은 참으로 우리 중생에게는 다행스럽고 감사한 일이다.

　석가모니 부처님은 이미 본래로 계신 진리 광명의 부처님에서 자비의 여래로 나투신 것이다. 8막(八幕)의 각본을 짜시고 중생을 위해서 걸음을 하셨던 것이다. 석가모니 부처님의 탄생에서부터 열반까지의 여덟 장면을 팔상성도(八相成道)라 한다.[25]

1) 도솔래의상(兜率來儀相)
　도솔천에서 내려오시는 모습이다. 석가모니 부처님이 호명보살(護明菩薩)로 도솔천에 계시다가 마침내 카필라국의 정반왕과 마야왕비 사이에 태자로 탄생하여 사바세계에 나투시게 된다. 여기에는 육아(六牙)를 가진 흰 코끼리를 탄 호명보살이 오른쪽 옆구리로 들어오는 꿈을 꾸고 있는 마야부인의 모습, 관상(觀相)을 잘 보는 바라문에게서 꿈의 해몽을 듣는 왕과 왕비의 모습 등이 주된 내용으로 묘사된다. 이때 바라문이 이르기를 "반드시 태자를 잉태할 것이며 훗날 출가를 하면 정각을 이루어 삼계중생(三界衆生)을 제도할 것"이라 하였다 한다.[26]

2) 비람강생상(毘藍降生相)
　룸비니 동산에서 탄생하시는 모습이다. 따뜻한 봄날에 마야부인이 궁중을 떠나 궁녀들과 룸비니 동산에서 무우수(無憂樹) 꽃가지를 붙들고 서서 오른쪽 옆구리로 태자를 낳는 모습이다. 하늘에

---

25) 고순호 저, 앞의 책, **29**쪽 참고.
26) 紹介 著, 朴敬勛 譯, 『신팔상록』 동국역경원, **1993**, **32-38**쪽 참고.

서 제석천왕이 비단을 가지고 내려와 태자를 받으며 모든 천왕들이 온갖 보물을 공양하는 모습이다. 태자가 땅에서 솟아오른 연꽃을 밟고 사방으로 일곱 걸음을 걸으면서 한 손은 하늘을, 또 한 손은 땅을 가리키면서 '천상천하 유아독존 일체개고 아당안지(天上天下 唯我獨尊 一切皆苦 我當安之)'라 외치는 장면이다. 용이 차고 뜨거운 물을 토하여 태자를 목욕시키는 모습이다. 태

도솔래의상　부처님께서 도솔천에서 내려오는 모습이다.

자를 가마에 태워 궁궐로 돌아오는 모습, 아시타 선인을 불러 관상을 보이는 모습 등이 묘사되어 있다. 부처님 탄생일은 B.C. **624**년 **4**월 **8**일이다.[27]

3) 사문유관상(四門遊觀相)

사문(四門) 밖에 나가 관찰하는 모습이다. 태자가 사방의 문으로 나가서 중생들의 고통을 관찰하고 인생무상을 느끼는 장면이 네 가지로 묘사되었다. 동문으로 나가서 노인을 보고, 남문 밖에서는 병자를 보고, 서문으로 나가서는 상여의 행렬을 보고, 북문 밖에서는 사문을 보고 출가를 결심하는 모습 등이 표현되고 있다.[28]

---

27) 김지견 역, 앞의 책, **181**쪽 참고.

4) 유성출가상(踰城出家相)

성을 넘어 출가하는 모습이다. 태자가 부왕의 반대를 무릅쓰고 성을 넘어 출가하는 장면들이 묘사되고 있다. 태자를 감시하던 부인 야소다라와 찬타카, 시녀 그리고 오백 장사들이 잠에 취해 있는 장면, 태자가 마부에게 성을 뛰어 넘을 것을 지시하는 장면, 말을 탄 태자가 성을 뛰어 넘으니 제석천왕이 호위를 하며 하늘에 오색광명이 환하게 비치는 장면, 머리를 깎은 태자가 사냥꾼의 옷과 바꾸어 입는 장면, 마부가 태자에게 하직 인사를 하고 눈물을 흘리며 태자의 금관과 용포를 가지고 궁궐로 돌아오는 장면, 정반왕과 마야부인 그리고 태자비가 태자의 의관을 받고 슬피 우는 장면 등이 주로 묘사되어 있다.(29세 2월 8일이다)[29]

설산수도상   설산에서 수도하는 모습이다.

5) 설산수도상(雪山修道相)

설산에서 수도하는 모습이다. 설산에 들어간 태자가 대신들을 보내어 환궁을 종용하는 정반왕의 권청을 물리치고 신선들과 함께 수도에 정진하는 장면들이 묘사되고 있다. 정반왕이 교진여(憍

---

28) 고순호 저, 앞의 책, 31쪽 참고.
29) 김지견 역, 앞의 책, 188쪽 참고.

陳如) 등 5인의 신하를 보내는 장면, 6년 고행의 무상함을 깨우친 태자에게 수자타가 우유죽을 바치는 장면, 태자가 수도하면서 모든 스승을 찾는 모습, 풀 베는 천인에게서 길상초(吉祥草)를 보시받는 장면 등의 많은 내용이 그려지고 있다.[30]

6) 수하항마상(樹下降魔相)

보리수 아래서 마구니를 항복시키는 모습이다. 태자가 마군들의 온갖 유혹과 위협을 물리치고 그들로부터 항복을 받아내는 장면들이 묘사되어 있다. 마왕 파순이 마녀로 하여금 부처님을 유혹하게 하는 장면, 마왕의 무리들이 코끼리를 타고 부처님을 위협하는 장면, 마왕이 80억 마군을 몰고와 부처님을 몰아내려고 하나 창칼이 모든 연꽃으로 변하는 장면, 지신(地神)이 태자의 전생공덕과 계행을 마왕에게 증명하는 장면, 마군들이 작은 물병을 사력을 다해 끌어내려고 하나 조금도 요동하지 않고 오히려 돌비(石雨)와 바람이 쏟아져 80억 마군들을 물리치는 모습, 드디어 마왕의 무리들이 항복하고 부처님과 모든 천신, 천녀, 군중들의

녹원전법상 녹야원에서 처음으로 전법하는 모습이다.

---

30) 紹介 著, 朴敬勳 譯, 앞의 책, 109쪽 ; 고순호 저, 앞의 책, 31쪽 참고.

수희 찬탄하는 장면들이 묘사되고 있다.(**35세 12월 8일이다**)[31]

7) 녹원전법상(鹿苑轉法相)

녹야원에서 처음으로 전법하는 모습이다. 무상정각을 이루신 부처님이 녹야원에서 최초로 불법을 설하시는 장면들이 묘사되고 있다. 녹야원에 이르러 교진여 등 5인의 비구에게 사성제(四聖諦), 팔정도(八正道)의 법문을 설하시는 장면, 수달다 장자가 아사세 태자의 동산을 사서 기원정사를 건립하고자 하는 장면, 흙장난을 하고 놀던 어린이들이 부처님께 흙을 쌀로 생각하고 보시하자 부처님이 이것을 탑으로 바꾸는 장면들이 묘사되어 있다.[32]

8) 쌍림열반상(雙林涅槃相)

살라나무 아래서 열반에 드시는 모습이다. 쿠시나가라의 살라나무 아래에서 마지막 설법을 마치시고 열반에 드시는 장면들이 묘사되어 있다. 사라쌍수 아래서 길게 누워 열반에 드신 부처님과 그 주위로 비탄에 잠겨 있는 사부대중과 천룡팔부중의 장면, 가섭이 크게 슬퍼하자 부처님이 관 밖으로 두 발을 내 보이시는 장면, 아나율존자가 하늘에 올라가 부처님의 열반소식을 전하자 마야부인이 천녀들과 허공에서 눈물을 흘리면서 꽃을 뿌려 공양하는 장면, 관이 성밖으로 저절로 들려 나가는 장면, 다비를 하니 사리가 비오듯 쏟아지는데 이 사리를 모시려는 여덟 나라의 왕들에게 바라문이 골고루 나누어주는 장면들이 묘사되어 있다. 열반은 성도

---

31) 김지견 역, 앞의 책, 201쪽 참고.
32) 紹介 著, 朴敬勳 譯, 앞의 책, 172쪽 참고.

하신 지 **45**년 세수 **80**세 때 B.C. **544**년 **2**월 **15**일에 드셨다.[33]

제9절_ 우리의 본사(本師)와 십대제자

1) 우리의 본사
① 발음을 서가모니라고 한다.
② 축원 끝에 '나무석가모니불'로 우리의 본사(本師 : 본래스승)를 찾는다.
③ 4대 성지 : 룸비니, 붓다가야, 녹야원, 쿠시나가라
④ 4대 명절 : 부처님 오신 날(**4.8**), 출가재일(**2.8**), 성도재일(**12.8**), 열반재일(**2.15**)
⑤ 5대 명절 : 4대 명절에 백중재일(**7.15**)을 넣는다.
⑥ 부처님의 입멸년을 기준으로 불기(佛紀)가 정해진다. **1956**년

부처님 오신 날   사월초파일에 부처님 오심을 봉축하면서 사리탑을 돌고 있다.

---

33) 김지견 역, 앞의 책, **238**쪽 참고.

네팔 4차 불교도대회에서 남방불교의 사전인 『대사』, 『수업본기경』, 『불소행찬』에 근거하여 B.C. 624년 4월 8일에 탄생하여 B.C. 544년 2월 15일 입멸하신 것으로 통일하였다.

2) 십대제자

부처님은 훌륭한 제자를 많이 두었다. 부처님의 제자는 출가자, 재가자를 막론하고 하나같이 정법을 수호하고 부처님의 가르침을 펴는 데 혼신의 힘을 다했다. 부처님의 제자가 부처님을 알리고 그 분의 말씀을 실천하는 일은 참으로 장한 일이다. 『대지도론(大智度論)』에 이르기를 "부처님의 법을 전하지 않으면 그 은혜는 갚을 길이 없다"고 하였다.[34]

부처님의 제자는 통상 1,255인으로 일컬어졌다. 가섭이 1000명, 사리불과 목건련이 데리고 개종한 제자 250명과 교진여 등 다섯 비구를 합한 수다. 수많은 제자가 있지만 경전에 이름이 나오는 제자의 수는 대략 비구가 886명, 비구니가 103명, 우바새가 128명, 우바이가 43명이다. 이 중에 뛰어난 제자 10명을 십대 제자(十大弟子)라고 한다.[35]

(1) 사리불(舍利弗)

지혜(智慧) 제일이다. 부처님보다 나이가 많았으며, 인도의 정통사상인 바라문교에 반대하여 새로운 우주관을 내세웠던 산자야의 제자였다. 어느 날 부처님의 제자로부터 "모든 것은 인연에 의

---

[34] 교양교재편찬위원회 편, 앞의 책, 38쪽 참고.
[35] 김혜법 저, 앞의 책, 47쪽 참고.

해 생기고 인연에 의해 소멸한다(諸法從緣生 諸法從緣滅)"는 법문을 듣고 친구인 목건련과 함께 부처님의 제자가 됐다. 자신의 제자 250명도 개종하였다.[36]

(2) 목건련(目健連)

신통(神通)제일이다. 사리붓다와 함께 불교에 귀의한 뒤 여러 곳에서 많은 교화활동을 벌였다. 특히 효심이 뛰어나서 지옥에 떨어진 어머니를 자비심과 신통력으로 구제했다는 이야기가 전해진다. 말년에는 그를 미워하고 시기하던 박해자의 손에 의해 순교했다.[37]

(3) 가섭(迦葉)

두타(頭陀)제일이다. 부처님이 돌아가신 후에는 교단을 지도하는 위치에 섰으며 아난과 함께 최초로 부처님의 말씀을 정리한 것으로 유명하다. 선종(禪宗)에서는 삼처전심(三處傳心)으로 부처님의 마음을 전해 받은 인물로 추앙하고 있다.[38]

(4) 아나율(阿那律)

천안(天眼)제일이다. 부처님의 친척으로 한때 게으름을 피우다가 부처님의 꾸중을 듣고 그 때부터 잠자지 않고 수행하다가 눈이 멀었다. 그러나 그는 천안(天眼)을 얻어 육안으로 보지 않고도 모든 일을 다 알 수 있었다.[39]

---

36) 고순호 저, 앞의 책, **32**쪽 참고.
37) 홍사성 주편,『불교상식백과』불교시대사, **1996**, **110**쪽 참고.
38) 김혜법 저, 앞의 책, **48**쪽 참고.
39) 홍사성 주편, 앞의 책, **33**쪽 참고.

(5) 수보리(須菩提)

해공(解空)제일이다. 즉, 대승의 이론인 공의 이론을 누구보다 잘 이해했다고 한다. 유명한 대승경전인 『금강경(金剛經)』의 주인이다.[40]

(6) 부루나(富樓那)

설법(說法)제일이다. 생년월일이 부처님과 똑같다고 한다. 그는 불법을 믿지 않은 수루나국 사람들을 교화하기 위해 위험을 무릅쓰고 그 곳으로 가서 5백여명을 교화시킨 뒤 흉폭한 자들의 박해를 받아 순교하였다.[41]

(7) 가전연(迦旃延)

논의(論議)제일이다. 토론의 명수였다. 10대 제자 가운데 비교적 출가의 시기가 늦은 그는 서인도 출신으로 그 쪽 지방의 개교(開敎)에 큰 공을 세웠다.[42]

(8) 아난(阿難)

다문(多聞)제일이다. 부처님의 이복동생으로 설법을 가장 많이 듣고 기억력도 뛰어났다. 천성적으로 총명하고 다정다감해 출가 이후 줄곧 부처님의 시중을 들었다. 부처님께서 열반한 직후에는 가섭과 더불어 부처님의 가르침을 정리하는 데 많은 활약을 했다.[43]

---

40) 김혜법 저, 앞의 책, **48**쪽 참고.
41) 김혜법 저, 앞의 책, **48-49**쪽 참고.
42) 홍사성 주편, 앞의 책, **116**쪽 참고.
43) 고순호 저, 앞의 책, **34**쪽 참고.

(9) 우팔리(優婆離)

지계(持戒)제일이다. 원래는 카필라국의 이발사였으나 부처님이 고향에 돌아와 설법하는 것을 듣고 출가하여 제자가 됐다. 당시 카필라국의 귀족들도 출가를 했는데 우팔리보다 늦게 출가한 그들이 우팔리를 공경하지 않자 부처님께서 그들을 꾸짖은 사건은 유명한 일화이다.[44]

(10) 라훌라(羅睺羅)

밀행(密行)의 제일이다. 부처님의 아들로 출가 후 사리불 스승으로 수행을 했으며 온갖 욕된 일을 잘 참는 데는 그를 따를 자가 없었다고 전한다.[45]

또한 부처님의 제자를 16아라한(阿羅漢), 5백 아라한으로 구분해 부르기도 한다. 이것은 많은 제자들이 있지만 성위(聖位)에 오른 5백명에게 붙여진 이름이다. 아라한이란 보통 줄여서 나한이라고도 부르는데 번역하면 응공(應供)이다. 즉 공양을 받을 만한 자격이 있는 성자 혹은 진리에 상응하는 분이라는 뜻이다.[46]

3) 기타 인물들

(1) 데바닷다(tevadatta)

제바달다(提婆達多)라고 음역하며 부처님의 사촌동생으로 부처

---

44) 홍사성 주편, 앞의 책, 117쪽 참고.
45) 김혜법 저, 앞의 책, 49쪽 참고.
46) 홍사성 주편, 앞의 책, 83쪽 참고.

님께 출가하여 제자가 되었다. 어려서부터 욕심이 많았으며 출가 후에도 부처님의 우세를 시기하였다. 교단의 대표자가 되려고 했지만 부처님이 허락치 않아 교단을 탈퇴하여 오법(五法)을 제창하여 독립교단을 만들었다. 아사세왕(阿闍世王)과 결탁하여 부처님을 없애고 스스로 새로운 부처님이 되려다가 이루지 못했다. 아사세왕과 5백비구가 부처님께 귀의하자 데바닷다는 고민하던 끝에 죽었다.

(2) 야사(耶舍, Yasa)

중인도 바라내국의 장자로서 선각의 아들이다. 인생의 무상함을 통감하고, 부처님께 출가하여 불제자가 되었다. 그의 부모와 아내는 야사의 출가함을 슬피 여겨 부처님께 계시는 데까지 따라 왔다가 부처님께 교화를 받고 불교에 귀의하여 최초의 우바새·우바이가 되었다.

(3) 마왕파순(魔王波旬)

부처님이 성도할 것을 우려해 군대를 동원하여 부처님을 위협하고 미녀들을 동원하여 부처님의 성도를 막으려 했다.

(4) 빔비사라(Bimbisāra)

마가다국의 왕으로 부처님께 귀의한 최초의 왕이며, 수도 왕사성(王舍城) 근교 가란타촌에 있는 죽림원을 불교교단에 기증하여 최초의 절인 죽림정사를 지어 받쳤다. 나중에 태자 아사세(阿闍世)에게 갇히어 감옥에서 죽었다.

제3장

불보살님

제1절 부처님이란?
제2절 보살
제3절 삼성신앙
제4절 나한
제5절 부처님의 위신력

제3장

불보살님

제1절_ 부처님이란?

부처님은 본래 범어로 붓다(Buddha)다. 음역해서 한자로 불타(佛陀), 다시 줄여서 불(佛)이라 한다. 그 뜻은 진리에 눈을 떠서 진리와 하나가 된 상태를 의미한다. 즉 인격화하여 진리에 눈뜬 분, 깨달은 분이 부처님이다. 결국 사람의 형상을 하신 부처님은 진리에서 오신 분이다. 언제나 중생을 깨닫도록 하시는 진리의 몸이기 때문에 모양과 빛깔이 없으며, 오시는 곳도 가시는 곳도 없다. 진리의 성품인 만유제법의 본체이시므로 부처님은 진실, 원만, 보편, 무한, 창조의 특성을 그대로 갖추고 계신다. 그러므로 부처님은 이 세상 어느 곳이든지 아니 계시는 곳이 없다. 우리의 마음이 진실되면 부처님은 항상 함께 계신다. 결국 부처님이란 본래부터

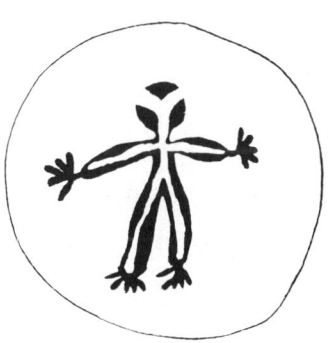

붓다 진리에 눈을 떠서 진리와 하나가 된 상태를 의미한다.

끝없는 대자비로 중생을 이끌어주시는 희망이며 광명이신 진리당체인 것이다.

『잡아함경』에 "부처님의 진정한 몸은 청정한 진리의 몸(如來之體身法身淸淨)"이라 하였다. 곧 우주와 인간 속에 있는 영원하고 보편한 진리를 깨달은 분이 부처님이시다. 그러므로 누구나 그와 같은 진리를 깨닫기만 하면 부처님이 될 수 있으며, 실제로 일찍이 인류 역사 속에 실재하셨던 석가모니 부처님뿐만이 아니라 또 다른 많은 부처님이 계셨음을 가르치고 있다.

부처님은 사람의 몸을 나타내시면서도 사람이 아닌 분, 본래 진리를 체(體)로 삼으시고 사람과 함께 하는 분이다.

1) 삼신불(三身佛)

부처님의 생존시에는 석가모니 부처님 이외에는 아무런 불신사상이 없었다. 부처님이 열반에 드신 후 경전이 결집되면서 『아함경』에 육신불(肉身佛)과 그의 교법을 뜻하는 법신불(法身佛)의 이신불(二身佛) 사상이 생겼다. 그 이후 대승불교시대에 와서 법신불(法身佛), 보신불(報身佛), 화신불(化身佛)의 삼신불(三身佛) 사상으로 굳어지게 되었다.[1]

(1) 법신(法身)

부처님의 성품인 진리당체(眞理當體)를 가리키는 것이다. 온갖 번뇌에 묻혀있는 중생들의 성품을 여래장성(如來藏性)이라 하고 그 모든 번뇌를 여읜 참다운 법을 말하는 것이다. 우리들이 수행

---

1) 정석준 편, 『불교교양대학교재』, 고불선원, **1994**, **55**쪽 참고.

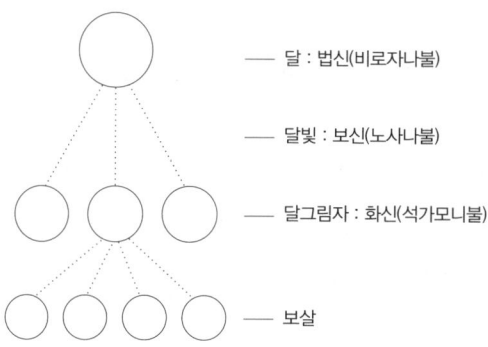

일월삼신 법신불, 보신불, 화신불의 삼신불 사상을 달에 비유하여 설명한 것이다.

을 하여 부처를 이룬다고 하는 것은 번뇌를 여의고 여래의 성품을 드러내어 진리와 하나가 되는 것을 의미한다. 이를 독립시켜 인격화해서 부를 때에는 흔히 청정법신비로자나불(淸淨法身毘盧遮那佛)이라고 한다.[2]

(2) 보신(報身)

법신을 인(因)으로 삼아 그 원(願)과 행(行)의 과보로 나타난 몸을 보신이라고 한다. 즉 과거 무량한 시간에 걸쳐 온갖 수행을 한 결과 모든 것이 진리와 하나가 된 채 만덕(萬德)이 원만하여 얻어진 몸으로서 진여당체의 참되고 아름답고 깨끗한 속성이 그대로 나타난 몸을 말한다. 예를 들면 **48**대원을 성취하여 극락세계를 이룩한 아미타 부처님과 같은 몸이다. 이를 독립시켜 인격화해서 부를 때에는 통상 원만보신노사나불(圓滿報身盧舍那佛)이라고 한다.[3]

---

2) 석청암, 『불교, 절에 대한 바른 이해』 우리출판사, 1996, 73쪽 참고.

(3) 화신(化身)

응신(應身)이라고도 한다. 현실세계 속에서 중생을 제도하기 위해 갖가지 근기에 맞추어 갖가지 방편으로 응화(應化)해서 나타난 부처님을 말한다. 즉 중생을 제도하기 위하여 중생과 같은 육체를 지니고 중생과 더불어 생존하는 부처님의 몸으로 이를 일러 보통 천백억화신석가모니불(千百億化身釋迦牟尼佛)이라고 한다. 과거 칠불과 석가모니불, 미륵불 등이 모두 이에 해당된다. 인간의 형상에만 한정되지 않음은 물론이다.[4]

삼신불의 관계는 마치 달과 그 빛 그리고 그림자 같다고 하여 일월삼신(一月三身)이라 부른다. 곧 법신은 상주불변인 달에 비유되고, 보신은 달에서 생겨 일체를 두루 비추는 달빛에 비유되며, 화신은 응화하는 작용으로써 인연에 따라 나타나는 것, 즉 달이 물에 비치는 것에 비유한 것이다.

2) 과거불(過去佛)

역사적으로 부처님은 석가모니 부처님 혼자이시지만 교리적으로 '진리를 깨달은 자' '진리의 발견자' 는 얼마든지 있을 수 있다. 이와 같은 의미에서 부처님을 오래된 성(城)을 발견한 사람에 비유하기도 한다. 그리하여 상당히 일찍부터 과거칠불이라는 사상이 있었다.[5]

① 비바시불(毘婆尸佛, Vipassin) : 과거 장엄겁의 제 98위 부처

---

3) 석청암, 앞의 책, **73**쪽 참고.
4) 정석준 편, 앞의 책, **56**쪽, 참고 ; 석청암, 앞의 책, **74**쪽 참고.
5) 이기영 저, 『불교개론강의 상권』 한국불교연구원, **1998**, **140**쪽 참고.

님이다.

② 시기불(尸棄佛, Sikhin) : 과거 장엄겁의 제 **999**위 부처님이다.

③ 비사부불(毘舍浮佛, Visvabhu) : 과거 장엄겁의 제 **1000**위 부처님이다.

④ 구류손불(拘留孫佛, Krakucchanda) : 현겁의 제 **1**위 부처님이다.

⑤ 구나함모니불(狗那含牟尼佛, Kon^{a}gamana) : 현재 현겁의 제 **2**위 부처님이다.

⑥ 가섭불(迦葉佛, Kassapa) : 현재 현겁의 제 **3**위 부처님이다.

⑦ 석가모니불(釋迦牟尼佛, Sakyamuni) : 현재 현겁의 제 **4**위 부처님이다.[6]

『과거장엄겁천불명경(過去莊嚴劫千佛名鏡)』에 보면, 과거에는 장엄겁(莊嚴劫)이 있었다. 앞의 세 분은 과거 장엄겁에 나타나셨던 부처님이다. 과거 장엄겁에는 천 분의 부처님이 나타나셨다고 한다. 그리고 현재는 현겁(現劫)이라고 하는 시대인데, 네 번째부터 석가모니불까지의 네 분은 현재의 현겁에 나타난 부처님들이시다. 현겁은 지금도 지속되고 있는데 이 세계에도 천불(千佛)이 나타난다고 한다. 한편 미래에는 성숙겁(成熟劫)이라는 겁이 있다고 한다. 장엄겁, 현겁, 성숙겁 이렇게 세 개의 겁이 하나의 우주적인 시간의 사이클로 지나가고 있는 것이다. 불교적인 코스몰로지(cosmology, 우주관)인 셈이다.[7]

---

6) 이기영, 앞의 책, **140**쪽 참고.
7) 이기영 저, 앞의 책, **141**쪽 참고.

3) 미륵불(彌勒佛)

미륵불은 우리들의 미래 세계를 관장하고 희망을 약속해 주는 미래의 부처님이시다. 미륵(Maitreya)이라는 말은 원래 '친우(mitra)'라는 말에서 파생된 것이다. '마이트레아(Maitreya)'는 자비라는 뜻을 포함하고 있으므로 한자로 미륵보살을 자씨보살(慈氏菩薩)이라고 한다. 관세음보살을 대비보살(大悲菩薩)이라고 부르는 것과 좋은 대조를 이룬다.[8]

『미륵하생경』에 미륵보살은 원래 인도 '바라나시'에 있는 한 바라문 집안에 태어난 귀공자이다. 석가모니의 교화를 받으면서 수도하다가 모든 행과 도를 원만히 닦아서 미래에 성불하리라는 수기(授記, 장차 부처님이 된다는 약속을 받는 것)를 받았다. 수기를 받은 뒤 미륵보살은 도솔천에 올라가 현재 하늘나라 사람들을 위해 설법하고 있다고 한다.

그러나 석가모니불이 입멸한지 56억 7천만년 뒤 인간들의 수명이 점점 늘어나서 8만세가 될 때에 이 사바세계에 다시 내려오셔서 화림원(華林園)의 용화수(龍華樹) 밑에서 성불(成佛)하시고 거기서 3회의 법회를 열어 아직 제도하지 못한 사람들 272억명을 교화한다고 한다.

미륵반가사유상(彌勒半跏思惟像)은 도솔천에 있는 미륵보살이 다시 사바세계에 오시기까지의 긴 기간동안 중생구제를 위한 자비심을 품고 먼 미래를 생각하며 명상에 잠긴 모습을 잘 묘사한 불상이다.[9]

---

8) 박도화 저, 『보살상』 대원사, 1991, 80-81쪽 참고.
9) 박도화 저, 앞의 책, 88쪽 참고.

그러나 미륵보살을 믿는 사람들에게는, 너무나 먼 후세에 오실 미륵불을 그때까지 기다릴 수가 없어서 지금 미륵보살이 머물고 있는 도솔천에 자기가 태어나서 미륵보살을 빨리 만나는 원을 세우기도 하는 '상생(上生)' 또는 미륵보살이 약속기간보다 더 빨리 이 사바세계에 오시기를 기원하는 '하생(下生)'의 신행이 생기게 되었다.[10]

미륵불을 모신 법당을 용화전(龍華殿), 미륵전(彌勒殿), 장륙전(丈六殿)이라 한다. 이 법당 안에는 현재 도솔천에서 설법중인 미륵보살상을 봉안하기도 하고, 내세에서 성불하여 중생을 교화하는 미륵불상을 봉안하는 경우도 있다. 미륵불상은 '은진미륵', '안동 제비원 미륵불', '법주사 미륵불' 등이 유명하다.

4) 비로자나불(毘盧遮那佛)

부처님의 본래 모습은 진리당체이고 광명이시므로 바이로차나(Vairocana) 곧 변일체처광명변조(遍一切處光明遍照)라 한다. 일체에 광명이 두루 비추지 않는 곳이 없다는 뜻이다.[11] 곧 태양의 뜻으로 불지(佛智)의 광대무변한 것의 상징으로, 무량겁해(無量劫海)의 공덕을 닦아 정각(正覺)을 성취한 연화장세계(蓮華藏世界)의 교주로 천엽(千葉)의 연화(蓮華)에 앉아 계신다.[12] 특히 비로자나불, 노사나불, 석가모니불을 각각 법신, 보신, 화신의 삼신에 배치하여 구경(究竟)의 묘경(妙境)에 나투시는 것을 비로자나불이라

---

10) 홍사성 주편, 『불교상식백과』 불교시대사, 1996, 56쪽 참고.
11) 홍사성 주편, 앞의 책, 29쪽 참고.
12) 金吉祥 편, 『불교학대사전』 홍법원, 1998, 1009쪽 참고.

비로자나불 지권인을 하고 있으며, 모든 부처님은 비로자나 부처님으로부터 존재하신다.

한다.

모든 부처님은 비로자나 부처님으로부터 존재한다. 형상으로 만들어 모셨을 때는 지권인을 짓는데 이는 부처님 세계가 중생세계를 감싸고 있음을 나타낸다. 결국 부처님과 중생은 하나이며 법신은 일체 중생의 마음 가운데 있음을 나타낸다. 비로자나 부처님을 모신 법당을 비로전(毘盧殿), 대광명전(大光明殿), 대적광전(大寂光殿), 화엄전(華嚴殿)이라 한다.

5) 아미타불(阿彌陀佛)

아미타불이란 범어로 아미타유스(Amitāyus)로, 번역하여 영원한 수명(無量壽), 무한한 광명(無量光)을 보장해 주는 부처님이시다. 서방정토 극락세계에 계시면서 일념으로 부처님 명호를 부르는 사람을 아름답고 편안한 세계로 맞이하는 부처님이시다. 그 곳은 빈부귀천과 근심이 없는 우리 모두가 귀의할 수 있는 보금자리이다. 법장이라는 비구스님이 불법을 믿는 중생을 위해 만든 세계이다.

아미타 부처님을 모신 법당을 무량수전(無量壽殿), 무량광전(無量光殿), 극락전(極樂殿), 아미타전(阿彌陀殿)이라고 한다.

아미타불이 극락세계에 계시면서 중생을 교화하시게 된 인연에 대해서 정토삼부경(淨土三部經)인 무량수경(無量壽經), 관무량수경(觀無量壽經), 아미타경(阿彌陀經) 등에 자세히 기록되어 있다.

옛날에 '세자재왕여래(世自在王如來)'께서 이 세상에 출현하시었다. 그 때에 어떤 나라의 왕이 세자재왕여래의 법문을 듣고 신심을 내어서 출가하여 수행자가 되었는데 그 분이 법장비구다. 법장비구는 48대원을 세워 그 원이 한 가지라도 성취되지 않으면 성불하지 않겠노라고 굳게 발원하였다. "내가 성불했을 때 내가 교화하는 세계는 지옥, 아귀, 축생이 하나도 없기를 원합니다. 이 원이 이루어지지 않으면 언제까지나 성불하지 않을 것입니다." 이와 같은 소원들을 이루기 위하여 무한 억겁의 세월을 보내면서 보살도를 닦았다. 그 결과 소원을 성취하여 아미타 부처님이 되셔서 극락세계를 이룬 것이다.

6) 약사여래불(藥師如來佛)

질병을 치료해 주고 재액(災厄)을 소멸시키며 바른 법을 가르쳐 깨달음의 세계에 들게 하리라는 서원을 세워 동방정유리광세계(東方淨溜璃光世界)를 만들었다. 모든 중생들이 약사여래 부처님의 명호를 부르면 몸이 유리와 같이 청정하여져 아무 더러움이 없고 불구의 몸이 회복되며 질병이 없어진다고 하였다. 약사여래 부처님은 손에 약이 든 약합(藥盒), 약그릇(藥器, 無價珠)을 들고 계신다. 약사여래를 모신 법당을 약사전(藥師殿), 만월전(滿月殿), 유리광전(溜璃光殿)이라 한다.[13]

『약사여래본원경』에 "석가모니 부처님께서 문수보살에게 말씀

---

13) 석청암 저, 앞의 책, 81-82쪽 참고.

약사여래불 질병과 재액을 소멸시키며, 법을 가르치겠노라 서원하신다.

하시되 동방으로 무수한 세계를 지나서 유리광 세계가 있다. 그 세계에 약사유리광여래가 계시니 성불하기 전 보살행을 닦을 때에 십이대원을 세워 실행하였다"고 기록되어 있다.

① 내 몸과 남들의 몸에 광명이 치성하도록 하리라.
② 위덕이 높아져서 중생들을 모두 깨우칠 수 있게 하리라.
③ 중생들의 욕망을 모두 만족시켜 모자람이 없도록 하리라.
④ 모든 중생들을 대승의 가르침으로 이끌어 들이리라.
⑤ 모든 중생들이 깨끗한 업을 지어 삼취청계(三聚淨戒)를 구족하게 하리라.
⑥ 모든 불구자들이 온전한 몸을 갖게 하리라.
⑦ 몸과 마음이 안락하여 위없는 깨달음을 얻도록 하리라.
⑧ 모든 여인들을 남자가 되게 하리라.
⑨ 마구니나 외도의 나쁜 소견을 없애고 부처님의 올바른 지견을 얻도록 하리라.
⑩ 나쁜 임금이나 강도 등의 고난으로부터 모든 중생을 구원하리라.
⑪ 모든 중생들이 배고픔을 면하고 편안하게 하리라.
⑫ 가난하여 의복이 없는 중생이 좋은 옷을 얻게 하리라.

이와 같은 서원을 세우고 수행하여 부처님이 되신 분이 바로 약사여래 부처님이므로 옛부터 많은 사람들이 삶의 애환을 약사여래 부처님께 토로하고 복락을 기원하였다.[14]

7) 석가모니불

『불소행찬(佛所行讚)』·『수업본기경(修業本起經)』에 부처님 오신날이 4월 8일로 기록되어 있다. B.C. 624년 4월 8일 탄생하여 세수 80년을 사시고 B.C. 544년 2월 15일에 열반에 드셨다. 통상 불기(佛紀)는 열반하신 그 해를 1년으로 한다. 1956년 제4차 남방불교도대회에서 남방불교의 사전인 『대사(大史)』, 『도사(島史)』에 근거하여 여러 이론을 통일 한 것이다.

불교의 교주인 석가모니 부처님을 봉안한 법당을 대웅전(大雄殿)이라 한다. 이는 『법화경(法華經)』에서 유래한 것이다. 대웅전은 보통 단층의 건물형태를 많이 취하고 있으며 사찰의 중심이 되는 전각이다.[15]

제2절_ 보살(菩薩)

중생을 향한 끝없는 화현이시다.
업장이 두터운 우리 중생들은 부처님을 괜히 어렵게 생각한다. 이것을 다 아시고 좀더 친근한 모습으로 우리 곁에 오시는 분이

---

14) 석청암 저, 앞의 책, 81-82쪽 참고.
15) 金吉祥 편, 앞의 책, 455쪽 참고.

부처님의 탄생과 열반   B.C. 624년 4월 8일
탄생하여 B.C. 544년 2월 15일 열반하였다.

그 수많은 보살님들이다. 보살(菩薩)이란 보리살타(菩提薩陀)의 줄인 말이다. 즉 각유정(覺有情)으로 번역하면 깨친 중생이다.[16] 모든 보살들은 우리 인간의 모습 그대로 화려한 옷을 입으시고 머리에는 보관을 쓰시고 항상 자비의 미소를 지으며 계신다. 이 보살님은 주로 법당의 주불 좌우에 계시면서 그 주불의 덕상을 구체적으로 드러내고 계시는데 따로 모시는 경우도 있다. 오직 한 분인 법신의 부처님이 여러 부처님으로 화현하시고 그 부처님들이 중생 속으로 가까이 하시는 분이 보살이다. 그러므로 보살은 결국 진리로 계신 부처님의 또 다른 화현이다.

『화엄경』에 "중생이 한량없고, 국토가 한량없고, 그 국토에 사는 중생이 한량없으며, 그 중생들의 번뇌와 고통도 한량없으니 부처님의 원력 또한 한량없다"고 하심이 이를 두고 한 말씀이다.

1) 문수보살(文殊菩薩)

문수보살은 문수사리(文殊師利)라고 표기한다. 주로 석가모니 부처님의 왼쪽에 위치하며 지혜를 상징한다. 주로 오른손에 지혜의 칼을 쥐고 왼손에 푸른 연꽃(靑蓮花)을 지닌다. 대좌(臺座)는

---

16) 박도화 저, 앞의 책, 8·11·14쪽 참고.

연화대(蓮花臺)나 청사자(靑師子)를 이용한다.[17]

2) 보현보살(普賢菩薩)

보현보살은 대행원(大行願)의 상징으로 주로 석가모니 부처님의 오른쪽에 모셔진다. 보현보살은 연화대(蓮花臺)에서 합장한 모습으로 손에 연꽃을 쥐고 코끼리를 타고 계신다. 보현보살은 『화엄경』, 『법화경』에 우두머리보살(上首菩薩)로 나타난다.[18]

3) 관세음보살(觀世音菩薩)

관세음보살은 보살 중의 보살로 알려져 있다. 그것은 세상의 음성을 관하여 보살의 특징인 자비를 가장 잘 나타내고 있는 현세의 구세자이기 때문이다. 관세음보살은 아미타불을 협시하는 경우가 가장 많으며 그 외에 석가모니 부처님의 협시보살로도 표현된다.[19] 후대에는 관음보살상을 단독으로 모시기도 한다. 왼손에는 연꽃을 들고 오른손에 감로수병을 들고

관세음보살   보살중의 보살로 자비를 가장 잘 나타내는 보살이다.

---

17) 홍사성 주편, 앞의 책, **54**쪽 참고.
18) 석청암 엮음, 앞의 책, **72**쪽 참고.
19) 석청암 엮음, 앞의 책, **83**쪽 참고.

있다. 연꽃의 봉우리는 중생들 각자가 갖춘 불성을 나타내고 감로수병은 번뇌를 소제하여 청량을 얻게 한다. 보관(寶冠)에는 항상 아미타 부처님을 모시고 있다.[20]

관세음보살을 모신 법당을 관음전(觀音殿), 원통전(圓通殿)이라 한다.

4) 대세지보살(大世至菩薩)

관세음보살과 함께 아미타불을 협시하는 보살이다.[21] 한번 발을 내어 디디면 삼천세계와 마구니의 집이 진동하므로 붙여진 이름이며, 손에 보병이나 연꽃을 들고 보관에 보배병(寶杯甁)을 이고 있다.[22]

5) 지장보살(地藏菩薩)

지장보살은 육도의 윤회속에 끝없이 방황하는 중생을 구제하고 나아가 지옥의 고통에서 허덕이는 중생을 인도하여 극락세계로 이끌어 주는 보살이다. 지옥 문전에서 눈물로써 중생을 교화한다. 머리를 깎은 민머리이거나 또는 머리에 두건을 쓰고 가사를 입고 계시며 연꽃이나 보배구슬(寶珠)을 들기도 한다.[23] 석장(錫杖)을 짚은 모습과 동자를 안은 분도 있다.

지장보살은 대원본존(大願本尊)이다. "성불하지 못하는 중생이

---

20) 박도화 저, 앞의 책, **28**쪽 참고.
21) 박도화 저, 앞의 책, **54**쪽 참고.
22) 홍사성 주편, 앞의 책, **50**쪽 참고.
23) 홍사성 주편, 앞의 책, **71**쪽 참고.

한 중생이라도 있으면 나는 성불하지 않겠다" 함이 이 보살의 서원이다.

지장보살을 모신 법당을 지장전(地藏殿), 명부전(冥府殿)이라 한다.

6) 일광보살(日光菩薩)·월광보살(月光菩薩)

약사여래의 좌우 협시보살이다. 이들 보살은 법계를 두루 비치어 생사의 어둠을 파괴한다는 뜻을 갖고 있다. 일광보살은 연꽃을 쥐거나 일륜(日輪)을 가진다. 월광보살은 초생달형의 달을 갖기도 하고 만월형의 월륜(月輪)을 지니기도 한다.[24]

7) 미륵보살(彌勒菩薩)

현재는 도솔천(兜率天)에서 천인(天人)을 위해 설법하고 있지만 석가모니 부처님의 수기에 의해서 그 수(壽)가 4천세(인간의 56억 7천만년)가 다하면 이 세상에 하생(下生)하여 용화수 아래에서 성불하고 3회에 걸쳐 설법을 한다고 예정되어 있다.

제3절_ 삼성신앙(산신, 칠성, 독성)

삼성은 칠성과 독성 및 산신을 말한다. 세 분을 한 곳에 모셔놓은 집을 삼성각(三聖閣)이라고 하고 나누어 모셨을 때는 각각 산

---

24) 박도화 저, 앞의 책, 117쪽 참고.

신각(山神閣), 칠성각(七星閣), 독성각(獨聖閣)이라 이름한다.

1) 산신(山神)

산신신앙   불교와 민간 토속신앙이 융합
되면서 생긴 것이다.

우리 나라의 사찰에서 산신을 모시는 것은 민간 토속신앙이 불교와 융합되어 들어온 것이다. 이것은 일반적으로 사찰이 산에 위치하고 있는 경우가 많아 일종의 외호신중으로 산신을 모시게 된 것으로 생각된다. 민간신앙에서는 호랑이를 산군으로 모시기 때문에 산신은 언제나 호랑이를 거느리는 것으로 표현되고 있다.[25]

2) 칠성(七星)

칠성이란 북두칠성(北斗七星)을 일컫는다. 사찰에 칠성을 모시게 된 것은 중국의 도교사상이 불교와 융합되어서 나타난 현상이다. 도교에서는 칠성이 인간의 길흉화복을 맡고 있다고 하여 '칠원성군'이라고 하는데 불교에서는 '칠성여래'로 모시고 기도한다.[26]

---

25) 석청암 저, 앞의 책, **93**쪽 참고.
26) 홍사성 주편, 앞의 책, **92**쪽 참고.

3) 독성(獨聖)

독성은 혼자 수행해서 깨달은 사람이다. 즉 다른 사람의 가르침이나 수행방법을 모방하지 않고 스스로 독자적인 방법으로 깨달은 분을 말한다. 스승이나 수행의 지침 없이 오로지 독자적인 방법으로 깨친다는 것은 너무나 힘들고 어려운 일이다. 부처님께서도 결국 혼자의 힘으로 깨치셨는데, 그 과정이 얼마나 험난하고 힘겨운지 여러 경전 속에 잘 기록되어 있다. 그것을 생각하면 정말로 나반존자(那畔尊者)가 위대한 분이라는 것을 알 수 있다.[27]

제4절_ 나한(羅漢)

나한전에는 가운데에 석가모니불을 모시고 좌우에 석가모니 부처님의 제자 중 아라한과(阿羅漢果)를 얻은 성자들의 그림이나 초상이 봉안되어 있다.

나한(羅漢)이란 소승불교에서 최고의 깨달음인 아라한과(阿羅漢果, 소승불교 최고의 깨달음)를 얻었음을 가리키는 말이다. 넓은 의미는 소승(小乘)과 대승(大乘)을 막론하고 최고의 깨달음을 얻은 성자를 가리키는 말이기도 하다. 나한이란 범어의 아르하트(arhat)에서 온 말로 아라한 또는 줄여서 나한이라고 하는데 뜻으로 응공(應供), 무학(無學), 응진(應眞)이라고도 한다.

나한을 모신 법당을 나한전(羅漢殿), 응진전(應眞殿)이라고 한다. 여기에는 10대 제자를 모시기도 하고, 16나한, 500나한을 모

---

27) 홍사성 주편, 앞의 책, 1209-1210쪽 참고.

시기도 한다.

16나한은 다음과 같은 분들이 계신다.
① 빈도라발라타시 ② 가낙가벌차 ③ 기낙가발리타사
④ 소빈타 ⑤ 낙구라 ⑥ 발타라 ⑦ 가리가 ⑧ 벌사라불다라
⑨ 솔박가 ⑩ 반탁가 ⑪ 라호라 ⑫ 나가서나 ⑬ 인계라
⑭ 벌라바사 ⑮ 아시다 ⑯ 주다반타가[28]

제5절_ 부처님의 위신력

1) 여래십호(如來十號)

부처님은 지혜와 복덕을 갖추었다 하여 양족존(兩足尊)이라 한다. 부처님은 복혜(福慧)의 무한한 공덕으로 10가지 이름을 성취하였으니 이를 여래십호라 한다.

① 여래(如來) : 진여(眞理)의 세계에서 오신 분이란 뜻이다. 즉, 진리의 세계에서 오시고 다시 진리의 세계로 드시는 분이다.
② 응공(應供) : 응수공양(應受供養)의 준말로 남의 공양을 응당히 받을 자격이 있는 분이다.
③ 정변지(正遍智) : 모든 법에 대하여 바르고 두루한 지혜를 가진 분이다.
④ 명행족(明行足) : 알아서 행하는 것이 구족한 분이다. 부처님은 삼명육통을 모두 얻었기 때문에 훤히 알고, 행하는 것마다 부족한 것이 없다. 즉 명행이 구족했다 함은 계·정·혜 삼학

---

[28] 권영한 지음, 『예불하는 마음의 자비를』, 전원문화사, **1995**, **203**쪽.

에 의해 바른 깨달음을 얻으셨다는 말이다. 삼명육통(三明六通)이란 보통 상식의 세계에서 헤아릴 수 없는 것을 헤아리고 걸림이 없다는 말로 헤아림을 신(神)이라 하고, 걸림 없는 것을 통(通)이라 한다. 삼명(三明)은 신족통, 천안통, 천이통이고 육통(六通)은 삼명에다가 타심통, 숙명통, 누진통을 더한 것이다.

㉮ 신족통(神足通) : 공간에 걸림없이 왕래하며 그 몸을 마음대로 변화할 수 있다.

㉯ 천안통(天眼通) : 멀고 가까움과 크고 작은 것에 걸림 없이 무엇이나 밝게 본다.

㉰ 천이통(天耳通) : 멀고 가까움과 높고 낮음을 걸림없이 무슨 소리나 잘 듣는다.

㉱ 타심통(他心通) : 어떤 중생이라도 생각하는 바를 다 알 수 있다.

㉲ 숙명통(宿命通) : 육도를 윤회하는 모든 중생들의 전생, 금생, 후생일을 다 안다.

㉳ 누진통(漏盡通) : 번뇌망상이 완전히 끊어진 것이다.[29]

⑤ 선서(善逝) : 사바세계에서 진리의 세계로 가신 분이다. 모든 중생의 갈 길을 명확하게 밝히신 분이다.

⑥ 세간해(世間解) : 부처님께서는 모든 세간의 온갖 일을 모두 알고 계신다. 즉 세상의 모든 어려움을 걱정하고 고민해 주시는 분이다.

⑦ 무상사(無上士) : 영원한 광명, 영원한 진리를 체득하신 부처

---

[29] 홍사성 편역, 앞의 책, **64-65**쪽 참고.

님은 이 세상에서 위없이 높은 선비 같은 분이다.
⑧ 조어장부(調御丈夫) : 여러 가지 적절한 방법과 가르침으로 중생을 제도하는데, 장부와 같이 조절하고 제어하는 능력이 뛰어난 분이다. 유연한 말, 세상의 잡다한 말, 꾸짖음의 말 등 또는 여러 행동으로 중생을 조복시키고 제어(調伏制御)한다.
⑨ 천인사(天人師) : 천인교사(天人敎師)라고도 한다. 인간과 하늘나라 사람들의 스승이다. 그들을 무한한 행복, 영원한 광명으로 인도하는 육도 중생의 교사와 같은 분이다.
⑩ 불(佛) : 불타의 준말로 각자(覺者)란 뜻이다. 스스로 깨닫고 남을 깨닫게 하시는 각행(覺行)이 원만하신 분이다.
⑪ 세존(世尊) : 복덕, 지혜를 다 갖추시고 중생에게 베푸시므로 세상 사람들이 가장 존귀하게 생각하는 분이다. 석존이라고 한다.

여래십호는 **11**가지 중에서 여래(如來)나 불(佛)을 빼기도 한다.[30]

2) 부처님의 십력(十力)

『잡아함경』·『관무량수경』 등에 십력이 소개되고 있다. 일체를 아시는 부처님의 불가사의한 힘을 말한다.

① 지시각비처력(知是覺非處力)은 도리와 비도리를 분별하는 힘이다.
② 지업보력(知業報力)은 업(業)과 그 과보(果報)의 관계를 아는 힘이다.

---

30) 홍사성 역, 『불교입문』 우리출판사, 1990, **58-60**쪽 참고.

③ 지제선삼매력(知諸禪三昧力)은 가지가지 선정(禪定)에 통달하는 힘이다.
④ 지타중생제근상하력(知他衆生諸根上下力)은 중생의 근기를 아는 힘이다.
⑤ 지타중생종종욕력(知他衆生種種欲力)은 중생의 욕구나 이해의 정도를 아는 힘이다.
지세간종종성력(知世間種種性力)은 중생의 성격을 아는 힘이다.
⑦ 지일체도지처상력(知一切道智處相力)은 업에 응해서 나타나는 세계를 아는 힘이다.
⑧ 지숙명력(知宿命力)은 과거세의 일을 기억하는 힘이다.
⑨ 지천안력(知天眼力)은 미래의 일을 아는 힘이다.
⑩ 지누진력(知漏盡力)은 번뇌가 다 없어진 것(遍盡)을 자각하는 힘이다.

3) 항상 계시는 불보살님

부처님은 허공에 있는 보름달과 같다. 그 은혜가 한량없어서 온 우주법계를 그 달빛으로 채운다. 천 개의 강에 천 개의 달을 드리우시니 『대반열반경(大般涅槃經)』에 "달은 어디에도 나타난다. 도시에도, 마을에도, 산이나 강에도, 못 속이나 독 속에도, 풀잎 끝의 이슬 속에도 나타난다. 사람이 백 리 천 리를 가더라도, 달은 항상 그 사람을 나타내시지만 그 몸은 항상 머물러 변함이 없으시느니라." 고 했다. 이와 같이 부처님은 언제 어디서나 항상 이 세상을 구원하고 계신다. 부처님은 부처님의 모습으로만 나타나시는 것이 아니고 갖가지 모습에 응해서 변화해 나타나신다.

『법화경 관세음보살 보문품』에 "선남자 선여인아, 만일 한량없는 백천만억 중생이 여러 가지 고뇌를 받을 때에 이 관세음보살의 이름을 듣고 일심으로 그 이름을 부르면 관세음보살이 곧 그 음성을 듣고 모두 해탈케 하리라. 선남자 선여인들아, 무서워 말고 두려워 말라. 그대들은 일심으로 관세음보살의 명호를 불러라. 이 보살이 능히 중생들의 두려움을 없애 주리라" 하였다.

제 4 장

불교의 사상

제1절 삼법인
제2절 오온과 십이처
제3절 연기
제4절 사성제 · 팔정도
제5절 불교의 목적
제6절 기도와 염불

제4장

불교의 사상

　불교에서 말하는 깨달음이란, 다른 종교에서 말하는 절대신(絕對神)이 인간에게 보여주는 계시(啓示)와는 달리 이는 인간의 노력으로 얻어지는 것이다. 부처님의 가르침은 이러한 깨달음에 이르는 방법을 말씀하신 것이며, 모든 권위의식을 타파한 지극히 현실적이고 합리적인 가르침이다.
　불교는 인간을 무한한 능력의 소유자로 본다. 또한 부처님께서는 "일체 중생이 다 불성이 있다(一切衆生皆有佛性)"고 하시며, 인간뿐만 아니라 일체 중생 개개의 가치를 다 인정하셨다. 부처님이 될 수 있는 성품을 소유하였으니 얼마나 희망적인가?
　우리는 곧 부처님이다. 부처님은 모든 곳의 주인이시며 객관에 끄달리지 않으시는 분이시므로, 우리도 모든 곳의 주인이며 주인된 삶을 펼칠 수 있는 것이다. 즉, 불교의 목적은 모두가 해탈(解脫)해서 진정으로 부처님이 되는 데 있다.

제1절_ 삼법인(三法印)

부처님의 팔만사천 법문 가운데서 가장 기본이 되는 진리를 세 가지로 요약하여 이를 '삼법인(三法印)' 이라고 한다.[1]

법(法)이란 범어 다르마(Dharma)를 의역한 말로 '석가모니 부처님의 가르침' 을 뜻하고, 인(印)이란 도장을 찍는다는 뜻으로 틀림없다는 것을 증명하는 말이다.[2]

삼법인(三法印)이란, 불교의 교의를 크게 세 가지의 관점에서 본 것인데 제행무상(諸行無常), 제법무아(諸法無我), 열반적정(涅槃寂靜)을 말한다. 위의 열반적정 대신 일체개고(一切皆苦)를 넣어 삼법인이라고 하기도 하는데 일체개고에 대해서는 사성제 중 고성제(苦聖諦)를 참고하면 된다.[3]

1) 제행무상인(諸行無常印)

제행은 일체 생멸·변화하는 모든 현상, 즉 유위법(有爲法)을 가리킨다. 모든 법은 유위법(有爲法)과 무위법(無爲法)으로 나누는데, 유위법이란 인연으로 생겨서 생멸·변화하는 물심(物心)의 현상을 말하며, 무위법이란 사상(四相, 생멸이주(生住異滅))의 변천이 없는 법(法)의 진실체를 말한다.

무상(無常)이란 항상 그대로 있지 않다는 뜻이다. 그러므로 제행무상은 모든 것은 항상 그대로 있지 않다고 하는 진리이다. 물

---

1) 이기영 저, 『불교개론강의 상권』 한국불교연구원, 1998, 190쪽 참고.
2) 교양교재편찬위원 편, 『불교학개론』 동국대학교출판부, 1998, 57쪽 참고.
3) 불교교재편찬위원회, 『불교사상의 이해』 불지사, 1998, 101쪽 참고.

질은 성주괴공(成住壞空)이라는 네 가지 모습으로 잠시도 그대로 머물러 있지 않고, 우리의 육신은 생노병사(生老炳死)하며 정신 또한 생주이멸(生住異滅)을 되풀이하고 있다. 이처럼 찰나(1/75초)간에도 변화하는 존재의 법칙이 바로 제행무상인이다.[4]

2) 제법무아인(諸法無我印)

제법(諸法)이란 일체 모든 법(존재)을 의미한다. 그러므로 제법무아란 일체법에는 절대적인 내(我)가 없다는 뜻이다.

왜 일체법에 내가 없느냐 하면 모든 존재는 스스로 존재하지 못하고 서로의 상관관계에 의해서만 존재하기 때문이다. 무아란 단순히 내가 없다는 뜻이 아니라 '변하지 않는 나'는 존재하지 않는다는 뜻이다. 나는 단지 인연에 따라 어느 한 시점에서 다른 시점으로 변해 가는 '변화하는 과정의 나'일 뿐이다.[5]

3) 열반적정인(涅槃寂靜印)

열반적정이란 온갖 번뇌로부터 벗어나 가장 고요하고 평화로운 경지에 도달하는 것을 말한다. 세상은 끊임없이 변화하고(無常), 나라고 집착할 것이라고는 아무 것도 없는(無我) 것만이 있는 것이 아니라 참으로 이상적인 면도 있다는 것이다.

바로 깨달음의 세계요, 부처님의 세계이다. 이를 열반적정이라고 한다.

열반이란 니르바나(nirvana)라는 빔어의 음역으로 한자로는 멸

---

[4] 이기영 저, 앞의 책 상권, **191**쪽 참고.
[5] 불교교재편찬위원회, 앞의 책, **103**쪽 참고.

(滅)·적멸(寂滅)·멸도(滅度)·적(寂)이라고 한다. 그 뜻은 해탈과도 같은 것으로 활활 타오르는 번뇌의 불꽃을 완전히 꺼버리고, 깨달음 즉 보리를 완성한 경지를 말하는 것이다.[6]

제2절_ 오온(五蘊)과 십이처(十二處)

1) 오온(五蘊)

오온의 온(蘊, skandha)은 '모임(集合)'이라는 뜻으로 '음(陰)'이라고도 한다. 좁은 의미로는 인간의 존재 즉, 인간은 물질적인 요소인 색(色, 육체)과 정신적인 요소인 수(受)·상(想)·행(行)·식(識) 의 다섯 요소로 이루어져 있다는 뜻이다. 넓은 의미로는 일체 존재를 가리켜 색은 물질 전체를, 수·상·행·식은 정신 일반을 말한다.

인간존재를 특별히 구별해서 오취온(五取蘊)이라는 표현을 사용한다. 이것은 인간을 고정적인 자아(自我, ātman)로 보고 어떤 것에 집착(取, upādāna)한다고 보기 때문이다.[7]

(1) 색온(色蘊 rūpa)
색이란 육체를 가리킨다. 육체는 물질적인 4가지 요소(지·수·화·풍)인 사대(四大, mahābhuta)와 이 사대에서 파생된 사대소조색(四大所造色)으로 이루어져 있다. 지(地)는 뼈·손톱·머리

---

6) 교양교재편찬위원회 편, 『불교와 인간』 동국대학교 출판부, 1998, 47-48쪽 참고.
7) 불교교재편찬위원회, 앞의 책, 95-96쪽 참조.

카락 등의 육체의 딱딱한 부분이고, 수(水)는 침·혈액·오줌 등이고, 화(火)는 체온이며, 풍(風)은 몸속의 기체 즉 장 속의 가스 같은 것을 가리킨다. 사대소조색이란 사대로 이루어진 오종의 감각기관인 눈·귀·코·혀·몸 등이다.[8]

(2) 수온(受蘊, vedanå)

수란 감수(感受) 작용이다. 수(受)는 내적인 감각기관과 그것에 상응하는 외적인 대상들과의 만남에서 생긴다. 수에는 3종이 있는데 그것은 고수(苦受), 낙수(樂受), 불고불락수(不苦不樂受)이다.[9]

(3) 상온(想蘊, samjñå)

상은 개념(概念) 또는 표상(表象) 작용을 말한다. 상도 역시 감각 기관들과 그 대상들과의 만남에서 생기는데 상은 대상들을 식별하고 그 대상들의 이름을 부여한다. 먼저 지각(知覺)에 의해 인식 작용이 생기게 되고 그 다음에 개념을 만드는 작용이 일어나게 된다.[10]

(4) 행온(行蘊, samskåra)

'형성하는 힘' 즉, 의지 작용(cetanå)을 가리킨다. 인간이 활동하고 업(業, karman)을 짓게 되는 것은 이 행의 작용이 있기 때문이다.[11]

---

8) 불교교재편찬위원회, 앞의 책, 96쪽 참조.
9) 홍사성 주편, 『불교상식백과』 불교시대사, 1996, 465쪽 참고.
10) 불교교재편찬위원회, 앞의 책, 96쪽 참조.
11) 홍사성 주편, 앞의 책, 465쪽 참고.

(5) 식온(識蘊, vijñāna)

일반적으로 분별, 인식 및 그 작용을 말한다. 식(識)의 영역은 대상을 인식하는 데까지 가지 않는다. 그 전 단계인 주의 작용일 뿐이다.

오온은 인간존재란 색·수·상·행·식 등 5가지 요소가 어떤 원인에 의해서 일시적으로 결합되어 있는 것에 지나지 않는다. 『잡아함경』에 "마치 여러 가지 재목(材木)을 한데 모아 세상에서 수레라 일컫는 것처럼 모든 온(온=요소)이 모인 것을 거짓으로 존재라 부른다."고 비유로써 설명하고 있다.[12]

인간 존재도 마찬가지다. 색·수·상·행·식의 5요소가 모일 때 비로소 인간이라는 존재도 성립할 수 있게 된다.

2) 십이처(十二處, āyatana)

십이처의 처(處)는 'āyatana'에서 번역된 것으로 입(入)이라고 한다. 이 단어는 치 'āyat'와 'ana' 이루어져 있는데 'āyat'는 '들어오는'의 뜻이고 'ana'는 '것'과 '곳'이라는 2가지 의미를 가지고 있다. 따라서 '들어오는 곳(處)' 또는 '들어오는 것(入)'이라는 의미이다.

십이처란 눈·귀·코·혀·몸·마음의 6개 감각기관(六根)과 그에 상응하는 6개의 대상, 즉 빛깔·소리·냄새·맛·감촉·생각을 합친 것이다.

보는 작용은 눈을 통해서, 듣는 작용은 귀를 통해서, 냄새 맡는

---

12) 불교교재편찬위원회, 앞의 책, 97-98쪽 참조.

것은 코를 통해서, 맛 보는 것은 혀를 통해서, 감촉은 몸을 통해서, 생각은 마음을 통해서 이루어진다. **6**개의 기관이라는 의미에서 육근(六根), 육내처(六內處)라고도 한다.[13] 육근에 상응하는 바깥 세계의 대상을 육경(六境), 육외처(六外處)라고도 한다. 정신작용이 일어나기 위해서는 반드시 감각기관과 거기에 상응하는 대상이 만나야 된다. 십이처란 육근과 육경, 즉 육내처와 육외처를 합친 것이다.[14]

3) 십팔계(十八界, dhātu)

십팔계의 계(界)는 'dhātu'를 번역한 말로서 구성 요소, 영역, 종류란 뜻이다. 십팔계란 십이처 즉, 육근(六根)과 육경(六境)에 육식(六識)을 합친 것이다.

십팔계의 분류 방법은 근·경·식(根境識)의 삼사화합(三事和合)이라는 원리에서 나온 것이다. 무엇을 인식하기 위해서는 반드시 인식 기능을 가지고 있는 기관(根)과 인식의 대상(境)과 인식 작용(識)의 **3**가지 요소가 필요하다.[15]

육 근		육 경		육 식
① 안근 (眼根)	–	⑦ 색경 (色境)	–	⑬ 안식 (眼識)
② 이근 (耳根)	–	⑧ 성경 (聲境)	–	⑭ 이식 (耳識)
③ 비근 (鼻根)	–	⑨ 향경 (香境)	–	⑮ 비식 (鼻識)
④ 설근 (舌根)	–	⑩ 미경 (味境)	–	⑯ 설식 (古識)
⑤ 신근 (身根)	–	⑪ 촉경 (觸境)	–	⑰ 신식 (身識)
⑥ 의근 (意根)	–	⑫ 법경 (法境)	–	⑱ 의식 (意識)

십팔계는 일체를 이와 같은 **18**개의 요소로 분류했다.

제3절_연기(緣起)

모든 것에는 원인이 있으면 반드시 결과가 있는데 이것을 인과라고 하며 이 법칙은 영원하다.

연기(緣起)란 인연생기(因緣生起)의 준말이다. 일체 현상은 무수한 원인과 조건이 연(緣)하여 성립된다. 즉 모든 존재는 독립된 것이 아니라 서로 관계하면서 존재한다. 부처님께서는 "법을 보는 것은 곧 연기를 보는 것이며, 연기를 보는 것은 곧 법을 보는 것이다"라고 하셨다.

    이것이 있으므로 저것이 있고   此有故彼有
    이것이 생하므로 저것이 생한다.   此生故彼生
    이것이 없으므로 저것이 없고   此無故彼無
    이것이 멸하므로 저것이 멸한다.   此滅故彼滅『중아함경』

이 연기법은 불교의 사상이며 동시에 우리 인생의 문제를 해결해 주는 지표이다.[16]

1) 십이연기(十二緣起)

십이연기는 태어나기 이전과 태어나서 일어나는 과정과 죽은 후의 상태를 열두 가지로 분류한 것이다. 다시 말해서 현상적인 우리의 삶은 12단계로 생(生)과 사(死)를 반복하고 있다고 할 수

---

13) 불교교재편찬위원회, 앞의 책, **107-108**쪽 참조.
14) 교양교재편찬위원회 편, 『불교와 인간』 **26**쪽 참고.
15) 불교교재편찬위원회, 앞의 책, **109**쪽 참고.
16) 교양교재편찬위원회 편, 『불교와 인간』 **61-62**쪽 참고.

있다. 십이연기는 간략히 다음과 같다.

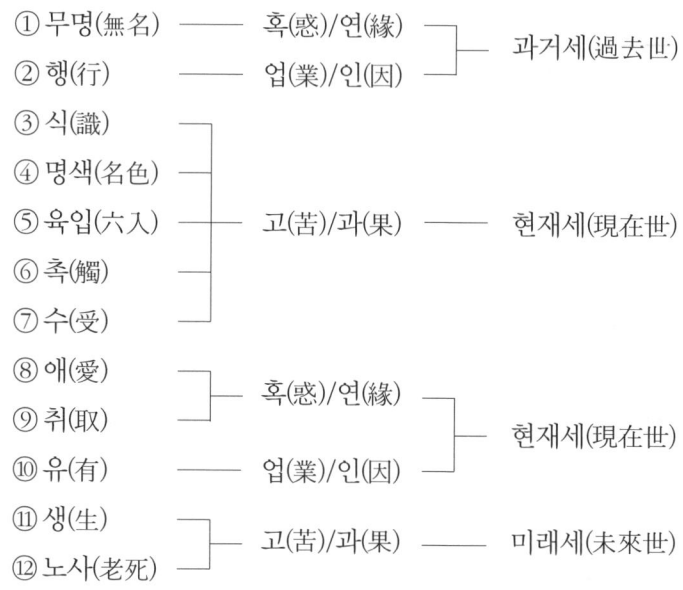

(1) 무명(無明, avidyā)

실재(實在)하지 않는 무상한 것을 실체(實體)로 착각하고 그 무상한 형체를 완전하고 영원한 것으로 집착해 버리는 어리석음을 말한다. 진리에 대한 밝지 못함, 즉 무지(無智)인 것이다.[17]

(2) 행(行, samskåra)

밝지 못한 상태(無明)로 생각하고 행동함으로써 습관, 성격, 소질 등이 바르지 못한 자기가 형성되어 간다. 이른바 업(業)이 지어

---

17) 교양교재편찬위원회 편, 『불교학 개론』 70쪽 참고.

지는 것이다.[18]

(3) 식(識, vijñana)

행(行)에 의해 형성된 힘으로 육근(六根)을 통해 받아들인 모든 것을 인식하고 판단하는 것이다. 즉 인식작용(認識作用)을 말한다.[19]

(4) 명색(名色, nåmarūpa)

명(名)은 정신적인 것을, 색(色)은 물질적인 것을 말한다. 명색은 물질과 정신이 결합된 상태로, 인식작용에 의해 일체의 존재가 현상적으로 나타남을 말한다.[20]

(5) 육입(六入, sadåyatana)

명색이 있으므로 그것을 지각하는 능력이 생긴다. 곧 안(眼), 이(耳), 비(鼻), 설(舌), 신(身), 의(意)라는 육입(六入 혹은 六根, 六賊, 六處)이 그것이다. 즉 인간의 시각기능, 청각기능, 후각기능, 미각기능, 감촉기능, 지각기능이 발생하는 것이다.[21]

(6) 촉(觸, sparsa)

촉이란 '접촉한다' 라는 뜻이다. 감각하는 기관(六入)과 그 대상

---

18) 교양교재편찬위원회 편, 『불교학 개론』 70쪽 참고.
19) 불교교재편찬위원회, 앞의 책, 85쪽 참고.
20) 홍사성 주편, 앞의 책, 496쪽 참고.
21) 교양교재편찬위원 편, 『불교학 개론』 71쪽 참고.

인 육경(六境 : 色·聲·香·味·觸·法)과 감각, 지각의 주체(六識 : 眼識·耳識·鼻識·舌識·身識·意識)가 화합, 접촉하는 것을 말한다. 즉, 이 세 가지가 만남으로 감각과 지각의 인식작용이 생기는 것이다.[22]

(7) 수(受, vedanå)
수는 감수작용(感受作用)을 말한다. 촉에 의해 즐거움이나 괴로움, 그리고 즐거운 것도 아니고 괴로운 것도 아닌 느낌의 세 가지가 일어나 그것을 감지하여 받아들인다.[23]

(8) 애(愛, trsnå)
심한 욕구, 즉 갈애(渴愛)를 말한다. 수(受)에 의해 일어난 맹목적인 욕심을 말하는 것이다.[24]

(9) 취(取, upådåna)
애(愛)에 의해 일어난 욕구로 인하여 대상을 취(取)하는 것을 말한다. 즉 그릇된 마음으로 살상하고 훔치며, 망령된 언어를 사용하고, 사취하는 등 몸과 언어로써 업(業)을 짓게 되는 것이다.[25]

(10) 유(有, bhava)
취(取)에 의하여 유(有 : 있음)가 발생한다. 몸과 말로써 짓는 행

---

22) 불교교재편찬위원회, 앞의 책, **86**쪽 참고.
23) 고순호 저, 『불교학개관』 선문출판사, **1991**, **60-61**쪽 참고.
24) 고순호 저, 앞의 책, **61**쪽 참고.
25) 교양교재편찬위원회 편, 『불교학 개론』 **72**쪽 참고.

동 뒤에 일어나게 되는데 유에는 세 가지가 있다. 욕망이 있는 욕계(欲界)와 욕망은 없으나 분별심이 있는 색계(色界)와 욕망과 물질은 없으나 정신적인 것이 남아 있는 무색계(無色界)가 그것이다. 이 삼계는 모두 생사의 테두리를 벗어나지 못한다.[26]

(11) 생(生, Jåti)

이러한 유(有)로 말미암아 존재 자체가 생성된다. 유(有)는 생(生)을 있게 하는 원인이기 때문에 "유에 의해서 생이 있다"고 한다.[27]

(12) 노사(老死, jarå - marana)

생으로 말미암은 늙음(老)과 죽음(死)의 괴로움을 말한다. 즉 생사에서 비롯되어 근심(憂), 슬픔(悲), 번뇌(惱), 괴로움(苦)이 있게 되는 것이다. 이 생과 사는 단순히 육체적인 괴로움뿐 아니라 자신이 나고 죽는다는 생각에서 오는 정신적인 괴로움도 된다.[28]

경우에 따라서 12연기를 혹(惑)·업(業)·고(苦)라고 한다. 미혹하면 업을 짓고, 업을 지으면 고통을 받는다라는 뜻이다.

2) 업(業)과 윤회(輪廻)

(1) 업(業)

의지와 행위에 의한 심신의 활동을 말하는데, 짓는다는 뜻이 있

---

26) 교양교재편찬위원회 편, 『불교학 개론』 72쪽 참고.
27) 고순호 저, 앞의 책, 64쪽 참고.
28) 불교교재편찬위원회, 앞의 책, 88쪽 참고.

다. 우리들은 대개 몸(身)과 말(口)과 뜻(意)의 세 가지 활동 즉, 뜻으로 생각하고 몸으로 행동하고 말로 표현한다. 대개는 뜻이 먼저 있고 그에 따른 말이나 행동이 있게 마련이므로 이 세 가지 업을 일으키는 본체를 말한다면 그것은 의지라고 말할 것이다.

우리를 둘러싼 모든 환경들은 그 일차적 원인이 자신의 업에 있다. 착한 업을 지으면 좋은 결과가 생기고 악한 업을 지으면 악한 결과가 생긴다.

우리는 자칫 행위가 끝남과 동시에 모든 것이 없어지는 듯 보인다. 그러나 보이지 않는 종자로써 성장하여 반드시 그 결과를 부르게 된다.[29]

(2) 윤회

나고 죽는 것이 반복되어 수레바퀴처럼 돌아간다는 것을 뜻한다. 중생이 미혹하여 번뇌를 일으키고, 번뇌로 말미암아 온갖 업을 짓는다. 이 업의 차별에 따라 삼계육도(三界六道)에 돌아가며 태어나는 것이다.

중생이 선업을 지으면 천상, 인간, 아수라의 선도에 나고 악업을 지으면 지옥, 아귀, 축생 등 악도에 태어나고 설사 사람이 되었더라도 어리석고 고통과 장애가 많은 환경을 받게 된다.

업을 짓는 것을 쉬지 아니하면 윤회는 끝없이 계속 된다. 설령 선업을 지어 천상에 나더라도 그 업은 유한하기 때문에 즐거움도 유한하며, 그 다음 과보를 받게되므로 윤회와 생사가 끝없이 반복

---

29) 고순호 저, 앞의 책, 34쪽 참고.

되며 생사의 고통이 끊임이 없다.

　윤회하는 가운데에 지옥, 아귀, 축생은 특히 고통스럽고 해탈을 얻기 어려운 곳인데, 이를 삼악도(三惡道)라고 한다. 이에 대하여 천상, 인간, 아수라는 선업으로 인하여 태어나므로 삼선도(三善道)라고 한다.[30]

제4절_사성제(四聖諦)·팔정도(八正道)

1) 사성제

　사성제는 부처님께서 도를 깨달으시고 녹야원에서 교진여 등 5비구에게 최초로 설한 가르침이며, 마지막 열반하실 때에도 거듭 설한 가르침으로써 불교사상의 핵심에 해당된다. 연기가 부처님께서 깨달으신 내용이라면, 사성제는 실제 문제 즉 인간 고(苦)의 문제 해결에 응용된 이론이다.

　사성제의 성(聖)은 '거룩하다·성스럽다'는 뜻이며 제(諦)는 '진리'를 뜻한다. 그러므로 사성제는 "네 가지 성스러운 진리"다. 네 가지의 성스러운 진리는 고성제·집성제·멸성제·도성제인데 간단히 '고집멸도'라고 한다.[31]

(1) 고성제(苦聖諦)

　고성제(苦聖諦)는 "세상의 모든 것이 괴로움이라는 것은 진리"

---

30) 불교교재편찬위원회, 앞의 책, 346쪽 참고.
31) 편집부 엮음, 『100문 100답(입문편)』 대원정사, 1998, 40쪽 참고.

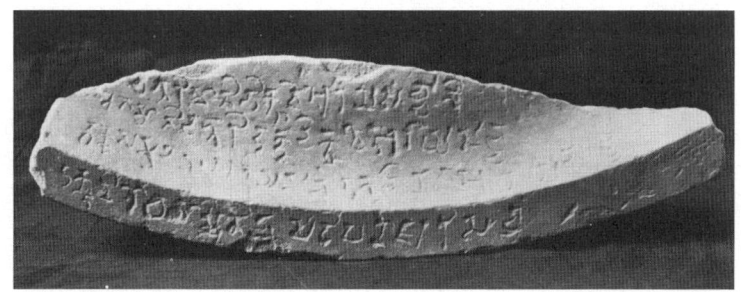

사성제 고·집·멸·도의 네가지 성스러운 진리가 간결하게 새겨져 있다./사르나트

다. 진리란 변하지 않는 것을 말한다. 세상의 그 어떤 것도 괴로움 아닌 것이 없기 때문이다. 이러한 사실은 세월이 아무리 흘러도 변하지 않는다.

사실 고(苦)는 우리가 태어날 때부터 시작되었다. 아기가 태어날 때 우는 것도, 태어난다는 것 자체가 고통스럽기 때문이다. 울면서 시작된 인생은 고통의 연속이다. 젖먹이 때도 울음을 그칠 날이 드물고, 조금 철이 들면 갖고 싶은 것도 많고 하고 싶은 일도 많지만 뜻대로 되는 일이 별로 없다.

누구나 건강한 삶을 바라지만 병은 찾아들고, 항상 청춘이기를 바라지만 늙어서 죽게 된다.

사람에게 있어서 가장 큰 괴로움은 태어나는 괴로움(生), 늙어가는 괴로움(老), 병드는 괴로움(病), 죽음의 괴로움(死)이다. 이 네 가지 괴로움(生老病死)을 근본사고(根本四苦)라고 한다. 여기에 사랑하는 사람과 헤어지는 괴로움(愛別離苦), 미워하는 사람과 만나는 괴로움(怨憎會苦), 구하고자 하나 얻지 못하는 괴로움(求不得苦), 오음(오온)이 치성하여 일어나는 괴로움(五陰盛苦)을 합하여 팔고(八苦)라고 한다.

그러나 중생들의 괴로움이 어찌 이 네 가지, 여덟 가지만 되겠는가? 중생의 번뇌가 팔만사천이라면 괴로움도 팔만사천가지이며 팔만사천이라는 숫자도 상징적인 의미로써 한량없이 많다는 뜻이다. 이처럼 우리의 괴로움도 헤아릴 수 없이 많은 것이다.[32]

(2) 집성제(集聖諦)

고(苦)는 어떻게 해서 생겼는가? 그 원인이 규명되어야 한다. 여기에 대한 해답이 집성제다.

집(集)이란 집기(集起)의 약어로서 '발생'의 의미이다. 그러므로 집성제란 "고통이 일어나는(발생하는) 원인에 대한 성스러운 진리"란 뜻이다. 부처님께서는 "괴로움의 원인은 갈애(渴愛)" 때문이라 하셨다.

갈애란 범어로 타나하(tanhā) 목마름이란 뜻이다. 목마른 사람이 물을 찾듯이 타오르는 욕망의 작용을 가리킨다.

부처님께서는 욕망자체를 부정하지는 않으셨다. 흔히 불교는 일체의 욕망을 버리라고 가르치는 종교인 줄 아는 경향이 있지만 부처님께서 배격한 것은 "그릇되고 지나친 욕망"이다. 욕망일체를 포기한다는 것은 죽음밖에 무엇을 뜻하겠는가?

욕망은 우리의 생존과 밀접한 관계가 있다. 먹고 싶다는 욕망, 무엇을 가지고 싶다는 욕망들, 이런 것이 너무 과도한 데 병폐가 있지 그 자체가 송두리째 부정될 수 없는 문제이다. 한데 과도한 욕망은 왜 생기느냐? 무지에서다. 무지는 지혜가 없음을 말한다.[33]

---

32) 이기영 저, 앞의 책 상권, 162쪽 참고.
33) 불교교재편찬위원회, 앞의 책, 91쪽 참고.

쇼펜하우어(A.Schopenhauer, 1788~1860)가 "부(富)란 바닷물과 비슷하여, 마시면 마실수록 갈증이 온다"고 한 말을 명심해 볼 필요가 있다.

깨달은 이의 1백만원은 중생의 1조원보다 클 수 있다. 왜냐하면 깨달은 이의 1백만원이 옹달샘 물이라면, 중생의 1조는 바닷물과 같아서 갈증이 난다.

다음의 공식을 보자.

$$성취도(만족도, 행복의 지수) = \frac{성취}{집착(욕망)} 이다.$$

성인(聖人)들은 분모가 **0**이므로, 만족도는 무한대가 된다. 귀의불이욕존(歸依佛欲尊)이란 욕심을 떠난다는 말이니, 분모를 **0**으로 하는 것을 의미한다.

(3) 멸성제(滅聖諦)

우리 인간은 이렇게 괴로움을 달게 받고만 살아야 하는가? 이 문제에 대답하는 것이 멸성제다. 갈애로 인하여 괴로움이 생겼으니 이 갈애를 소멸시켜야 한다는 것이 멸성제이다.

멸성제는 "고통이 없는 성스러운 진리"를 말하는 바 괴로움을 극복하고 오히려 즐겁게 살 수 있는 이상적인 삶의 형태를 밝힌 것이다.

석가모니 부처님께서 보리수 아래에서 근심 걱정을 떨쳐 버리고 증득한 경지도 열반이다. 열반은 번뇌, 망상이 마치 타오르던 불꽃이 완전히 꺼진 것처럼 된 상태를 말한다. 바로 이와 같은 열반을 성취하여 온갖 괴로움으로부터 해탈하는 것, 이것이 멸

성제다.[34]

(4) 도성제(道聖諦)

고통이 없는 세계(부처님 세계)에 도달하게 하는 구체적인 수행 방법에는 어떤 것이 있을까? 여기에 대답하는 것이 도성제이다.

법륜 진리를 나타내는 수레바퀴이다./아마라바티

도성제는 "고통이 없는 세계에 이르게 하는 방법에 대한 성스러운 진리"를 뜻하며 그 방법으로 제시된 것이 중도(中道)이다. 중도를 양극단을 배제한 중간으로 이해하기 쉬우나 중도란 어디에도 치우치지 않는 바른 삶의 방법을 가리킨다. 이 중도를 구체적으로 설명한 것이 팔정도다.[35]

2) 팔정도(八正道)

(1) 정견(正見)

바른 견해를 말한다. 이 세상에 있는 모든 것이 인연에 의해서 존재하고 인생이란 근본적으로 괴로운 것이지만, 노력에 의해서 해탈을 할 수 있다는 신념을 가지고 그 무엇에도 집착하지 않고 세상을 바라보는 것을 정견이라고 한다. 다시 말하면 정견이란

---

34) 이기영 저, 앞의 책 상권, **166**쪽 참고.
35) 불교교재편찬위원회, 앞의 책, **93**쪽 참고.

"사물의 진실을 바로 보는 마음의 눈"이라고 할 수 있다.[36]

(2) 정사유(正思惟)

바른 생각을 말한다. 말이나 행동을 하기 전에 올바른 생각을 하는 것이 정사유다. 자기에게 주어진 환경이나 여건 가운데서 어떻게 하는 것이 가장 올바른 것인가를 정견에 의해서(편견을 떠나서) 생각하는 것을 말한다.[37]

(3) 정어(正語)

바른 말, 곧은 말, 옳은 말이다. 바로 보고 바로 생각한 후에는 바른 말을 해야하는 것이다. 여기서 바른 말이란 진실하고 부드러워서 남에게 이로움을 주는 말이다. 거짓말(妄語), 교묘하게 꾸며대는 말(綺語), 이간시키는 말(兩舌), 욕설(惡口)이 아닌 참다운 말을 뜻한다.[38]

(4) 정업(正業)

바른 신체적 행위를 말한다. 행동을 바르게 하는 것이 정업이다. 살생, 도둑질, 싸움을 떠나서 모든 생명을 내 몸처럼 사랑하는 마음으로 행동하는 것이 정업이다. 보시하고 방생하며 자비희사의 실천행이 정업이 되는 것이다.[39]

---

[36] 이기영 저, 앞의 책 상권, **167**쪽 참고.
[37] 편집부 엮음, 앞의 책, **42**쪽 참고.
[38] 홍사성 주편, 앞의 책, **483-484**쪽 참고.
[39] 이기영 저, 앞의 책 상권, **167**쪽 참고.

(5) 정명(正命)

바른 생활을 말한다. 올바른 직업을 가지고 그 직업에 충실하게 생활하는 것을 말한다. 직업에는 귀천이 없다고 하지만 도둑질을 업으로 한다던가, 인신매매를 업으로 하는 것은 정명이 아니다.[40]

(6) 정정진(正情進)

바른 노력을 말한다. 어떤 이상을 가지고 그 이상을 이룩하기 위하여 꾸준히 쉬지 않고 노력하는 것이 정진이다. 그러나 그 목적하는 바 이상이 올바른 것이어야 한다. 바로 이 올바른 이상을 향하여 꾸준히 노력하는 것이 정정진이다.[41]

(7) 정념(正念)

항상 바른 생각을 유지하는 것이 정념이다. 정사유는 옳고 그른 것을 생각하고 헤아리는 것을 말하는데, 정념은 올바른 생각을 항상 잊지 않고 마음 속에 간직하고 살아가는 것이다. 구체적으로 말하면 "인생이란 무상하다. 나라는 것은 따로 없다. 모든 것은 괴롭다"고 하는 것을 항상 마음 속에 간직하고 생활함으로써 어떤 변화에도 능히 대처하여 흔들림 없이 살아가는 것을 말한다.[42]

(8) 정정(正定)

바른 선정을 말한다. 선정이란 마음에 아무런 번뇌, 망상도 없

---

[40] 교양교재편찬위원회 편,『불교학 개론』 **87-88**쪽 참고.
[41] 교양교재편찬위원회 편,『불교학 개론』 **87-88**쪽 참고.
[42] 불교교재편찬위원회, 앞의 책, **94-95**쪽 참고.

이 마치 명경지수(明鏡止水)와 같은 무념, 무상의 상태를 말한다.[43]

이 여덟 가지의 성스러운 길은 각기 하나 하나 따로 떨어져 이루어질 수 있는 것이 아니라 서로 밀접한 관련이 있는 것이다. 정견이 있음으로써 정사유 즉 바른 생각을 하게 되고 바른 행동이나 바른 말이 나오는 것이며 바른 생활을 하게 되고 게으름 없이 정진할 수 있고 항상 바른 생각을 유지하며 마침내 정정을 성취할 수 있는 것이다.

제5절_불교의 목적

불교의 궁극적 목적은 해탈(解脫), 열반(涅槃)에 있다.
해탈은 결박이나 장애로부터 벗어난 자유와 해방을 의미하고 열반은 번뇌의 뜨거운 불길이 꺼진 고요한 상태를 의미한다. 그 상태란 탐욕과 성냄과 어리석음(貪·瞋·痴)의 삼독심(三毒心)이 영원히 없어져 생사의 구속을 벗어난 경지를 말한다.[44]
삼법인·사성제·팔정도 등은 궁극적으로 그러한 삼독심이 사라진 상태를 이르게 하려는 수행덕목이다. 무명(無名)을 없애고 생사의 괴로움으로부터 해탈케 하며, 열반적정(涅槃寂靜)의 세계에 이르게 하려는 가르침이다.

---

43) 편집부 엮음, 앞의 책, 42쪽 참고.
44) 불교교육연합회, 『종교(불교)』 대원정사, 1997, 220쪽.

해탈에는 혜해탈(慧解脫)과 심해탈(心解脫)의 두 가지가 있다. 십이연기나 오온(五蘊)의 실체를 분명히 알아서 모든 것이 무아(無我)임을 직관하는 것, 즉 지적인 해탈을 혜해탈이라고 말한다. 그러나 직관하는 것만으로는 마음의 번뇌가 완전히 멸하는 것이 아니기 때문에 선정(禪定)을 통해 그 뿌리를 뽑아야 한다. 이것이 심해탈(心解脫)이다.[45]

또한 살아 있으면서 이룬 열반을 '남음이 있는 열반' 즉 유여열반(有餘涅槃)이라 하고 죽음에 이르러 몸이 필요로 하는 기본적인 욕구마저도 사라졌을 때를 '남음이 없는 열반, 즉 무여열반(無餘涅槃)'이라고 한다. 그러나 참다운 열반이란 어디에도 걸리지 않는 대자유를 얻은 모습을 말한다. 탐내고 성내고 어리석음으로 자기의 삶을 어지럽히지 않고 착하고 깨끗하고 곧은 마음으로 살아가는 것이 바로 해탈을 이룬 자들의 삶의 태도이다. 이러한 열반에는 상(常)·낙(樂)·아(我)·정(淨)의 네 가지 덕이 갖추어져 있다. 열반은 바로 이러한 진리의 세계, 참다운 생명의 세계를 의미하는 것이다.[46]

제6절_기도와 염불

1) 기도

기도는 다겁생으로 지어온 죄업을 소멸하고 현생에 길들어진

---

[45] 불교교육연합회, 앞의 책, **233-234**쪽.
[46] 불교교육연합회, 앞의 책, **234**쪽

삿된 가치관과 습관을 풀어가는 거룩한 작업이다. 그러므로 기도는 올바르게 살려는 자기자신의 의지이며 확신이다. 기도하는 자는 기도하지 않는 자보다 훨씬 더 올바른 사람이 많으며 자신에 대한 확신도 있다. 자신을 인정하고, 법신의 부처님께 나아가려는 정성이 기도다. 그렇게 함으로써 나의 마음이 속박과 허영으로부터 벗어나 마침내 뚜렷한 진리의 둥근 달이 떠서 법신의 부처님과 하나가 된다. 이렇게 되면 모든 일은 뜻과 같이 된다. 만사가 은혜롭고 감사하며 보람으로 가득 찬다.[47]

(1) 기도의 자세
① 기도는 죽음 직전에 보내는 간절한 소원처럼 강렬해야 한다. 진리로 계신 법신의 부처님은 감응에 빈틈이 없다. 나의 온 마음과 몸을 던져야 한다. 의심하는 마음이 한 구석도 없이 완전히 던졌을 때 가피력은 온다. 종교는 기도며 체험이다.
② 기도는 남을 해칠 목적으로 해서는 안 된다.
③ 기도는 감사하는 마음이 수반되어야 한다.
④ 기도는 보살도의 정신으로 해야 한다.
 자기 자신만을 위하는 기도는 어떠한 하등종교에서도 한다. 적어도 불교는 보살도 정신에 입각해서 해야 한다.

(2) 기도의 종류
① 참선기도 : 조용히 선정에 들면서 한다.
② 염불기도 : 불보살님의 명호를 부르면서 한다.

---
47) 홍사성 주편, 앞의 책, 707쪽 참고.

③ 독경기도 : 불경을 읽으면서 한다.
④ 사경기도 : 불경을 옮겨 쓰면서 한다.
⑤ 예불기도 : 부처님 앞에 예배 올리면서 한다.
⑥ 불공기도 : 부처님 앞에 공양 올리면서 한다.
⑦ 참회기도 : 자신의 죄를 참회하면서 한다.
⑧ 진언기도 : 진언(眞言, 다라니)을 염송 하면서 한다.
⑨ 보살행기도 : 몸으로 보살행을 실천하면서 한다.
⑩ 시식기도 : 구병시식, **49**재 등을 통해서 영적인 구제를 목적으로 하는 기도도 있다.

(3) 기도하는 방법

기도의 순서는 첫째, 기도일을 정한다. 둘째, 기도처를 정한다. 셋째, 공양물을 정한다. 넷째, 몸과 마음을 청정히 한다.

기도절차는 법당이나 기도처에서 하는 순서에 따라서 하면 된다. 기도할 때에 표준시간은 없고 기도처의 일정에다가 자신의 기도시간을 맞추어서 일심으로 하면 된다. 기도할 때의 마음가짐은 부처님의 불가사의한 법력을 깊이 믿고 일심으로 봉행하며 매사에 자비로운 마음으로 대하고 분노나 증오심을 일으키지 말아야 한다. 분노를 일으키면 마음의 불길이 일어나 닦은 공덕을 모두 불살라 버리게 되고 증오·대립심을 가지면 검은 구름이 덮인 것처럼 불공덕(佛功德)의 햇살을 받지 못하게 된다.

(4) 우리 나라의 기도 도량

① 오대적멸보궁(五大寂滅寶宮)

적멸보궁은 부처님의 진신사리가 모셔져 있는 곳으로 부처님이 항상 이곳에서 적멸의 낙을 누리고 있는 곳임을 상징하게 된다. 따라서, 진신인 사리를 모시고 있는 이 불전에는 따로 불상을 봉안하지 않고 불단(佛壇)만 있는 것이 특징이다.

봉정암 사리탑 지장율사가 당나라에서 석가모니의 진신사리를 모셔와 나누어서 이 곳에도 탑을 세우고 사리를 봉안했다.

그 중 우리나라의 대표적인 오대적멸보궁은 영축산 통도사, 설악산 봉정암, 오대산 상원사, 사자산 법흥사, 태백산 정암사이다.

② 관음기도 도량

관세음 보살님이 모셔져 있는 곳으로서 양양 낙산사, 남해 보리암, 강화 보문사이다. 이 사찰을 삼대 관음도량이라고 부른다.

③ 지장기도 도량

지장보살님이 모셔져 있는 대표적인 곳으로서 고창 선운사 도솔암, 예천 용문사, 남해 용문사, 양평 용문사 등이다.

④ 약사도량

약사여래 부처님이 모셔져 있는 곳으로 팔공산 선본사 갓바위이다.

⑤ 미타도량

아미타부처님이 모셔져 있는 곳으로 영주 부석사와 경주 토함

산 석굴암이다.

⑥ 미륵도량

미륵부처님이 모셔져 있는 곳으로 김제 금산사, 속리산 법주사이다.

⑦ 삼대 독성기도 도량

나반존자가 모셔져 있는 곳으로 운문사 사리암, 삼각산 삼성암, 묘향산 중비로암이다.

2) 염불(念佛)

염불은 "부처님을 생각한다"는 말이다. 큰 소리로 독송함이 좋다. 이 소리는 내심의 소리며 진리의 소리며 지혜를 증장시키는 소리이다.

염(念)은 과거도 미래도 아닌 현재의 마음이다. 현재의 생각을 연속하는 항상한 마음으로 부처님을 생각함이 염불이다. 여럿이 모였을 때는 큰 소리로 염불 독경함이 좋다.[48]

〈염불자십락(念佛者十樂)〉

염불을 큰 소리 내어서 일심으로 하는 자는 열 가지 즐거움(樂)이 생긴다.[49]

① 성중래영(聖衆來迎) : 임종시에 성중이 와서 정토로 인도해

---

[48] 편집부, 앞의 책, 123쪽 참고.
[49] 金吉祥 편, 『불교대사전』 홍법원, 1998, 1761쪽 참고.

준다.
② 연화초개(蓮花初開) : 연화에 의해 극락에 태어난다.
③ 신상신통(身相神通) : 몸이 깨끗하고, 빛나고, 멋져서 신통의 자재를 얻는다.
④ 오묘경계(五妙境界) : 5종(색·성·향·미·촉)의 대상이 절묘한 것을 말한다.
⑤ 쾌락무퇴(快樂無退) : 극락에 왕생하여 얻어지는 맑음으로 잃어지지 않는다.
⑥ 인접결연(引接結緣) : 인연이 있는 사람을 인도하여, 극락으로 간다.
⑦ 성중구회(聖衆俱會) : 성중이 한곳에 회합하여 서로 말을 주고 받으며 법락을 얻는다.
⑧ 견불문법(見佛聞法) : 극락에 왕생하여 항상 아미타불을 보고 가르침을 들을 수 있다
⑨ 수심불공(隨心佛供) : 마음대로 부처님께 공양한다.
⑩ 증진불도(增進佛道) : 극락에 왕생하면 자연히 불도를 증진한다.

〈고성염불십종공덕(高聲念佛十種功德)〉
또한 염불을 큰소리 내어서 지극 정성으로 하면 열가지 공덕(功德)이 생긴다.
① 능배수면(能排睡眠) : 능히 졸음을 없애준다.
② 천마경포(天魔驚怖) : 마구니가 일시에 사라진다.
③ 성변시방(聲遍十方) : 염불소리가 시방에 두루한다.
④ 삼도식고(三途息苦) : 삼악도의 고통이 쉬워진다.

⑤ 외성불입(外聲不入) : 바깥경계로부터 잡소리가 들어오지 않는다.
⑥ 염심불산(念心不散) : 마음이 쉬이 흩어지지 않는다.
⑦ 용맹정진(勇猛精進) : 용맹하게 정진한다.
⑧ 제불환희(諸佛歡喜) : 모든 부처님이 환희스러워 한다.
⑨ 삼매현전(三昧現前) : 삼매가 뚜렷하게 드러난다.
⑩ 왕생정토(往生淨土) : 끝내 극락세계에 왕생한다.

제 5 장

불교의 우주관

제1절 불교적 우주관
제2절 삼계
제3절 극락세계
제4절 우주의 변화
제5절 부처님의 또 다른 가르침
제6절 타 종교의 우주관

제5장

불교의 우주관

제1절_ 불교적 우주관

불교는 우주가 어떻게 생겼느냐 등에 관해서는 다른 종교에서처럼 굉장히 심각하게 생각하지 않았다. 창조론(創造論)이나 태극설(太極說)은 기독교의 성경(聖經), 유교의 근사록의 처음에 위치하나 불교는 그렇지 않다. 불교의 경전 가운데 장아함(長阿含)이 있다. 그 맨 끝 부분에 세기경(世記經)이라고 하는 경에 우주의 기원에 대해서 언급하고 있다.[1] 더욱 놀라운 일은 경전 속에서 때로는 부처님께서 우주에 관한 질문에 아예 대답조차 않으셨다. 사람의 근기(根機)에 맞춰서 대기설법(對機說法)을 하셨던 것이다.

1) 세계의 기원

아함경 가운데 『세기경(世起經)』·『기세경(起世經)』·『기세인본경(起世因本經)』에 그 근거를 두고 있다. 모든 중생들의 업력(業力)에 의해 허공에 바람이 일어 풍륜(風輪)이 생긴다. 다시 중생들

---

1) 조계종포교원 편저, 『불교교리』 조계종출판사, 1998, 146-147쪽 참고.

의 업력에 의해 풍륜 위에 구름이 일어나 수륜(水輪)이 생기고 또 다시 중생들의 업력에 의해 금륜(金輪)이 생긴다. 금륜 위에 산(山)이 솟아 하나의 세계가 형성된다. 이를 기세간(器世間)이라 한다. 여기에 1소겁(小劫)의 시간이 걸린다.[2]

2) 유정(有情)의 출현

기세간이 형성되면서 여기에 중생이 나타나는데 각 중생은 자기의 업에 따라 태어난다. 중생은 욕심의 정도에 따라서 욕계(欲界), 색계(色界), 무색계(無色界)의 삼계로 나누어지며 태어나는 방법에 따라 사생 즉 태생(胎生), 난생(卵生), 습생(濕生), 화생(化生)으로 나누어진다.[3]

(1) 사생(四生)

태어나는 방법에 따라서 네 가지로 분류하며, 부처님을 사생의 자비로운 어버이라고도 한다.

① 태생(胎生)은 태로 태어나는 것이다.
② 난생(卵生)은 알로 태어나는 것이다.
③ 습생(濕生)은 습기로 태어나는 것이다.
④ 화생(化生)은 변화하여 태어나는 것이다.

(2) 삼계(三界)

욕심의 정도에 따라서 세 가지로 분류하며, 부처님을 삼계의 중

---

2) 조계종포교원 편저, 앞의 책, **147-148**쪽 참고.
3) 김동화 저, 『불교학개론』 보련각, **1984**, **128-129**쪽 참고.

생을 이끌어주시는 스승이라 한다.
① 욕계(欲界)는 욕심이 꽉 차 있는 세계다.
② 색계(色界)는 큰 욕심은 없어졌으나 미세한 아집이 있고 형색이 남아 있는 세계다.
③ 무색계(無色界)는 형색은 없어졌으나 미세한 분별심이 있는 세계다.

(3) 사식(四食)
음식을 어떠한 방법으로 먹느냐에 따라서 네 가지로 분류한다.
① 단식(段食)은 한입한입 음식물을 끊어 먹어 신체를 유지해 나가는 것이다.
② 촉식(觸食)은 희열의 정감을 일으키는 감촉에 의해 신체를 지켜 나가는 것이다.
③ 사식(思食)은 사상·희망에 의해 신체를 지켜 나가는 것이다.
④ 식식(識食)은 마음에 의해 신체를 유지하는 것이다.

제2절_ 삼계(三界)

1) 욕계(欲界)
지옥, 아귀, 축생, 아수라, 인간, 육욕천(사천왕, 도리천, 야마천, 도솔천, 화락천, 타화자재천) 이 있다. 특히 삼독에 찌들려, 욕심이 꽉 차서 괴로워하고 있다고 한다.

(1) 지옥(地獄)

중생이 고통스럽게 사는 것을 말한다. 그 중에서도 특별히 땅속 감옥을 대표격으로 보통 지옥이라 한다. 8가지, 10가지 등으로 나눈다.

① 팔열 지옥(八熱地獄)[4]

뜨거워서 고통스러운 상태를 8가지로 분류해서 8열지옥이라 한다.

- 등활지옥(等活地獄) : 살이 터지고 찢기고 하는 등의 한없는 고통 때문에 괴롭기가 그지없어 기절하는 것이 마치 죽은 것과 같되 부르면 다시 원래대로 살아난다.
- 흑승지옥(黑繩地獄) : 먼저 뜨거운 쇠줄로 사지를 얽어매고 뜨거운 도끼, 칼 등으로 몸을 끊어 베고 한다.
- 중합지옥(衆合地獄) : 형용하기 어려운, 쉽 없는 고통이 지속되며 몸에 닿으면 서로 잔인하게 해친다.
- 호규지옥(號叫地獄) : 견딜 수 없는 고통이 몸을 괴롭히며 서로 다른 중생들이 서로 슬프게 부르짖으며 원망의 소리를 낸다.
- 대규지옥(大叫地獄) : 극악의 고통에 시달리므로 큰 소리를 지르며 슬피 울고 원망의 소리를 외친다.
- 염열지옥(炎熱地獄) : 몸에서 불이 일어나 그 뜨거운 고통을 견디어 내기 어렵다.
- 대열지옥(大熱地獄) : 자신과 다른 이의 몸이 안팎으로 모두 맹렬한 불길이 붙어 서로 해치고 타 그 고통은 말할 수 없다.

---

[4] 中村元외2 저, 김지견 역, 『불타의 세계』 김영사, 1984, 431쪽 참고.

- 무간지옥(無間地獄) : 고통을 받되 조금이라도 쉴 사이가 없으므로 무간(無間)이라고 한다.

② 팔한 지옥(八寒地獄)

너무 추워서 고통스러운 상태를 8가지로 분류해서 8한지옥이라 한다.

- 알부타지옥(頞部陀地獄) : 매서운 추위로 몸이 부르튼다.
- 니랄부타지옥(尼剌部陀地獄) : 부르튼 것이 터진다.
- 알절타지옥(頞晣陀地獄) : 한기가 심하여 입을 벌리지 못하고 혀만 움직여 '아타타' 하는 그 고통스런 소리에 의해 이름을 붙인 것이다.
- 확확파지옥(臛臛婆地獄) : 심한 추위 때문에 혀가 굳어져 오직 '확확' 하는 소리만 내기 때문에 이름을 붙인 것이다.
- 호호파지옥(虎虎婆地獄) : 극한 때문에 입을 열 수 없고, 괴로운 나머지 단지 '후후' 하는 소리를 내기 때문에 이름을 붙인 것이다.
- 올발리지옥(嗢鉢羅地獄) : 청연화지옥, 심한 추위로 몸이 퍼렇게 되고 가죽과 살이 얼어터져 푸른 연꽃 같이 된다.
- 발특마지옥(鉢特摩地獄) : 홍연화지옥, 가죽과 살이 벌겋게 되고 부르터져 붉은 연꽃 같이 된다.
- 마하발특마지옥(摩訶鉢特摩地獄) : 대홍연화지옥, 몸이 갈라져 대홍연화처럼 된다.

③ 십대 지옥(十大地獄)

상상가능한 고통의 상태를 10가지로 분류해서 10대지옥이라 한다.

- 도산지옥(刀山地獄, 진광대왕) : 칼산에 떨어지게 한다.

- 화탕지옥(火蕩地獄, 초강대왕) : 끓는 물에 담근다.
- 한빙지옥(寒氷地獄, 송제대왕) : 얼음 속에 묻는다.
- 검수지옥(劍樹地獄, 오관대왕) : 칼로 몸을 벤다.
- 발설지옥(拔舌地獄, 염라대왕) : 집게로 혀를 뺀다.
- 독사지옥(毒蛇地獄, 변성대왕) : 독사로 몸을 감는다.
- 거해지옥(鋸骸地獄, 태산대왕) : 톱으로 몸을 자른다.
- 철상지옥(鐵床地獄, 평등대왕) : 쇠판에 올린다.
- 풍도지옥(風塗地獄, 도시대왕) : 바람길에 앉힌다.
- 흑암지옥(黑闇地獄, 전륜대왕) : 암흑 속에 둔다.

(2) 아귀(餓鬼)

아귀란 '배고픈 귀신'이란 뜻이다. 배는 태산처럼 큰데 목구멍은 바늘구멍처럼 작아 비록 음식이 있다해도 먹지를 못해 항상 배고픔을 면치 못하고 굶주린다.[5]

(3) 축생

벌레나 날짐승, 물고기 따위를 말하는 것이다. 무려 **34**억 종류가 있다고 한다. 이들은 공중, 물속, 육지의 세 곳에 각기 나누어 살고 있다고 한다.

(4) 아수라(阿修羅)

줄여서 수라라고도 한다. 싸우기를 좋아하는 귀신으로 인식되며 항상 증오와 질투심을 가지고 있어서 **33**천과 싸우는 것을 본업

---

5) 김지견 역, 앞의 책, 431쪽 참고.

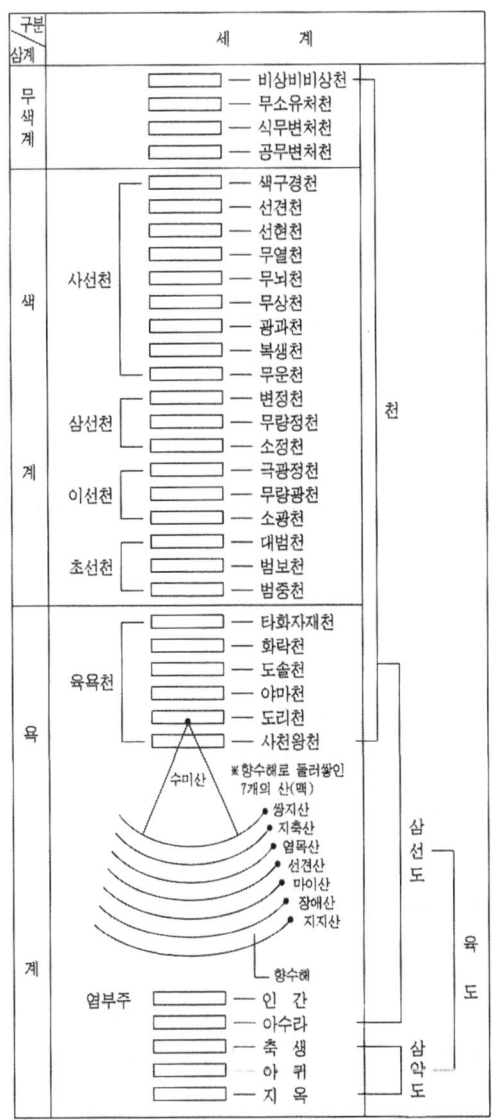

불교의 세계관 수미산을 중심으로 한 세계의 구조이다.

제5장 불교의 우주관 __ 143

으로 한다.

야단스러운 곳이나 처참하게 된 곳을 비유하여 아수라장 같다고 하는데 이는 곧 아수라로부터 나온 말이다. 수라장은 아수라들이 제석천왕과 싸우는 장소를 말하는 것이다.

(5) 인간(人間)

인간이란 바로 우리와 같은 사람을 뜻한다. 인간이 사는 곳은 다음과 같은 사주(四州)의 구별이 있다고 한다.

① 남염부주(南閻浮州)

염부주라 한 것은 수풀과 과일이 풍부한 염부나무가 번성한 나라라는 뜻이다. 염부나무는 인도에 널리 분포된 나무이다. 불교의 발생지가 인도이기 때문에 인도에서 흔히 볼 수 있는 염부나무를 들어 그 이름을 만든 것 같다.

② 동승신주(東勝身洲)

수미산 동쪽에 있는 대주(大洲)로써 이곳의 사람들은 몸(身)의 형상이 매우 훌륭(勝)하므로 승신주라고 한다.

③ 서우화주(西牛貨洲)

수미산 서쪽에 있는 대주(大洲)다. 이 곳에 사는 사람들은 소(牛)가 많으므로 시장에서 금전(貨)과 같이 쓰이기 때문이다.

④ 북구로주(北俱盧洲)

구로주는 번역하여 승처(勝處)라고도 하는데 그 이유는 중생, 처소, 재물 등이 사주중에서 제일 수승하기 때문이라고 한다.

이상이 사주(四洲)인데 이 중에서 제일 수승한 곳은 북구로주이고 우리가 사는 곳은 남염부주라고 한다.

특별히 인간이 사는 곳을 수미산 세계의 구조로 설명하는데 인도의 신화적 우주관에서 말하는 산을 말한다. 세계의 중심에 큰 산이 있어 모든 산 중의 산이 된다. 사람이 생각하는 가장 큰 산을 말한다.

(6) 육욕천 (六欲天)

육도(六道)로 보면 천(天)에 속하나 아직까지 욕심을 떠나지 못한 세계이므로 삼계로 나눌 때는 욕계에 넣는다.

① 사천왕(四天王)

호세천(護世天)이라고도 한다. 사대천왕이 있어 사주를 수호하며 그 권속들과 살고 있다고 한다. 사대천왕이란 ㉮ 동주를 주로 수호하는 지국천왕, ㉯ 남주를 주로 수호하는 증장천왕, ㉰ 서주를 주로 수호하는 광목천왕, ㉱ 북주를 주로 수호하는 다문천왕의 넷을 말한다. 이들의 성(成)은 모두 칠보로 장식되어 있으며 보배 수레에 보배의 옷을 입고 다닌다고 한다. 그리고 이들이 하늘 신들과 함께 동산에 나가면 바람이 불어 스스로 문을 열고 꽃을 불어 땅에 흩어 무릎까지 닿는다고 한다. 이곳에도 남녀의 구별은 있어 혼인하는 일이 있다고 하는데 몸과 몸을 가까이 하여 기운으로써 음양을 이루며 처음 태어났을 때는 인간의 1~2세와 같고 키는 반 유순이라고 한다. 큰 절에 가면 입구에 천왕문(天王門)이란 것을 볼 수 있는데, 이 곳은 사대천왕을 모신 곳으로 불법을 수호하고 밖에서 오는 삿된 마귀를 방어하는 뜻에서 세워져 있는 것이다.[6]

---

6) 김정희, 『신장상』 대원사, 1991, 28-46쪽 ; 홍사성 주편, 『불교상식백과』 불교시대사, 1996, 100-101쪽 참고.

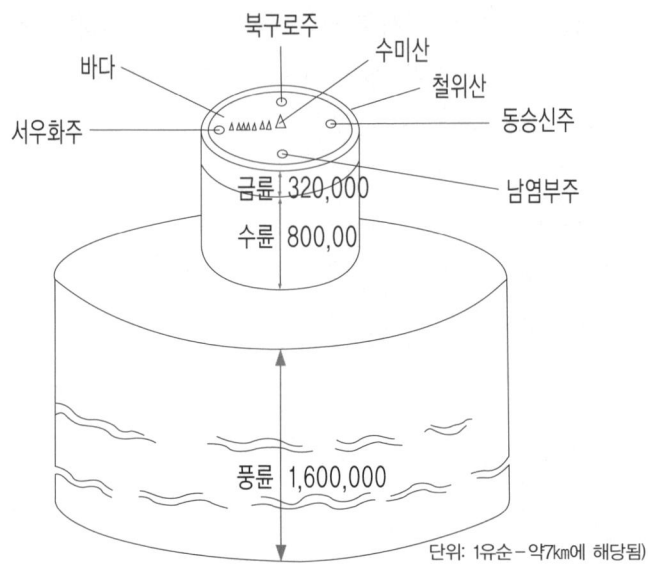

수미산 세계 조감도 4주 세계의 중앙으로 금륜 위에 우뚝 솟은 수미산이 있다. 둘레에는 7산 8해가 있고 그 밖에 철위산이 둘려 있다.

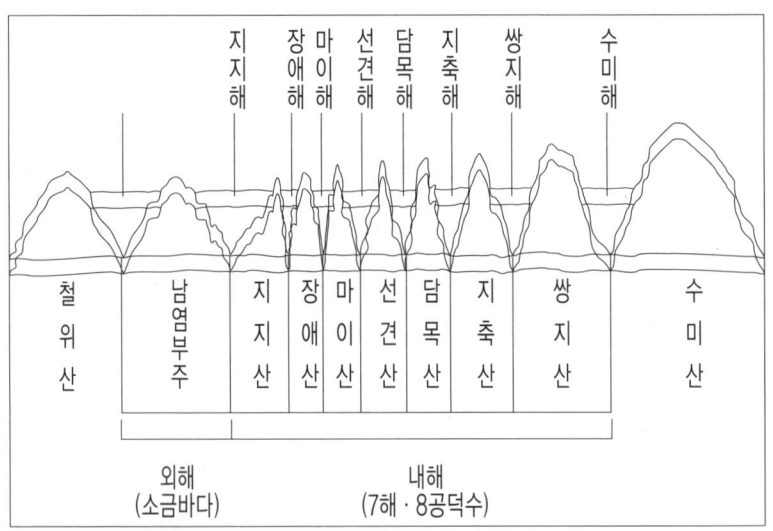

9산8해의 단면도 수미산 등 9산과 그 산을 둘러싼 8해가 있다. 이것은 인도의 세계 구성설에 나타난 산과 바다의 총수이다.

사천왕상 좌측상단에서부터 차례로 ① 동방지국천왕 ② 남방증장천왕 ③ 서방광목천왕 ④ 북방 다문천왕이다.

사천왕의 특징

동방	지국천왕	비파	선한 이에게 복을, 악한 자에게는 벌을 준다.
남방	증장천왕	칼	만물을 소생시키는 덕을 베푼다
서방	광목천왕	용, 여의주	악인에게 고통을 줘 구도심을 일으키게 한다.
북방	다문천왕	탑	어둠 속을 방황하는 중생을 구제한다.

② 도리천(忉利天)

　33천이라고도 한다. 이 도리천을 33천이라고도 하는 이유는 중앙에 도리천의 왕인 제석천왕이 있는 선건성(희견성이라고노 함)을 중심으로 하여 사방에 각기 8성씩 32성이 있어 도합 33성이 되기 때문이다. 처음 태어났을 때는 인간의 2~3세와 같으며 자연히 화현하여 천(天)에 앉는다고 한다. 그리고 이곳의 왕인 제석천왕은 사천왕과 삼십이천을 통솔하면서 불법과 불법에 귀의하는 이들을 보호하고 아수라의 군대를 정벌한다고 한다. 일찍이 부처님께서 어머니인 마야부인을 위해 석달 동안 올라가 설법하고 내려오셨다는 이야기가 전해 내려오기도 한다. 육욕천 중에서 사왕천과 도리천의 둘은 수미산을 의지해 있기 때문에 지거천이라고 하는데 사왕천은 중턱에, 도리천은 정상에 있다고 한다.[7]

③ 야마천(夜摩天)

이 야마천부터는 앞의 이천(二天)이 지거천(地居天)임에 반하여 공중에 위치하고 있기 때문에 공거천(空居天)이라고 한다. 이곳에서는 때에 따라 오욕락(五欲樂)을 받는다고 한다. 도리천보다 수승한 하늘로, 남녀가 음양을 이룰 때에는 서로 가까이만 해도 되며 처음 태어났을 때는 인간의 3~4세와 같다고 한다.

④ 도솔천(兜率天)

지족천(知足天), 희족천(喜足天), 묘족천(妙足天)이라고 번역하기도 한다. 이곳에서는 자기가 받는 오욕락에 스스로 만족한 마음을 내어 안정되어 있다고 한다. 이곳에선 남녀가 서로 손을 잡는 것으로도 음양을 이룬다고 하는데 처음 태어났을 때는 인간의 4~5세와 같다고 한다. 그리고 이곳엔 내외의 이원(二院)이 있는데 외원은 천인들의 욕락처가 되고, 내원은 미륵보살의 정토(淨土)로서 미륵보살은 이곳에 있으면서 남염부주(南閻浮州)에 하강하여 성불할 때를 기다리고 있다고 한다. 석가모니 부처님께서도 이 세상

---

7) 정각 지음, 『가람』, 봉은출판사, **126-129**쪽 참고.

에 오시기 전에는 도솔천 내원궁에서 호명보살로서 천인들을 교화하고 계시었다고 한다.

⑤ 화락천(化樂天)

화자재천(化自在天), 화자락천(化自樂天), 락변화천(樂變化天)이라고도 한다. 오욕의 경계를 스스로 변화하여 즐기기 때문에 화락천이라고 한다. 남녀가 바라다 보고 있으면 음양을 이룬다고 하며 처음 태어났을 때는 인간의 5~6세와 같다고 한다.

⑥ 타화자재천(他化自在天)

타화천(他化天)이라고도 한다. 이 하늘은 남의 즐거운 일들을 자유롭게 자기의 락(樂)으로 삼기 때문에 이렇게 이름한다. 이곳에선 잠시 바라만 보아도 음양을 이룬다고 하며 처음 태어났을 때는 인간의 6~7세와 같다고 한다. 욕계(欲界)는 이 타화자재천에서 끝난다. 그리고 경에 의하면 남녀의 구별이 있는 것도 혼인하는 일이 있는 것도 여기까지라고 한다. 이 이상의 하늘엔 남녀의 구별도 없다고 하니 혼인하는 일도 있을 수 없다.

2) 색계(色界)

색계란 모든 탐욕은 여의었으나, 아직 순 정신적인 것은 되지 못한 중간의 세계로 욕계의 상층에 있으며 욕계보다 수승한 물질로 구성되어 있다고 한다. 여기에는 추선천, 이선천, 삼선천, 사선천의 사천이 있어 색계 사천이라 하며 이를 세분하여 색계 십팔천이라 하기도 한다. 그런데 이 색계의 사선천은 결국 사선정을 닦아서 나는 하늘로 선정의 차제(次弟)에 의한 것이기 때문에 색계

의 사천은 모두 이 사선정을 닦아서 나는 곳으로 이해되고 있는
것이다.[8]

(1) 초선천(初禪天)
① 범중천(梵衆天) : 초선천의 주인인 대범왕이 영솔하는 천인이
살고 있다고 한다.
② 범보천(梵輔天) : 대범왕의 신하들이 살고 있으며 대범왕이
어디를 갈 때에는 반드시 이 신하들이 앞서가면서 왕의 이익
을 생각한다고 한다.
③ 대범왕(大梵王) : 대범왕이 있는 곳, 그 누각과 보대가 아름답
다고 한다.

(2) 이선천(二禪天)
① 소광천(少光天) : 이 하늘에 나면 몸으로 광명을 나타낸다고
한다.
② 무량광천(無量光天) : 이 하늘에 나면 몸으로 광명을 나타내
는 것이 한량없다고 한다.
③ 극광정천(極光淨天) : 광명이 앞의 것보다 더하여 자기와 남
을 비춘다고 한다.

(3) 삼선천(三禪天)
① 소정천(少淨天) : 이 하늘의 오온은 즐겁고 청정하기에 정

---

[8] 교양교재편찬위원회 편, 『불교와 인간』 동국대학교출판부, **25**쪽 참고.

(淨)이라 하며 삼선천 중에 단계가 낮다고 한다.
② 무량정천(無量淨天) : 소정천에 비하여 훨씬 나은 곳이라고 한다.
③ 변정천(邊淨天) : 맑고 깨끗하며 즐거움이 가득 차 있다고 한다.

(4) 사선천(四禪天)
① 무운천(無雲天) : 이 하늘로부터는 구름 위에 있어 구름이 없는 곳에 있으므로 무운(無雲)이라고 한다.
② 복생천(福生天) : 이 하늘에는 수승한 복력으로 태어나므로 복생이라 한다.
③ 광과천(廣果天) : 사선천 중에서 범부가 사는 하늘로는 가장 좋다고 한다.
④ 무상천(無想天) : 위의 광과천(廣果天) 안에 있는 하늘로 이 하늘에 태어나면 모든 생각이 없으므로 무상이라고 한다.
⑤ 무번천(無煩天) : 욕계의 괴로움과 색계의 즐거움을 모두 여의어 몸과 마음을 번거롭게 하는 일이 없는 하늘이다.
⑥ 무열천(無熱天) : 심경(心·境)이 의처가 없고 자재하여 일체의 열뇌(熱惱)가 없다.
⑦ 선현천(善現天) : 천중에 착하고 묘한 과보가 나타나므로 선현이라고 한다.
⑧ 선견천(善見天) : 장애가 없어 시방(十方)을 보는 것이 자재로운 하늘이라고 한다.
⑨ 색구경천(色究竟天) : 색계 중 가장 위에 있는 하늘이다.

이상이 색계 **18**천이다. 이 색계는 일정한 지형이 없고 다만 중생이 그 세계에 태어나고 죽고 하는데 따라 그 거주하는 천궁이 현멸하므로 어떤 고정적인 유형색을 말할 수 없다.

3) 무색계(無色界)
순 정신적인 세계로 삼계 중 가장 수승한 곳이다.

(1) 공무변처천(空無邊處天)
욕계와 색계(色界)의 모든 색법을 싫어하고 무색정(無色定)을 닦되 색의 상을 버리고 허공관(虛空觀)을 닦는 이가 태어나는 하늘이다.

(2) 식무변처천(識無邊處天)
공무변처가 오히려 바깥 허공이라는 대상이 있으므로 이를 싫어하여 한 걸음 더 나아가 주관인 식(識)이 무변(無邊)하다는 이치를 알고 수행하여 태어나는 하늘이다.

(3) 무소유처천(無所有處天)
식무변처가 오히려 식(識)이라는 소유감이 있으므로 이마저도 싫어하고 한 걸음 더 나아가 공(空)도 식(識)도 모두 소유가 없다는 무색정을 닦아 그 힘으로 태어나는 곳이다.

(4) 비상비비상처천(非想非非想處天)
삼계중에서 가장 높은 곳에 위치한 하늘이라는 뜻에서 유정천(有頂天)이라고도 한다. 이 하늘을 비상비비상이라 하는 이유는 식무변처천은 무한한 식(識)의 존재를 관상(觀想)하므로 유상(有

想)이요, 무소유처천은 공도 식도 존재하지 않는 것을 관상하므로 비상인데, 이것은 유상을 버리므로 비상이요, 비상도 버리므로 비비상이라고 하는데, 이러한 정(定)을 닦아 그 힘으로 태어나는 하늘이기 때문이라고 한다.

제3절_ 극락세계(極樂世界)

　극락(極樂)은 '지극히 즐겁다'는 말이요, 정토(淨土)는 '깨끗한 땅'이란 뜻이다. 결국은 같은 말이다. 극락정토는 자연환경이 좋고 물질이 풍부할 뿐 아니라 모든 대중이 자유와 평등 속에 있으면서 아무런 근심, 걱정이 없는 불국토(佛國土)다. 실제로 정토세계가 있느냐? 없느냐? 의 의문이 있을 수 있다.[9]
　첫째, 주관적인 유심정설(唯心淨說)이 있고
　둘째, 타방정설(他方淨說)과 차방정설(此方淨說)이 있다.
　한마디로 말하면 극락정토는 실제로 존재한다. 그런데 어떤 사람은 '마음이 극락이다'라는 말을 한다. 이것을 유심정토설(唯心淨土說)이라 한다.
　물론 마음이 너와 나의 차별이 없는 대자비심을 가진 사람은 둥글고 밝은 진실한 그 마음 자체가 극락일 수 있다. 또 그런 사람이 타방정토에 저절로 가서 나는 것은 너무 당연하다. "마땅히 알라. 바로 마음이 보살의 정토이다. 만약 보살이 이 정토를 얻고자 한

---

9) 교양교재편찬위원회 편, 앞의 책, **202**쪽 참고.

다면 그 마음을 정화하여야 한다. 그 마음이 아름다우면 세계가 아름답다"『유마경(維摩經)』

"깨달음의 차원에서 말한다면 너와 내가 없다. 사바세계와 극락세계가 본래 한 마음이며 생사, 열반이 결국 둘이 아니다"(원효(元曉), 『무량수경종요(無量壽經宗要)』)라고 하였다.

여기서부터 서방으로 십만억 국토를 지나가면 아미타 부처님이 계신 불국토가 있으니 여기가 극락이다. 이를 일러 타방정토설(他方淨土說)이라 한다.

이 세상에서 기도 많이 하고 좋은 일 많이 하며 불도량을 가꾸는 사람은 마음이 아름다워 이 사바세계에 있으면서도 정토의 즐거움을 느낀다. 이를 차방정토설(此方淨土說)이라 한다.

그 업이 당연히 저쪽 타방정토 아미타 부처님 계신 나라로 가게 되는 것이다. 선인선과(善因善果)는 곧 진리이기 때문이다. 또한 삼천대천세계의 공간 가운데에는 우리 지구와 같이 생명체가 사는 땅뿐만 아니라 시간과 공간을 초월한 삶과 죽음이 없는 극락세계도 존재하는 것이다. 물론 괴로움 자체인 지옥도 있다. 인간의 몸을 받았을 때 기도·정진으로 복을 지어야 한다.

한편 보살이 있어 스스로 길을 찾아나섰다. 곧 업력에 이끌려서 온 것이 아니라 원력으로 오셨다.

"보살마하살은 대자대비를 몸으로 삼기 때문에 이 나쁘고 어려운 사바예토를 찾아올 따름이다. 보살은 본원(本願)으로써 이 땅에 있으면서 위없는 깨달음을 이루고 중생을 제도하여 불국토를 완성하는 것이다"『비화경(悲華經)』

제4절_우주의 변화

1) 성주괴공(成住壞空)

성주괴공은 순서대로 우주의 성립 · 존속 · 파괴 · 공무(空無)의 것으로 생멸변화를 말한다. 또는 만유의 온갖 법이 생멸변이(生滅變異)하는 모양을 말하는 명목으로 생상(生相) · 멸상(滅相)의 생주이멸(生住異滅)을 뜻하기도 한다.

(1) 성겁(成劫)

기세간과 유정세간이 형성되는 시기를 성겁(成劫)이라 한다. 성겁은 **20**소겁이 소요된다.[10] 중생의 업력(業力)에 의하여 풍륜(風輪)이 생기고, 그위에 수륜(水輪), 수륜위에 금륜(金輪)이 생기고 거기에 **9**산**8**해 **4**대주가 생기고 그 다음에 하늘(天)이 이루어진다.

(2) 주겁(住劫)

성겁 다음에 주겁(住劫)의 시대가 온다. 주겁도 **20**소겁이 소요되며 기세간은 별 변동 없지만 유정의 과보에는 많은 변동이 있다.
인간들은 처음에는 빛을 내며 하늘을 날 수 있으며 수명도 장구하다(**8**만세). 그러나 좋은 맛을 탐닉하고 나쁜 마음들로 악업은 심해져 수명은 짧아지며 사고, 질병 등의 삼재(三災 : 水 · 火 · 風)가 발생하여 많은 인간들이 죽어가며 수명이 줄어든다(**10**세). 다시 인간은 죄업을 뉘우치고 선업을 행하여 그 수명이 **8**만세가 되다 여기까지 시간을 **1**소겁이라고 한다. 주겁의 기간 동안 **20**번을 계속 한다.[11]

---

10) 조계종포교원, 앞의 책, 149쪽 참고.

(3) 괴겁(壞劫)

그 후 세계는 서서히 파괴되어 간다. 이를 괴겁(壞劫) 시대라 한다. 역시 20소겁이 소요된다. 먼저 유정세간이 파괴되는데 19소겁이 소요되고, 기세간이 파괴되는데 1겁이 걸린다. 수(水), 화(火), 풍(風)의 삼재가 발생하여 세계는 모조리 흩어져 버린다.[12]

(4) 공겁(空劫)

괴겁의 시대가 지나면 허공만이 존재하는 공겁(空劫)의 시대가 오는데 이 기간도 20소겁이 걸린다. 공겁 다음에는 다시 중생들의 업력에 의해 성, 주, 괴, 공이 반복하여 이 세계는 끝없이 생성되고 소멸하게 된다. 20소겁을 1중겁이라 하고 4중겁을 1대겁(大劫)이라 한다.[13]

성주괴공을 되풀이하는 세계는 하나만이 있는 것이 아니다. 우주 속에는 무수한 세계가 존재하는데 일천 세계를 합한 것을 1소천(小天)세계라고 하고 1소천 세계를 일천배한 것을 1중천(中天)세계라 하며 1중천 세계를 일천배한 것을 1대천세계라고 한다. 한 부처님의 감화가 마치는 곳을 삼천대천세계(三千大天世界)라 한다.

그런데 불교에 있어서 이 우주는 여기서 그치지 않는다. 삼천대천세계가 미진수로 있어서 시방미진수세계(十方微塵數世界) 또는 항하의 모래수만큼 많이 있어서 시방항하사수세계(十方恒河沙數世界)로 전개된다.

---

11) 조계종포교원, 앞의 책, 149쪽 참고.
12) 조계종포교원, 앞의 책, 149쪽 참고.
13) 용허운하 저, 『불교사전』 동국역경원, 51쪽 참고.

〈겁(劫)〉

불교에서 시간을 나타내는 겁(劫)은 범어로는 kalpa이며 범천의 하루가 1겁이다. 곧 인간 세계의 4억 3천 2백만년을 말한다. 불교에서 겁을 말할 때는 보통 헤아릴 수 없는 긴 시간을 말할 때 쓴다. 겁에는 개자겁(芥子劫), 불석겁(拂石劫), 증감겁(增減劫)이 있다.[14]

(5) 개자겁(芥子劫)

사방 40리 안에 개자씨를 가득 넣고 장수하는 천인(天人)이 3년에 한 알씩 가져가 그 수가 다하는 기간을 말한다.[15]

(6) 불석겁(拂石劫)

반석겁(磐石劫)이라고도 하는데 사방 40리 되는 바위가 있다고 가정하고 장수하는 천인이 있어 3년에 한번씩 무게 삼주(三誅)되는 천의(天衣)로써 둘레를 한바퀴 스쳤을 때 그 바위가 다 닳아 없어지는 기간을 말한다.

(7) 증감겁(增減劫)

인간의 수명에 따른 정의인데, 인간의 수명은 10세에서 8만4천세까지, 8만4천세에서 10세까지 백년에 한 살씩 증(增) 또는 감(減)한다고 하였다. 증(增)하는 기간을 증겁(增劫), 감하는 기간을 감겁(減劫)이라 하며 증감을 합해 증감겁이라고 한다.[16]

---

14) 홍사성 주편, 앞의 책, 517쪽 참고.
15) 홍사성 주편, 앞의 책, 517쪽 참고.
16) 홍사성 주편, 앞의 책, 518쪽 참고.

이러한 시간과 수량을 나타내는 말들로는 겁(劫, kalpa), 찰나(刹那, ksaṇa, 75분의 1초), 나유타(那由他, nayuta, 천만 혹은 천억), 미진수(微塵數, parånu, 세세하게 부수어진 것 같이 수 많음), 항하사수(恒河沙數, 항하의 모래처럼 많은 수량 또는 항하진수(恒河塵數)라고도 함), 모호(模糊, 확실하지 않은 모양 또는 애매한 상태), 순식(瞬息, 수유의 1/10), 탄지(彈指, 찰나의 10배), 수유(須臾, 순식의 10배 또는 준순(浚巡)의 1/10), 준순(浚巡, 수유의 10배 또는 모호의 1/10 곧 10^{-14}) 등이 있다.

2) 세계로 끌고 가는 힘

세계가 무엇인가? 『능엄경(楞嚴經)』에 "세(世)는 천류(遷流)요 계(界)는 방위(方位)를 말한다" 하였다. 즉, 시간과 공간을 말함이다. 이것을 우주라 하여도 상관이 없다. '우(宇)'는 공간이요, '주(宙)'는 시간이기 때문이다. 불교에서는 시공(時空)이 본래 없다고 본다. 따라서 시간과 공간은 극히 상대적 개념일 뿐이다.

시공(時空)이 느껴지는 것은 무엇인가? 우리의 업력 때문이다. 시간과 공간은 본래 나거나 멸하거나 늘어나거나 줄어드는 것이 아니다. 단지 인연에 따라 계속 변화할 뿐이다. 이 변화시키는 힘은 각자에게 있다. 가정이든, 직장이든, 학교이든, 술집이든지 간에 상관없이 개개의 의지가 작동하고 그 의지에 의해서 끝없이 윤회의 고리를 갖게 된다. 그리고 이것은 이웃하고 있는 접촉관계 속에서 새로운 생명을 잉태시키기도 하고 때로는 자연의 숱한 관계 속에서 강이 산이 되는 조화까지도 부려간다. 모든 것은 개인의 의지를 발동시키고 개인의 의지는 서로 접촉하고 의지하면서 존재해 가는 것이다.

이 세계는 그렇게 흘러가는 것이다. 이를 연기라 한다.

"이것이 있으므로 저것이 있고 (此有故彼有)

이것이 일어나므로 저것이 일어난다.(此起故彼起)

서로 의지하고 상관하면서 정신적이든 물질적이든 모든 것이 창조되어 간다. 세계는 각자의 업(別業)이 뭉쳐 공동적인 업(共業)을 이룬다.

제5절_부처님의 또 다른 가르침

부처님이 우주에 대해서 이렇게 소상하게 밝히면서도, 때로는 중생들을 향한 대자비심으로 말하지 않음으로써 새로운 교훈을 주셨다. 우주가 어떻게 생겼는가에 대한 형이상학적(形而上學的) 희론(戱論)은 우리 인생에 별 도움이 못되기 때문이다.

만동자(鬘童子)가 질문을 했다.

① 세계는 항상한가 무상한가, 항상이며 무상인가, 상도 아니고 무상도 아닌가.

② 세계는 유한인가 무한인가, 유한이며 무한인가, 유한도 아니며 무한도 아닌가.

③ 정신과 육체는 하나인가, 둘인가

④ 여래는 사후에 유인가 무인가, 유이면서 무인가, 유도 아니고 무도 아닌가.

이 14가지 질문에 대해서 공부는 하지 않는 만동자에게 부처님은 대답하지 않으셨다. 이를 무기(無記)라 한다. 세계가 내일 종말이 오더라도 한 그루의 사과나무를 심겠다는 어느 철학자의 말을 새겨볼 필요가 있다. 세계 종말을 떠들고 있는 많은 사이비 종교가 희론을 앞세워 사람들을 공포에 떨게 하고 오히려 불안감을 증폭시키고 있다.

부처님의 진실한 가르침은 현재 어떻게 살아가는 것이 바른 삶인지를 가리키는 것이지 말장난을 하자는 것이 아니다. 불교는 결국 정법을 배워 실천함에 있다.

제6절_ 타종교의 우주관

1) 기독교의 우주관

우주의 창조에 관한 기독교의 성경내용이 잘 알려져 있다. 성경의 창세기 1장을 그대로 수록한다.

성경의 창세기 우주의 창조에 관한 기독교의 내용이 수록되어 있다.

요약하면 "첫째날에 빛과 어두움을 나누어 낮과 밤을 만들고, 둘째날에 땅과 하늘을 만들고, 셋째날에 채소와 과일나무를 만들고, 넷째날에 해와 달과 별을 만들고, 다섯째날에 물고기와 새를 만들고, 여섯째날에 나는 짐승과 기는 짐승과 땅의 짐승을 만들고, 마지막으로 자기들의 형상에 따라 자기들의 모양대로 사람들을 만들고, 지

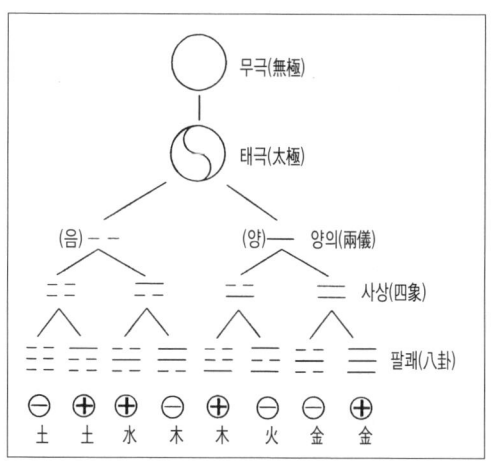

음양팔괘도 음양오행이 결합하여 천지만물이 창조되었다고 보았다.

금까지 만든 것을 다스리게 하고 사람을 창조하되 남자와 여자를 나누고, 그들에게 복을 주며 번성하여 땅에 충만하여 땅을 정복하라"고 하였다. 그리고 사람을 만들 때 흙으로 빚어 생기를 불어넣었다고 덧붙였다. 그 후 인간은 선악과를 따먹고 에덴 동산에서 쫓겨나 고통을 받고 있다고 말한다. 그리고 신(절대신)은 자기 마음대로 물, 불로써 세계를 멸망시킨다고 한다.

이 원시적 발상에도 불구하고 절대신(인도에서는 브라만이라 했다)의 창조를 믿는 사람들이 많다.

2) 유교의 우주관

무극에서는 태극이 나오고, 태극이 동(動)·정(靜)해서 음양이 생기고, 음양이 교차해서 양의가 되고, 양의가 팔괘가 되었으니 팔괘에는 각각 5행이 배대된다.

음양오행이 결합하면서 천지 만물의 조화를 부린다.

주자(朱子)는 『근사록(近思錄)』에서 "극(極)이 없음이 태극(太極)이다. 태극이 움직여 양을 낳고 움직임이 극에 이르러 고요해진다. 고요해짐은 음(陰)을 낳고 움직임이 극에 이르러 고요해진다. 고요해짐은 음(陰)을 낳고 고요해짐이 극에 이르러 다시 움직인다. 음양이 결합하여 오행(五行)인 목, 화, 토, 금, 수가 생긴다. 즉 음양오행이 적당하게 결합하면 천지만물을 만들고 무궁한 변화를 계속시킨다"고 했다.

인간 천지만물 중에서 빼어남을 얻어서 가장 신령스러운 형상이 되었고 정신이 있어서 인식을 한다고 보았다.

인간이 이렇게 어려운 데 대해서는 성인은 인의(仁義)로써 고요함을 위주로 인극(人極)을 세우고, 군자는 그것을 닦아 길(吉)하며, 소인은 패(悖)하여 흉한다고 하였다. 결국 인간의 현실상황을 흉으로 파악하고, 성인의 가르침을 따라 마음을 쓸 것을 나타낸다.

3) 인도에서의 우주관

부처님께서는 당시 인도에서 유행하던 여러 외도의 사상을 세 가지의 유형으로 나누어 삼종외도설(三種外道說)이라 하고 그 잘못을 비판하였다. 각각의 내용은 다음과 같다.

① 존우론(尊祐論)

절대신에 의해서 일체가 전개된다고 하는 전통적인 브라만 사상이다.

② 숙작인론(宿作因論)

인간의 존재는 과거에 행한 행위에 의해 규정된다.

③ 무인무연론(無因無緣論)

논리적 타당성을 갖는 특별한 인과 연이 없이 우주가 생멸하며 지옥과 극락을 오간다. 이외에 결합인론(結合因論), 숙명론(宿命論), 회의설(懷疑設) 등이 있는데, 모두 단견(斷見)에 처해 있는 것으로 생각할 수 있다.[17] 이와 같은 외도설에 대하여 부처님께서는 다음과 같이 비판하셨다.

첫째, 숙작인론, 존우론, 무인무연론에는 납득할 수 없는 논리적 비약이 있고 단상(斷常)에 치우쳐 실증성을 무시하고 있다. 둘째로 상견(常見)인 숙작인론과 존우론은 존재의 양태를 업에 의한 것과 신의 조작에 의한 것으로 여기어 인간의 죄악문제가 설명되지 않고 우리 인간에게는 잘 살려는 의욕과 노력은 있으나 이것도 설명되지 않는다. 부처님은 이들 사상가의 대부분의 공통된 경향이 없는 유물론과 무도덕론, 무윤리론에 대해서, 그것은 진리에 이르는 길이 아니라는 반론을 제기했다. 세속에서의 만족스러운 생활을 버리고 생(生), 노(老), 병(病), 사(死)와 같은 인간의 근본적 문제를 해결하기 위해 출가한 부처님에게 이들 사상가들의 논쟁은 한낱 헛된 공론에 지나지 않았던 것이다.[18]

---

[17] 불교교육연합회 편, 『종교(불교)』 대원정사, 1997, 189쪽 참고.
[18] 홍사성 주편, 앞의 책, 449쪽 참고.

제6장

경전 결집

제1절 경전의 성립과 삼장
제2절 경전의 구성과 종류
제3절 경전의 분류
제4절 제경의 세계

제6장

경전 결집

제1절_ 경전의 성립과 삼장(三藏)

1) 경전의 성립

부처님 입멸 후 가섭(迦葉, Kāsyapa)을 비롯한 많은 제자들이 비탄에 잠겨있을 때 수발타(須跋陀) 등의 제자가 부처님으로부터 벗어나 자유로워져 좋아하는 모습을 보고, 다비(茶毘)를 끝내고 가섭은 비구들에게 "서둘러 부처님의 교법(敎法)과 계율(戒律)을 결집(結集)하지 않으면 멀지않아 비법(非法)과 비율(非律)을 말하는 자가 횡행하게 될 것이다. 그런 일이 생기기 전에 법과 율을 결집하지 않으면 안 된다."고 한 것이 동기다. 이 결집을 합송(合誦)이라고도 하는 것은 그것을 일정한 형식으로 공식화시켜 모두 함께 외운다는 데서 비롯된 것이다. 불교의 경전은 이렇게 성립되어서 그 결집은 인도 불교 역사상 몇 차례 행하여졌다.[1]

칠엽굴　부처님 입멸 후 제1차 결집이 행해진 곳이다./왕사성

석주 바이살리의 유적지에 세워진 것으로 명문은 없고 기둥의 머리 부분은 사자이며, 부다가야를 향하고 있다.

(1) 제1결집

불멸직후 왕사성(王舍城, Råjagrha)밖의 칠엽굴에서 대가섭을 상수(上首)로 500명의 비구들이 모여 먼저 우팔리가 율(律)을, 아난이 법(法)을 암송하여 경(經), 율(律)이 정해졌다. 이를 왕사성결집, 500결집 또는 상좌결집이라고도 한다.[2]

(2) 제2결집

불멸 후 100년경에 계율엄격주의자인 야사의 발기로 700명의 비구가 비사리에서 회합하고 계율에 관한 열 가지의 다른 주장인 십사비법(十事非法)을 조사하여 바로잡은 결집이다. 교단내의 보수그룹과 혁신그룹의 대립으로 교단분열의 계기가 되었다. 이를 비사리성결집, 700결집이라고도 한다.[3]

(3) 제3결집

불멸 후 200년경에 아쇼카왕의 호불정책으로 화씨성의 계원사(鷄園寺)에서 1,000여명의 비구가 결집에 참여하였다. 이때부터 구전되어 오던 경전이 문자화되었으며 경·율·논(經律論) 삼장(三藏)이 결집되었다.

이를 화씨성 결집, 1000결집이라고도 한다.[4]

---

1) 中村元외2 저, 김지견 역, 『불타의 세계』 김영사, 1984, 256쪽 참고.
2) 김혜법 저, 『불교의 바른 이해』 우리출판사, 1998, 123쪽 참고.
3) 김혜법 저, 앞의 책, 123쪽 참고.

(4) 제4결집

불멸 후 600년경 굽타왕국 카니시카왕의 뒷받침으로 각 부파의 이설(異說)을 통일시키고자 삼장에 능통한 스님을 모셔서 그 중에서 학식이 뛰어난 500명을 선출하여 카슈미르 환림사(環林寺)에서 결집을 시작하였다. 이 결집에서는 세우(世友)를 상수(上首)로 경장주석 10만송, 율장주석 10만송, 논장의 주석 10만송의 대 주석을 만들어 결집하였고 왕은 동판에 판각(版刻)하여 석함(石函)에 넣고 큰 보탑을 건립하여 안치하였는데 현재 논장의 주석만 남아있다.[5]

2) 삼장(三藏)

불교의 성전은 경, 율, 논의 삼장(三藏, Tri-pitaka)으로 구분된다. 삼장 중에서 경과 율이 먼저 성립하였고, 논은 나중에 성립하였다. 제3차 결집에서 경, 율, 논이 갖추어졌다. 경, 율, 논장의 내용을 잘 아는 스님을 삼장이라 하기로 하고, 뒤에는 변해서 경, 율, 론을 번역한 스님을 이르기도 한다.

(1) 경장(經藏, Sutra-pitaka)

수다라(修多羅)라 음역하며 부처님의 교설을 기술한 문장 전부를 포함한 것이다. 부처님의 설법은 실(絲)로 꽃을 꿰어 화환을 만드는 것같이 온갖 이치를 엮어놓은 것이다. 경(經)자가 붙은 것은 전부 이에 해당한다. (화엄경, 아함경, 방등경, 반야경, 법화경, 열반경 등)[6] 특히 대장경, 일체경, 속장경이라고 할 때는 경, 율, 논

---

4) 高崎直道 외3 공저, 권오민 역, 『인도불교사』 경서원, 1995, 65-66쪽 참고.
5) 김혜법 저, 앞의 책, 124쪽 참고.

의 삼장, 곧 불교성전의 총서를 말한다.

(2) 율장(律藏, Vinaya-pitaka)

비나야(毘奈耶)또는 비니(毘尼)로 음역한다. 불자가 일상생활에서 지켜야 할 규정과 교단의 규약 등의 계율(戒律)을 말한다. 분량은 한역에 있어서 경장의 5분의 1정도이다.(5계, 8재계, 10계, 48경계, 250계, 384계)[7]

(3) 논장(論藏, Abhidharma-pitaka)

아비달마(阿毘達磨)라 음역한다. 후세의 불제자가 경율을 해석하거나 논술한 것을 총칭해서 논장이라 한다. 한역의 경우 경장의 5분의 2정도 분량이다.(구사론, 대승기신론, 대지도론)[8] 참고로 (疏)라는 것이 있는데, 경, 논의 문구를 해석하여 어려운 곳을 보다 더 알기 쉽도록 의리(意理)를 붙인 것이다.

제2절_ 경전의 구성과 종류

1) 성전과의 차이
① 성전 : 경전을 포함해서 후대 불자들의 저술, 불교역사, 전기 등 불교연구에 관한 자료문헌을 총망라하여 성전이라 한다.

---

6) 홍사성 주편, 『불교상식백과』 불교시대사, 1996, 258쪽 참고.
7) 홍사성 주편, 앞의 책, 258-259쪽 참고.
8) 편집부 엮음, 『100문 100답 (입문편)』 대원정사, 1998, 63쪽 참고.

②경전 : 부처님의 말씀을 문자화한 것으로 성전의 중심이
며 불교 사상의 원류이다.

2) 경전의 구성

경전을 서지학(書誌學)적으로 연구한 최초의 사람은 중국의 고승 도안(道安)이다. 그는 모든 경전이 서론, 본론, 결론으로 구성되어 있음을 발견하고 이를 서분(序分), 정종분(正宗分), 유통분(流通分)으로 이름 붙였고 이 학설이 일반화되었다.

(1) 서분(序分)

모든 경문은 시작할 때 일정한 틀이 맨 앞부분에 나타나는데 이것이 서론부분이다. 이것은 경전이 부처님 저술이 아니라 제자들이 기억해서 기술한다는 형식을 빌리고 있기 때문이다. 즉 모든 경전은 다음과 같은 기술로 시작된다.

"나는 이와 같이 들었다. 어느 때 부처님이 에 계셨는데 그곳에는 훌륭한 제자 몇 명이 있었다. (如是我聞 一時 佛 在 與大比丘衆 人俱 등) 여기서 여시(如是)는 믿음을 나타내는 것이라 하여 신(信)이라 하고, 아문(我聞)은 문(聞), 일시(一時)는 시(時), 재(在)은 처(處), 여대비구중(與大比丘衆)은 무리(衆)라고 부른다. 이 여섯 가지를 육사(六事)라고 하며 모든 경전은 이 형식을 갖추어야 비로소 권위를 부여받을 수 있으므로 육사성취(六事成就)라 한다."[9]

---

[9] 편집부 엮음, 앞의 책, **47**쪽 참고.

(2) 정종분(正宗分)

본론에 해당하는 부분으로 형식이 다양하나 대체로 제자가 질문하고 부처님이 답변하는 것으로 되어 있다. 경전이 여러 장으로 나누어지는 경우도 있으며 주제가 다를 경우 장(章)을 달리하게 되는데 이것을 '품(品)'으로 구분하고 있다. 『화엄경』의 입법계품(入法界品)같은 것은 별도의 경전을 이룰 만큼 방대한 것도 있으며 한 제목의 경에 많은 품(品)이 있는 것은 후세 경전 편찬자가 독립된 경전을 내용별로 정리해 한 제목 아래 편찬한 것이 아닌가 여겨진다.[10]

(3) 유통분(流通分)

경전의 마지막 부분으로 결론에 해당한다. 여기서 결론이란 본론을 다시 요약하는 것을 뜻하는 것이 아니라 설법을 들은 대중들이 얼마나 기뻐하고 있는가를 나타낸 것을 말한다. 대체로 모든 경전은 설법을 들은 청중이 큰 깨달음을 얻었으며 따라서 부처님께 예배하고 감사드리는 장면이 감동적인 형태로 묘사되고 있다.[11]

3) 경전의 종류

불교는 북쪽으로 티벳, 중국, 한국, 일본, 몽고 등으로 전파되고 남쪽으로는 스리랑카, 미얀마, 태국, 싱가포르, 베트남 등으로 전파되었다. 불교 전파에 가장 중요한 경전번역을 많은 나라들이 주

---

10) 김혜법 저, 앞의 책, **125**쪽 참고.
11) 김혜법 저, 앞의 책, **126**쪽 참고.

력하였다. 최초의 경전은 범어로 편찬되었고 현재 세계에는 여러 나라의 언어로 번역된 경전이 있다.

(1) 범어 경전(梵)
최초의 불교경전은 고대 인도 바라문의 언어인 범어로 편찬되었다. 범어경전은 대부분 대승경전이고 소승경전은 희소하다.

(2) 팔리어 경전(巴利 : pail)
현존하는 불교경전 가운데 순수성과 일관성에서 으뜸을 차지하는 경전이다. 팔리어경전은 삼장의 번역과 삼장에 대한 주석서로 되어있다. 불교 역사에 관한 상당수의 문헌도 여기에 포함되어 있다.[12]

(3) 티벳 경전
7세기경 티벳에 불교가 전래되면서 범어경전을 번역한 것으로 티벳 대장경은 크게 깐주루와 딴주루로 대별되는데, 깐주루는 삼장 가운데 부처님이 직접 말씀하신 율장에 대한 번역이며 딴주루는 경장과 율장의 주석서인 논장을 번역한 것이다.[13]

(4) 한역 경전(漢譯)
지금까지 각국어로 번역된 경전 가운데 가장 많은 분량을 자랑하며, 범어 40부, 팔리어 경전이 19부, 티벳어가 1천부인데 비해

---

12) 임혜봉 지음, 『불교사 100장면』 가림기획, 1994, 18쪽 참고.
13) 임혜봉 지음, 앞의 책, 19-20쪽 참고.

장경각 팔만대장경이 보관되어 있는 곳이다./해인사

한역경전은 **1,420**부나 된다. 한역경전은 고역(古譯), 구역(舊譯), 신역(新譯)등 3종이 있으며 구마라습(**350~409**)이전을 고역, 그 이후를 구역(舊譯)이라 한다. 현장(**602~664**) 이후의 번역을 신역(新譯)이라 한다.[14]

(5) 한국어역 경전

한국 불교는 한역(漢譯)경전을 그대로 가져와 쓰다가 1446년 세종 때 한글이 창제된 이후 번역이 시작되었으며 세조 때 간경도감(刊經都監)을 두어 많은 경전을 번역했는데 이것을 언해본(諺解本)이라 한다.[15]

(6) 일본어역 경전

명치(明治)시대부터 일본어로 번역을 시작했는데, 국역대장경 **31**권, 국역일체경 **243**책은 한역 경전을 일본어로 번역한 것이고 남전대장경 **65**책은 팔리어경전을 번역한 것이다.

(7) 구미어역 경전

19세기 중엽부터 범어, 팔리어 경전을 번역했고 최근에는 티벳 장경도 번역하고 있다.

---

14) 와따나베 쇼오꼬 저, 김무득 역, 『경전성립론』 경서원, 1993, 64 · 71-72쪽 참고.
15) 김혜법, 앞의 책, 129-130쪽 참고.

4) 한역경전(韓譯經典)

부처님의 가르침을 기록한 경전들은 각국어로 번역되었으며, 현존하는 경전중 한역경전이 가장 우수하다고 할 수 있다. 우리나라 불교는 이러한 한역경전을 주로 의지했다.

한역경전의 특성은 첫째, 분량이 풍부하다. 현존하는 경전의 분량은 범어본 경전이 대승과 소승을 포함하여 **40**부, 팔리어 경전이 소승 **19**부, 서장어 경전이 대승과 소승 **1,000**부, 한역경전은 대승과 소승을 합하여 **1,420**부이다. 이중 한역경전이 가장 완벽하다.

둘째, 한역 경전의 특성은 내용이 우수하다. 번역 시기는 범어본이나 팔리어본에 뒤지나, 번역이 주로 되면서 각 시대의 경전을 보전하고 있으므로 각 시대를 통한 경전의 성립, 발달, 변화를 명확히 알 수 있는 장점이 있다.

(1) 한역의 대표적 역경가

① 안세고(安世高)

안식국의 태자이다. 후한 환제(桓帝) 2년(148)경에 중국에 와서 영제(靈帝, 168~189)에 이르는 동안 역경, 한역의 시초이며 20여년간 30여부의 경전을 번역하였다.[16]

② 지루가참(支婁迦懺, Lokaksema)

월지국(月支國)의 승려로서, 영제의 광화(光和, 178~183), 중평(中平, 184~189)연간에 『도행반야경(道行般若經)』, 『수능엄경(首楞嚴經)』, 『반주삼매경(般舟三昧經)』, 『아축불국경(阿閦佛國經)』 등을 번역하였고 『출삼장기집(出三藏記集)권2』 모두 대승경전이다.[17]

---

16) 鎌田茂雄 저, 鄭舜日 역, 『中國佛敎史』 경서원, 1989, 40쪽 참고.

③ 축법호(竺法護, Dharmaraksa)

월지국(月支國)의 승려로서, 서진시대(256~308) 라집 이전의 역경 공적으로 제일이다. 그가 번역한『정법화경(正法華經)』10권은 처음으로 중국에 전해진 것이다.

④ 구마라습(鳩摩羅什, Kumârakiva)

구자국인 자집의 중국도래로 중국 불교의 신기원이 열리고 현장과 더불어 이때 역성으로 꼽혔다. 특히 삼론(三論), 중관(中觀) 불교를 널리 포교하였으므로 삼론종(三論宗)의 시조라고 한다.[18]

⑤ 현장(玄奘)

당나라 사람인 현장(602~664)의 번역이 축어적으로 가장 엄밀하고 원전도 인도 불교 후기의 것이라서 역법을 일신했다. 신역의 대가이며 중국 법상종(法相宗)을 전한 사람이다.

⑥ 진제(眞諦, Paramartha)

인도서천축(西天竺) 출신으로 546년 중국에 들어왔다. 전쟁과 여러 고난속에 어렵게 역경과 강습에 전력하였다.『섭대승론(攝大乘論)』,『섭대승론석(攝大乘論釋)』을 번역하여 이에 의거하여 섭론학파가 형성되었다.[19]

⑦ 불공(不空)

인도사자국(師子國) 출신으로 720년 중국에 왔다. 여러 절을 다니면서 밀교(密敎)를 전하고 경론번역에 종사하였다. 특히 구마라습, 현장, 진제, 불공을 4대 역승이라 한다.[20]

---

17) 鄭舞日 역, 앞의 책, 41쪽 참고.
18) 와따나베 쇼오꼬 저, 김무득 역, 앞의 책, 1993, 67쪽 참고.
19) 홍사성 주편, 앞의 책, 200쪽 참고.
20) 홍사성 주편, 앞의 책, 221쪽 참고.

제3절_ 경전의 분류

1) 이분법

크게 대승경전(大乘經典)과 소승경전(小乘經典)으로 나눈다. 대승경전은 대승의 가르침을 설한 것으로 「화엄경」, 「법화경」, 「열반경」, 「반야경」 등이 그 대표적인 경전이다. 소승경전은 주로 4제(四諦)와 12인연의 이치를 설하고 열반을 설명한 것이다. 12부의 경 가운데 9품만이 남아 있다. 「아함경」이 이에 속한다.

2) 오분법

교상판석을 통해 경전을 내용별로 분류하는 방법으로 중국 수나라의 천태지자(天台智者) 스님에 의한 오시(時) 구분으로, 오시(時)란 부처님이 일생동안 다섯 차례로 나누어 설법했다는 것이고 불교전체를 조직적으로 체계화 하였다.(五時八敎)

(1) 오시(五時)

① 화엄경류(華嚴時, 21일) : 부처님께서 깨달음을 성취한 21일간 화엄경을 설했다.
② 아함경류(阿含時, 12년) : 녹야원을 중심으로 12년간 아함경(阿含經)을 설하신 것으로 오늘날 말하는 초기경전들인 『법구경』, 『백유경』등이 여기에 해당된다.
③ 방등경류(方等時, 8년) · 8년간 『유마경』, 『금강명경』, 『능가경』, 『승만경』, 『무량수경』 등을 설하셨는데 이를 방등경(方等經)이라 하고 이때를 방등시(方等時)라 하며 아함과 반야, 화엄, 법화열반에 포함되지 않는 모든 경전이 여기에 소속된다.

④ 반야경류(般若時, 21년) : 가장 긴 21년간을 반야경을 설하셨다고 하며 이를 반야시(般若時)라 한다.

⑤ 법화경류(法華涅槃時, 8년) : 반야경을 설하신 후 열반하기 전까지 『법화경』과 『열반경』을 8년간 설법하셨다 하여 이를 법화열반시(法華涅槃時)라 한다.

오시(五時)의 다른설로서 첫째, 유송(劉宋)도장사 혜관의 설(設)은 부처님의 1대교설을 판단하여 돈교, 점교로 하고 점교 중에서 다시 시간의 차례에 따라 ① 삼승별교(三乘別敎) ② 삼승통교(三乘通敎) ③ 억양교(抑揚敎) ④ 동귀교(同歸敎) ⑤ 상주교(常住敎)로 나눈다.

둘째, 소제(蕭齊)유규(劉虯)의 설(設)로 ① 인천교(人天敎) ② 유상교(有相敎) ③ 무상교(無相敎) ④ 동귀교(同歸敎) ⑤ 상주교(常住敎)로 나눈다.

(2) 팔교(八敎)

8교(八敎)라고 하는 것은 부처님의 교설을 방법에 따라 분류한 화의사교(化儀四敎)와 그 내용에 따라 분류한 화법사교(化法四敎)를 합쳐 부르는 것이다. 여기에는 교화하는 방법에 따른 분류로서 ① 돈교(頓敎) ② 점교(漸敎) ③ 비밀교(秘密敎) ④ 부정교(不定敎)의 화의사교(化儀四敎)와 교리의 내용에 따른 분류로서 ① 장교(藏敎) ② 통교(通敎) ③ 별교(別敎) ④ 원교(圓敎)의 화법사교(化法四敎)가 있다.[21]

---

21) 諦觀 錄, 이영자 역주, 『天台四敎義』 경서원, 1992, 23쪽 참고.

3) 10분법

일본은 대정신수대장경을 편찬하면서 그 동안 불충분했던 것을 보완해 경장의 경우 10가지로 분류했다. 그 분류는 다음과 같다.

① 아함부 ② 본연부 ③ 반야부 ④ 법화부 ⑤ 화엄부 ⑥ 보적부 ⑦ 열반부 ⑧ 대집부 ⑨ 경집부 ⑩ 밀교부다.

제4절_제경(諸經)의 세계

1) 대승비불설(大乘非佛說)과 위경(僞經)

(1) 대승비불설

오늘날 경전의 서지학적 연구가 진척됨에 따라 대·소승의 많은 경전 가운데 특히 대승경전은 부처님의 직설(直說)이 아니라는 것이 밝혀지고 있다. 에도(江戶)시대의 불교학자 부영중기(富榮仲基)의 출정후어(出定後語)라는 책에서 과감히 '대승비불설'을 내세우게 되었고 현대에 이르러 대승경전을 부처님께서 직접 설했다고 믿는 불교학자는 없다. 그러나 대승경전은 대승불교의 흥기(興起)와 함께 종교적 신념에 의해 찬술된 것으로 여기에는 뜨거운 종교적 열정과 교의에 대한 새로운 해석학적 안목이 표현되어 있을 뿐만 아니라 모든 경전에는 부처님의 가르침으로 불변의 원리인 제행무상(諸行無常), 일체개고(一切皆苦), 제법무아(諸法無我), 일체개공(一切皆空)과 같은 개념이 주제가 되고 있다는 사실이다. 즉 부처님께서 가르친 근본교의가 손상되지 않은 채 새롭게 해석되고 적극적으로 표현되고 있다는 점에서 부처님의 말씀과 동일한 가치를 갖는 것이며 아울러 그것은 불설(佛說)로 인정되어야 한다는 것이다. 결론적으로 대승경전은 역사적 사실로서는 비불설(非佛說)이 확실하지만 진리적 표현으로는 불설(佛說)이라는 것이다.[22]

(2) 위경

위경(僞經)은 부처님의 이름을 빌어 중국이나 기타지역에서 찬술된 경전을 말한다.『부모은중경(父母恩重經)』,『호국인왕반야경(護國仁王般若經)』,『천지팔양신주경(天地八陽神呪經)』등이 있으며 인도에서 전해진 것은 진경(眞經)이라 하여 권위를 인정하지만 다른 경은 그렇지 못하다. 위경이 찬술된 배경에는 토착신앙이나 전통사상에 불교를 어떻게 접목시킬 것인가를 고심한 끝에 현실적 요청에 의해 불설(佛說)을 가탁(假託)해 찬술되었다고 보여지며 그 내용도 불교정신에 입각해 있으므로 굳이 배척해야 할 이유는 없다. 경전은 원칙적으로 학문의 차원에서가 아니라 신행(信行)의 차원에서 이해하고 수용해야 한다. 학문의 입장에만 서다보면 자구(字句)에 매달려 사변적이고 분석적인 것에 빠지기 쉽다. 경전의 가르침을 신행의 차원에서 받아들일 때 실천하려는 마음이 생기고 향상(向上)의 계기를 만들 수 있다. 무엇보다 중요한 것은 바로 여기에 있음을 잊지 말아야 한다.[23]

2) 주요경전
(1) 아함경(阿含經)
아함이란 범어 아가마(āgama)를 음사(音寫)한 말로 전교(傳敎),

---

22) 김혜법 저, 앞의 책, 132쪽 참고.
23) 홍사성 주편, 앞의 책, 1293-1294쪽 참고.

법귀(法歸)등으로 번역되며 가르침을 전하여 갖는다는 뜻이다. 아함경은 부처님 말씀이 가장 육성에 가깝게 담겨져 있다. 이설(異說)이 대립된다든지 대·소승의 구별도 보이지 않는다. 때문에 19세기 이후 불교학자들은 '근본불교'의 기초로 삼았다. 이에 소속된 주요경전은 다음과 같은 것이 있다.[24]

① 법구경(法句經)

범어로 담마파다라 하며 이 속에는 만고불변의 진리와 자비의 정신이 간명하게 묘사되어 있고 인간의 실생활과 밀접한 관계를 표현한 점이 특징이다.

② 숫타니파타

Sutta-nipata는 경(經)의 집성이란 뜻으로 현존하는 경전으로는 가장 오래된 것이다. 구성은 사품(蛇品), 소품(小品), 대품(大品), 의품(義品), 피안도품(彼岸道品)등 5장으로 되어 있다.

③ 불소행찬(佛所行讚)

이 책은 부처님 전기 가운데 가장 뛰어나다는 평가를 받는, 불교시인 마명(鳥鳴)이 1세기경에 쓴 부처님 생애에 관한 장편 서사시다.

④ 백유경(百喻經)

백구비유경이라고도 불리는데 중생을 교화시키기 위해 98가지

---

24) 김혜법 저, 앞의 책, 134쪽 참고.

비유설화를 들어 불도를 이해시키고 있다.

⑤ 옥야경(玉耶經)

장자제불설자부무경경(長子諸佛說子婦無敬經)이라고 하는데 사밧티성의 급고독(給孤獨)장자의 며느리 옥야(玉耶)를 교화해 부도(婦道)를 가르친 내용으로 여자에겐 오선(五善), 삼악(三惡), 칠종(七種)의 차별이 있다고 했다.

⑥ 불본행집경(佛本行集經)

부처님의 과거와 현재의 일에 따른 인연을 불전과 본생담에서 채집하여 체계적으로 엮은 경으로 모두 60권이며 전생기(前生期), 금생기(今生期), 전도기(傳道期)로 크게 나눈다.

⑦ 사십이장경(四十二章經)

후한(後漢) 중국에서 받아들일 때 최초로 번역된 경으로 부처님의 가르침을 42항목으로 간략하게 나누고 있는, 단권으로 된 매우 짧은 경이다.

⑧ 기세경(起世經)

세계의 시초가 어떻게 되었는가에 대해 밝힌 불교의 창세기(創世記)라 할 수 있는 『기세인본경(起世因本經)』의 별역(別譯)으로 12장 10권으로 되어 있다.

⑨ 육방예경(六方禮經)

단권으로 세속적인 인간관계와 윤리, 실천규범이 설해져 있어서 보통사람들의 일상생활에 귀감이 되고 있다.

⑩ 대반열반경(大般涅槃經)
2권이며 부처님께서 만년에 라자가하(王舍城)를 출발하여 열반하신 쿠시나가라에 이르는 과정과 설법내용이 소상하게 묘사되어 있다.[25]

(2) 방등경(方等經)
방등경의 방등이란 시방평등(十方平等)의 준말로 부처님의 가르침은 시방세계에 두루 미치고 성인이나 범부중생, 대승이나 소승이 공히 평등하다는 뜻으로 대승과 소승을 잇는 주요경전은 다음과 같은 것이 있다.

① 승만경(勝鬘經)
승만사자후일승대방편경(勝鬘獅子吼一乘大方便經)이 원제이며 승만 부인이라는 여자가 주인공으로 나오는 흔치않은 경전 중에 하나이며, 부처님께서 이 설법에서 승만 부인의 성불을 수기하고 이름을 보광여래(普光如來)가 될 것이라고 예언했는데 이 때 부인도 삼대원(三大願) 십대수(十代受)를 행(行)할 것을 굳게 맹세했다.[26]

② 유마경(維摩經)
유마힐소설경(維摩詰所說經)이라고 하는데, 구마라집이 번역한 3권본이 유명하다. 이 경은 구성이 희곡처럼 잘 짜여 있는데다

---

25) 홍사성 주편, 앞의 책, **267-268**쪽 참고.
26) 와따나베 쇼오꼬 저, 김무득 역, 앞의 책, **196-198**쪽 참고.

그 주인공인 유마는 승려가 아닌 속인이며 유마의 일묵(一默)이 유명하다.[27]

③ 능엄경(楞嚴經)
이 경은 전체가 10단으로 나누어져 있으며 옛부터 선문에서 대단히 존중하는 경으로 부처님의 모든 가르침을 짐작할 수 있는 경이어서 우리 나라 강원(講院)의 기본교재로 쓰이고 있다.

④ 능가경(楞伽經)
대승입능가경(大乘入楞伽經)이 원제로 초기 선종의 기본 경전이다. 이 경의 내용은 만유는 오직 소작(所作)임을 일깨우는 일종의 불교심리학이라 할 수 있으며 번역문이 까다롭기 때문에 난해한 것으로 유명하다.[28]

⑤ 원각경(圓覺經)
대방광원각수다라요의경(大方廣圓覺修多羅了義經)이 원제로 1권 12장으로 구성되어 있으며 12장은 12보살들의 질문에 대한 부처님의 답변형식으로 꾸며져 있다. 원각(圓覺)이란 무명생사가 본래 없는 시념(時念)을 초월한 청정본성을 말한다.

⑥ 정토삼부경(淨土三部經)
극락정토설은 아미타불을 설하는 경전에 나타나 있는데 그러한

---

[27] 이기영 저, 『불교학 강의 하』, 한국불교연구원, 1998, 184-193쪽 참고.
[28] 홍사성 주편, 앞의 책, 296쪽 참고.

경전으로 소위 정토삼부경이라 해서 불설아미타경, 관무량수경, 무량수경을 말한다.

⑦ 약사여래본원경(藥師如來本願經)

약사여래본원경은 당나라 현장이 번역한 것인데, 약사여래는 약사유리광여래의 약칭으로 중생의 모든 질병, 재화(災禍)를 소멸시켜 깨달음을 얻게 해준다는 뜻에서 대의왕불(大醫王佛)이라고도 한다.

⑧ 미륵삼부경(彌勒三部經)

관미륵보살상생도솔천경, 미륵하생경, 미륵대승불경으로 중요 사상은 미륵보살이 도솔천에 상생하였다는 것과 장차 용화세계에 하생, 성불하여 당래교주가 되리라는 것이다.[29]

(3) 반야경

반야경이라 함은 곧 반야바라밀다를 주제로 한 여러 경전의 총칭으로 구마라습이 번역한 마하반야바라밀경 27권(대품반야), 10권(소품반야) 또한 우리가 집회 때마다 독송하는 260자 반야심경까지를 다 포함하는 것이다. 이러한 반야부에 속하는 경들을 총 16회 600권으로 집대성하여 번역한 것이 7세기 중엽 현장 역의 대반야바라밀다경인데 이를 줄여서 반야경이라 한다. 이에 소속된 주요경에는 다음과 같은 것이 있다.[30]

---

29) 홍사성 주편, 앞의 책, 302-303쪽 참고.
30) 정성본 저, 『선사상사』 선문화연구소, 1993, 73쪽 참고.

① 금강경(金剛經)

원제는 금강반야바라밀경(金剛般若波羅密經)이다. 기원정사에서 부처님이 수보리의 물음에 대해 반야사상을 강조하는 설법을 하는 광경을 담고 있으며 철저한 공사상에 의해 번뇌와 분별하는 마음을 끊음으로써 반야지혜를 얻어 대각을 증득할 수 있다는 사상을 강조하고 있으나 경의 전편에 공(空)자가 하나도 보이지 않는 특징을 갖고 있다.[31]

② 반야심경(般若心經)

마하반야바라밀다심경(摩訶般若波羅密多心經)이 원제이고 줄여서 심경(心經)이라고도 하며 반야경의 가장 핵심이란 뜻이다. 이경에 시종일관 흐르고 있는 것은 공사상(空思想)이고 우리 나라 각종 법회나 의식 때 빠지지 않고 독송되는 **260**자로 된 간략한 경전이다.[32]

(4) 열반경(涅槃經)

열반경은 대반열반경(大般涅槃經)이 원래 제목이며 담무참이 번역한 **13품 36권**이 가장 유명하다. 이 경의 특색은 반야경의 공사상(空思想)과 대중부(大衆部)의 심성본정설(心性本靜說)을 계승하는 한편, 법화경의 일승(一乘)사상을 채용하고 있는 점이다. 열반경의 특유한 교리는 첫째 법신상주(法身常住), 둘째 실유불성(悉有佛性), 셋째 일천제성불론(一天提成佛論)으로 요약할 수 있다.[33]

---

31) 정병조 저, 『정병조 불교입문』 불지사, 1994, 164-178쪽 참고.
32) 이기영 저, 앞의 책 상권, 23-54쪽 참고.
33) 홍사성 주편, 앞의 책, 291쪽 참고.

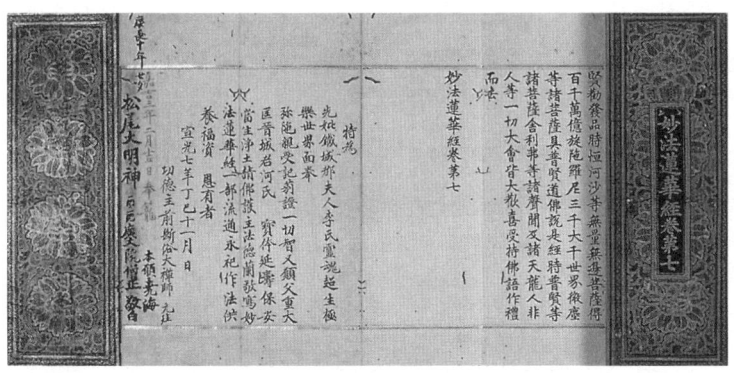

묘법연화경   원래 제목은 실상묘법연화경인데 보통 법화경이라 한다./국보 211호

(5) 법화경(法華經)

법화경의 원래 제목은 실상묘법연화경(實相妙法蓮華經)인데 간략하게 법화경이라 부른다. 예로부터 불가에서는 화엄경을 일승원교(一乘圓敎)라 하고 법화경을 대승종교(大乘終敎)라 하여 최고의 가르침으로 꼽았고 구마라습이 번역한 전 7권27품의 법화경이 가장 유명하다. 법화경은 방편품의 회삼귀일사상(會三歸一思想)과 시방(十方)의 모든 부처님은 결국 본불인 석가모니부처님의 분신불이라고 설하신 여래수량품을 그 주지(主旨)로 하고 있으며 법사품에는 수지(受持), 독송(讀誦), 해설(解說), 서사(書寫)의 다섯 가지 법사행(法師行)과 10종 공양을 들고 이 법문을 사람들에게 선설(宣設)할 것을 규정하고 있다. 그리고 법화경에서는 신앙적 측면을 도저히 빼놓을 수 없는 것이 '관세음보살품'에 나오는 관음 신앙이다. 관세음보살을 신앙하면 일체의 소원이 만족되어 어느 것에도 두려운 바가 없게된다고 하는 관세음 신앙이 있기에 법화경이 유포된 곳엔 관음 신앙이 유포되지 않은 곳이 없게 된

것이다.[34]

① 법화칠유(法華七喩)

법화경에는 많은 비유가 나오는데 이를 법화칠유(法華七喩)라 하며, 그 일곱가지 비유는 다음과 같다.

- 화택유(火宅喩) : 장자가 자신의 집에 불이 나자 자식들을 구하기 위하여 그들이 좋아하는 물건들을 부르면서 빨리 불타는 집에서 나와 가져가라고 했다는 비유이다.
- 궁자유(窮子喩) : 장자(長者)의 아들이 어려서 아버지를 버리고 집을 나가 성장하였다. 때마침 장자가 아들을 찾았으나, 그 아들이 두려워하며 다시 도망을 쳤다. 그래서 장자가 꾀를 내어 그를 고용하여 점차 지위를 높여주고, 결국에는 자신의 친아들이라는 것을 밝히고 일체의 재산을 다 주었다. 이 궁자(窮子)를 이승(二乘)의 사람에 비유하고 재산을 대승(大乘)에 비유한 것이다.
- 약초유(藥草喩) : 일미(一味)의 자우(慈雨)에 의해 소약초·중약초·상약초, 작은나무·큰나무가 각기 성장하는 것을 수행자의 깨달음의 단계에 적용시킨 비유이다.
- 화성유(化城喩) : 나쁜 길을 지나 목적지로 향하는 대상의 지도자가 지쳐서 되돌아가려는 대원들에게 도중에 환상의 성을 만들어 그것을 보여주고 피곤함을 달래고 난 후, 진짜 목적지를 간다는 비유이다.
- 의주유(衣珠喩) : 친한 벗의 집에서 만취한 남자의 옷 속에

---

[34] 와따나베 쇼오꼬 저, 김무득 역, 앞의 책, **206-207**쪽 참고.

친한 벗이 무가보주(無價寶珠)를 묶어 두었는데, 그것을 깨닫지 못한 빈궁한 남자의 이야기이다.
- 계주유(髻珠喻) : 전륜성왕(轉輪聖王)의 상투 속에 있는 보석이 어떤 공적이 있는 용사에게도 주어지지 않는 것이나, 그것이 주어졌다고 하면, 모든 세상 사람이 믿지 않을 것이라고 하는 이야기이다.
- 의자유(醫子喻) : 독을 마시고 괴로워하는 아이에게 약을 마시게 하는 방편으로서, 자신을 죽었다고 알리게 하여 슬픈 나머지 마음을 바로 잡은 아이들이 약을 마셔 구제된다고 하는 비유이다.[35]

(6) 화엄경(華嚴經)

화엄경의 원래 이름은 대방광불화엄경(大方廣佛華嚴經)이며 한역(漢譯)에 그 권수에 따라 60화엄, 80화엄, 40화엄이 있고 40화엄은 다른 두 화엄의 마지막 부분인 입법계품(立法界品)만을 다룬 것이다. 이 화엄경은 부처님께서 성불 직후, 그 깨달음을 그대로 설한 것이라 전해지며 완전한 범어 원본은 전해지지 않고 십지품, 입법계품만이 남아 있을 뿐이다.[36]

참고로 60화엄경, 80화엄경, 40화엄경을 살펴보면 다음과 같다.

① 60화엄경 : 불타발타라(Buddhabhara, 359~429)가 산스크리트의 원본을 한문으로 번역하여 현재에 전해지고 있는 경전이다. 진(晉)나라 때 번역되었다고 하며, 진경(晉經)이라고도 하며, 먼저

---
35) 와따나베 쇼오꼬 저, 김무득 역, 앞의 책, 208-216쪽 참고.
36) 이기영 저, 앞의 책 상권, 57쪽 참고.

번역되어 오래 되었다는 뜻으로 구역(舊譯)이라고도 한다. 그 내용은 7처 8회 34품으로 구성되어 있다. 그 내용들은 지상에서 천상으로 다시 지상으로 장소를 옮겨가면서 우주적인 규모로써 설해진다. 이것을 요약하면 7군데의 장소에서 8번의 법회를 한 것이 되며, 34품이란 그때 설법한 내용을 34개의 항목으로 나누어 편집했다는 의미이다.

② 80화엄경 : 실차난타(Siksananda, 652~710)가 산스크리트의 원본을 한문으로 번역하여 현재에 전해지고 있으며, 우리나라 전통 교육기관인 강원에서 교재로 쓰이고 있다. 당(唐)나라때 번역되었다고 하여 『당화엄경』이라고도 하며, 『60화엄경』을 새롭게 번역하였다 하여 『신역화엄경(新譯華嚴經)』이라고도 하며 구성은 7처 9회 39품으로 되어 있으며, 『보현행원품』은 포함되지 않았다.

③ 40화엄경 : 반야삼장(8~9세기)이 당나라 덕종(德宗)때 정원(貞元)년간인 798년에 번역하였다 하여 『정원화엄경(貞元華嚴經)』이라고도 한다. 또, 『40화엄경』은 앞서 60화엄과 80화엄의 마지막 품(品)인 『입법계품』 한 품(品)만을 따로 번역한 독립된 경전이다.

(1) 십지품(十地品)

보살이 그 궁극 목표인 부처님의 경지에 이르는 과정을 열 단계로 구분하였다.

보살의 총수행단계 52위 중에서 제41위부터 제50위 사이를 말하며, 부처님께서는 아주 자세하게 설해 놓으셨다. 60권본에서는 제22권, 80권본에서는 제26권이 이에 해당된다. 좀 더 상세한 것은 제7장 대승불교 수행계위를 참조하기 바란다.

(2) 입법계품(立法界品)

화엄경이 아무리 심원한 진리를 표명했을 망정 대승적인 구도 없이는 공론으로 돌아갈 것임으로 선재동자(善財童子)가 53인의 선지식을 찾아 도를 묻는 구도행각을 본보기로 첨가해 놓은 것이 입법계품이다.

참고로 불교를 수행하는 데는 **돈교**(頓敎), **점교**(漸敎)가 있다. 밀교(密敎)나 선학(禪學)처럼 직지인심(直指人心), 견성성불(見性成佛)로 바로 사람의 마음을 가르침으로서 성불의 길을 연 즉각적(卽覺的)인 불교가 있는가 하면 일만겁(一萬劫) 수행을 통하여 **52**단계를 오름으로써 점점 수행의 계도를 상승해 가는 교학적(敎學的) 방법도 있다. 즉각적 방법을 돈교(頓敎), 계단적 방법을 점교(漸敎)라 하는데 점교의 **52**계단은 **10**신(信), **10**주(住), **10**행(行), **10**회향(廻向), **10**지(地), 등각(等覺), 묘각(妙覺)이 그것이며 다음과 같다.[37]

(1) 10신(信)

최초의 **10**계단을 가리킨다. 초심의 구도자가 닦아야만 하는 **10**종의 마음, 즉 부처님의 가르침에 들어가는 것은 우선, 믿음에 의한 것이라고 하는 가르침이다. 초심의 보살이 믿어야만 하는 마음을 **10**종으로 나눈 것이다.

① 신심(信心) ② 염심(念心) ③ 정진심(精進心) ④ 혜심(慧心)
⑤ 정심(定心) ⑥ 불퇴심(不退心) ⑦ 호법심(護法心)

---

37) 정병조 저, 앞의 책, 273-277쪽 참고.

⑧ 회향심(廻向心) ⑨ 계심(戒心) ⑩ 원심(願心)

(2) 10주(住)

제11위에서 제20위까지를 가리킨다. 마음을 진실의 공리(空理)에 안주하는 곳이다.

① 발심주(發心住) ② 치지주(治地住) ③ 수행주(修行住)
④ 생귀주(生貴住) ⑤ 구족방편주(具足方便住)
⑥ 정심주(正心住) ⑦ 불퇴주(不退住) ⑧ 동진주(童眞住)
⑨ 법왕자주(法王子住) ⑩ 관정주(灌頂住)

(3) 10행(行)

보살이 수행하여야 하는 52단계 중 제21위에서 제30위까지를 가리킨다. 이타행을 수행하는 위이다.

① 환희행(歡喜行) ② 요익행(饒益行) ③ 무진한행(無瞋恨行)
④ 무진행(無盡行) ⑤ 이치란행(離痴亂行) ⑥ 선현행(善現行)
⑦ 무착행(無着行) ⑧ 존중행(尊重行) ⑨ 선법행(善法行)
⑩ 진실행(眞實行)

(4) 10회향(廻向)

제31위에서 제40위까지이다. 지금까지 닦은 자리이타(自利利他)의 여러 가지 행을 일체중생을 위하여 돌려주는 동시에 이 공덕으로 불가를 향해 나아가 깨달음의 경지에 도달하려는 지위이다.

① 구호일체중생이중생상회향(救護一切衆生離衆生相廻向)
② 불괴회향(不壞廻向)
③ 등일체처회향(等一切處廻向)

④ 지일체처회향(至一切處廻向)
⑤ 무진공덕장회향(無盡功德藏廻向)
⑥ 입일체평등선근회향(入一切平等善根廻向)
⑦ 등수순일체중생회향(等髓順一切衆生廻向)
⑧ 진여상회향(眞如相廻向)
⑨ 무박무착해탈회향(無縛無着解脫廻向)
⑩ 입법계무량회향(入法界無量廻向)

(5) 10지(地)

제41위에서 제50위까지이다. 불지(佛智)를 생성하고 능히 주지하여 움직이지 아니하며 온갖 중생을 짊어지고 교화, 이익하는 것이 마치 대지가 만물을 싣고 이를 유익함과 같음으로 '지'라 이름한다.

① 환희지(歡喜地) ② 이구지(離垢地) ③ 발광지(發光地)
④ 염혜지(焰慧地) ⑤ 난승지(難勝地) ⑥ 현전지(現前地)
⑦ 원행지(遠行地) ⑧ 부동지(不動地) ⑨ 선혜지(善慧地)
⑩ 법운지(法雲地)

(6) 등각(等覺)

등(等)은 같다는 뜻이고 각(覺)은 부처님이란 뜻이니 부처님의 깨달음과 똑같이 되는 지위이다.

(7) 묘각(妙覺)

그 깨달음의 부처님 경지가 참으로 묘하여 중중무진(重重無盡)하다는 것이다.

제7장 대승불교운동

제1절 교단의 변천사
제2절 대승불교운동
제3절 불교의 수도론
제4절 대승불교 운동의 실천덕목
제5절 삼학

제7장

대승불교운동

불교는 크게 시간적인 면에서는 근본불교, 부파불교, 대승불교로 구분하고, 지역적인 면으로 남방불교(南方佛敎)와 북방불교(北方佛敎)로 크게 나누며, 교리적인 면에서는 일승불교(一乘佛敎)와 삼승불교(三乘佛敎), 밀교(密敎), 선불교(禪佛敎)로 구분한다.

제1절_ 교단의 변천사

1) 근본불교시대

불교 교단의 문제는 석가모니 부처님의 입멸에서부터 시작되었다. 부처님의 입멸 후, 교단은 구심점을 잃고 비탄에 빠지게 되었다. 다행히 가섭, 아난, 우팔리 등 수제자들이 부처님의 말씀을 합송(合誦)이란 형식을 통해 정리하였다. 부처님의 입멸 후 약 100년은 이런 제자들의 힘으로 교단은 질서를 잘 유지해 나갔다. 이 시대를 근본 불교(根本佛敎)시대라고 한다.[1]

---

1) 교양교재편찬위원 편, 『불교학개론』동국대학교출판부, **106**쪽 참고.

2) 부파불교 시대

평온하던 교단은 불멸 후 약 100여 년이 지나면서 계율(戒律)에 대한 미묘한 견해 차이로 분열양상을 보였다. 부처님 당시나 부처님 직계 제자들이 있을 때는 별로 문제가 되지 않던 사소한 사건들이 불멸 후 100년이 지나면서 논쟁의 문제로 제기되었다. 부처님이 계시지 않기 때문에 개혁주의 성향의 비바리성 밧지족 출신

20부파

분열 연대	根 本 二 部	
불멸 100여년후	① 상좌부(上座部)	① 대중부(大衆部)
200년대 초(初)		② 일설부(一說部) ③ 설출세부(設出世部) ④ 계윤부(鷄胤部)
200년대 중경(中頃)		⑤ 다문부(多聞部) ⑥ 설가부(說假部)
200년대 말(末) (혹 300년 초)		⑦ 제다산부(制多山部) ⑧ 서산주부(西山主部) ⑨ 북산주부(北山住部)
300년의 초	② 설일체유부(說一切有部)	
300년대 중경	③ 독자부(犢子部) ── 설일체유부에서 갈려나온 것 ④ 법상부(法上部) ⑤ 현주부(賢胄部) ⑥ 정량부(正量部) ── 독자부에서 갈려나온 것 ⑦ 밀림산부(密林山部) ⑧ 화지부(化地部) ── 설일체유부에서 갈려나온 것 ⑨ 법장부(法藏部) ── 화지부에서 갈려 나온 것	
300년 말	⑩ 음광부(飮光部) ── 설일체유부에서 갈려 나온 것	
400년 초	⑪ 경량부(輕量部) ── 설일체유부에서 갈려 나온 것	

의 비구들이 제기한 금, 은, 보시, 소금 등 소위 십사(十事)라는 사건이 그것이다.[2]

계율을 기록된 대로 보려는 보수적인 비구와 개혁적인 비구들 사이에 대립이 생겼다. 이 문제를 해결하기 위해 700명의 수행자가 바이샬리에 모여 교설에 대한 결집을 하였는데 이를 제2차 결집(結集)이라 한다. 이런 대립 속에서의 분열을 근본분열(根本分裂)이라 한다. 이 근본분열에서는 상좌부(上座部)와 대중부(大衆部)가 대립되었으며 상좌부와 대중부는 다시 각각 10개, 8개의 부파로 갈라져서 전체 20개 부파가 되었으니 이를 지말분열(枝末分裂)이라 한다.[3]

이러한 부파불교 시대에는 각기 자기 부파의 세력유지를 위해서 부단한 노력을 아끼지 않았다. 이러한 시대를 소승불교시대(小乘佛敎時代)라고 한다. 또 B.C. 1세기를 기준으로 대승불교시대(大乘佛敎時代) 이후에도 소승적으로 살고 있는 사람들이 많다.

(1) 십사(十事)
① 염사정(鹽事淨) : 뿔로 만든 용기에 소금을 넣고 갖고 있다가 음식물에 넣어 먹는 것이 합법인가.
② 염사정(二持淨) : 수행자는 정오를 넘으면 식사를 할 수 없다. 그런데 정오가 지나서 태양의 그림자가 손가락 두 마디만큼 지난 시각까지 식사시간을 연장하는 것은 합법인가.

---

2) 정승석 지음, 『100문 100답 (강좌편)』 대원정사, 1995, 100쪽 참고.
3) 불교교재편찬위원회, 『불교사상의 이해』 불지사, 1998, 127-128쪽 참고.

③수희정(隨喜淨) : 한번 탁발을 해서 충분한 식사를 했음에도 불구하고, 또 다시 마을에 들어가 식사 대접을 받는 것은 합법인가.

④주처정(住處淨) : 동일 계(界) 내에서 포살을 따로따로 행하는 것은 합법인가.

⑤수의정(隨意淨) : 상가(Samgha)의 여러 사항을 결정하는 데 있어서 우연히도 비구 전원이 참석하지 않았을 때 참석한 성원만으로 먼저 결정을 한 다음에, 나중에 온 비구에게는 사후 승낙을 구하는 것이 합법인가

⑥구주정(久住淨) : 석존이나 아사리(阿闍梨)가 관행으로 행하고 있던 것을 자기도 행하는 것은 합법인가.

⑦낙장정(酪漿淨) : 우유를 충분히 마시고서도 또 다시 마시는 것은 합법인가.

⑧음주정(飮酒淨) : 수액(樹液)을 발효시켜 아직 알콜 성분이 나오지 않은 음료를 마시는 것은 합법인가.

⑨좌구정(坐具淨) : 테두리가 없는 헝겊을 좌구(坐具)로 쓰는 것은 합법인가.

⑩금보정(金寶淨) : 금이나 은을 신자로부터 받는 것은 합법인가.

진보적인 비구들은 이들을 불법(不法)이라고 단정지은 데 불만을 품게 되었다. 이로부터 보수적인 장로파의 그룹, 즉 '상좌부'와 대다수를 차지하던 '대중부'가 분열하게 된다.[4]

---

[4] 高崎直道 외3 공저, 권오민 역, 『인도불교사』 경서원, 1995, 57쪽 참고.

제2절_대승불교 운동

1) 태동과 필요성

인간 이성에 대한 깊은 신뢰와 삶의 괴로움으로부터 실질적 해탈(解脫)이라는 가치를 걸고 창시된 불교는 대단히 생기발랄한 가르침으로서 부처님 당시에 이미 인도 전역으로 전파되었다.

세월이 지나면서 부유한 재가불자의 후원으로 교단이 정착되고 출가제자들의 생활이 안정되어 점차 고답적인 면모를 드러내게 되었다. 출가제자들이 지나치게 전문적이고 현학적인 교학(敎學) 연구에만 몰두하여 본연의 임무인 중생교화를 등한시하게 되었던 것이다. 그러자 부처님의 사리탑에 대한 예배 등을 통해 신행생활을 영위하던 재가불자들과 그들을 지도하던 일부 출가제자들이 중심이 되어 B.C. 1세기경 새로운 불교 운동이 일어나게 되었다. 그들은 기성 승단의 폐쇄적인 태도를 소승(小乘)이라 비판하고 스스로를 대승(大乘)이라고 일컬었다. 대승이란 큰 수레라는 뜻이다. 말하자면 소승이 몇몇 소수의 선택받은 사람들만을 위한 가르침인데 반해 대승은 폭넓은 중생구제를 목적으로 한다는 것이다.

특히 부처님의 전생 이야기에 자극 받아 자신들도 현실생활에서 선행하면 언젠가는 부처님이 된다는, 즉 보살(菩薩)이라는 자각을 기초로 성립된 새로운 운동이다.

소승은 부파나 개인을 위한 노력을 하여 지적(知的)인 수준이 상당해서 불법(佛法)을 각지 나름대로 해석하는데 많은 노력을 했다. 따라서 부처님의 경(經)과 율(律)에 대한 해석과 주장을 한 많은 논서(論書)가 나와서 삼장(三臟)이 완성되었다. 그러나 학문적, 현학적인 체계 때문에 대중들은 불교를 외면했던 것이다. 출가제자들 위주로 부파나 개인을 위해서 힘을 쏟았기 때문에 대중들을 교화할 수 없었다. 대중적이지 못한 불교는 당시 인도의 기성집단을 섭수하지 못하여 인도에서 쇠퇴하는 직접적인 원인이 되었다. 각 부파는 소극적, 이론적, 이기주의적, 개체주의에 빠졌다. 다른 부파를 의식하여 형식적, 타율적(他律的)일 수밖에 없었다. 이러한 교단을 보면서 뜻있는 스님들과 불자들 사이에 반성의 기운이 일었다.

2) 당위성

불교 자체를 대승(大乘)이니 소승(小乘)이니 하는 것은 잘못이다. 불교는 '대승적'이고 '소승적'이 아니기 때문이다. 따라서 소승불교란 말이 있을 수 없다. 깨달아서 혼자만 법락(法樂)을 누리다 가셨다면 누가 부처님이라고 존경하며 예경하겠는가? 뭇 중생을 가리지 않고 만나 함께 사셨다. 그래서 그 이름도 거룩한 부처님이시다.

부파불교 시대의 모든 비불교적인 요소를 없애려고 일어섰던 대승불교운동의 불자들은 부처님의 근본 정신에서 보면 정말 당연한 일이었다. 부처님은 중생을 위해 계셨다. 따라서 부처님은 전체적, 자타일원적, 대아적(大我的), 적극적인 분이셨다. 대승불교 운동은 부처님의 자비를 몸으로 실천하며, 내용을 중시하는 불교 운동이었다. 부처님의 삶은 중생들의 확실한 사표다. 따라서 대승불교 운동은 너무나 당연한 것이다.

소승과 대승불교의 비교

항목\구분	소 승(小乘)불 교	대 승(大乘)불 교
어 원	hinayāna, 열등한 것, 작은 탈것	mahāyāna, 위대한 것, 큰 탈것
목 적	아라한(열반(涅槃))	부처님(해탈(解脫))
대 상	自利(자기 개인)	自利利他(일체중생)
수 행 인	출가제자	출가제자＋재가불자
실 천 도	고(苦)를 떠나서 홀로 수도한다.	성불의 서원을 실천하고자 스스로 노력한다.
근본사상	무아설(無我說)	공사상(空思想) 중심
경 전	아함경, 사분율, 오분율, 비바사론, 구사론 등	반야경, 법화경, 중론, 화엄경, 열반경, 무량수경 등
중 심 지	미얀마, 태국, 스리랑카	중국, 한국, 일본, 몽고, 베트남
성 격	상좌부에서 시작되었으며, 그 특징이 보수적이며 계율 중심적이다. 팔리어 불전에 근거하여 남쪽으로 전파되었다. 현재는 남방불교 중심으로 보수적 성격을 띤 부파불교를 형성하였다.	대중부에서 시작되었으며, 그 특징이 개방적이다. 범어 불전에 근거하여 전파되었다. 대승불교는 삼론종, 열반종, 정토종, 선종 등으로 발전되었다.

3) 실천 강령

(1) 보살(菩薩)

소승불교가 아라한의 불교라면 대승불교는 보살의 불교다. 대승경전에는 많은 부분을 보살의 이념과 실천에 대하여 설명하고 있다. 보살이란 범어로 보디사트바(Bodhisattva)로 음사해서 한자로 보리살타(菩提薩陀), 줄여서 보살이다. 보리는 깨달음·부처님이고, 살타는 미혹·유정(有情)의 중생이다. 따라서 보살은 '깨달음을 얻은 유정' 또는 '깨달음을 추구하는 중생'으로 보통 '위로는 깨달음을 구하고 아래는 중생을 구제하고자 노력하는 사람(上求菩提下化衆生)'으로 설명된다.

보살은 반드시 출가자에 한하지 않는다. 보살사상이야 말로 대승불교의 가장 큰 특색이라고 할 수 있다. 보살에는 보살도가 완성된 문수·보현·관음·대세지와 같은 보살도 있고, 대승 교설을 믿고 보리심을 일으켜 보살도를 실천하려고 하는 이도 보살이다. 누구나 다 보살이 될 수 있다.[5]

참고로 보살이라는 관념이 발전해 온 과정을 살펴보면 네 단계로 분류된다. 첫째는 깨달음을 얻기 이전 수행하고 있었을 때의 석가모니를 가리키는 보살, 둘째는 부처님이 이 세상에 석가모니로 출현하기 이전에 있었던 본래의 상태 즉 본생으로서의 보살, 셋째는 특별한 수행의 방도를 지니고 있었던 보살, 넷째는 대승의 보살 즉 불교의 보편적, 이상적 인간상으로서의 중요한 의의를 부여할 수 있는 대승의 보살이다.[6]

제3절_불교의 수도론

1) 불교의 수도론(修道論)

근본불교에서 보면 도를 닦는 방법이 명확하게 계(戒), 정(定), 혜(慧) 삼학으로 구분되어 있고 이것을 구체적으로 닦는 방법 가

---

5) 불교교재편찬위원회, 앞의 책, 139쪽 참조.
6) 정승석 지음, 앞의 책, 65쪽 ; 고순호 저, 『불교학개관』 선문출판사, 1991, 222-223쪽 참고.

운데 서른일곱 가지가 있다. 그래서 37보리분(菩提分)이니 37조도품(助道品)이니 하는 말이 나왔다.

보리분이란 '깨달아 가는 단계'라는 말이고 조도품이란 "도(道)를 닦는데 보조적인 역할이 되는 것"이라는 말이다. 사념처(四念處), 사정근(四正勤), 사여의족(四如意足), 오근(五勤), 오력(五力), 칠각지(七覺支), 팔정도(八正道)등이 그것이다.

(1) 사념처(四念處)
① 몸은 부정하고(身不淨)
② 받는 것은 고통이며(受是苦)
③ 마음은 무상하고(心無常)
④ 법에는 내가 없다(法無我)고 관하는 것이다.

그래서 이것은 신념처(身念處), 수념처(受念處), 심념처(心念處), 법념처(法念處)라 한다. 왜냐하면 모두 이것은 객관적인 처소를 관하여 자기의 심성을 밝혀나가는 방법이기 때문이다.[7]

(2) 사정근(四正勤)
'정근'이란 부지런히 바르게 노력한다는 말이다.
① 아직 생기지 않는 악은 더 이상 생겨나지 않게 하며(未生惡 令不生)
② 이미 생겨있는 악은 자라나지 않게 하고 (已生惡 令永斷)
③ 또 생겨있지 않는 선은 뿌리를 내려 생겨나게 하고(未生善 令生)

---

7) 이기영 저, 『불교개론강의 상권』 한국불교연구원, **1998**, 211쪽 참고.

④ 이미 생겨있는 선은 더욱 자라나게 하는 것이다.(已生善 增長)[8]

(3) 사여의족(四如意足)

사여의족은 네 가지의 불가사의한 능력이다. 다른 말로 사신족(四神足)이라 한다. 여의(如意)는 뜻대로 자유자재한 신통을 말하며, 족(足)은 신통이 일어나는 각족(脚足)이 되는 뜻으로 여의족이라 한다. 이 정(定)을 얻는 수단에 욕(欲), 정진(精進), 심(心), 사유(思惟)가 있으며, 일어나는 원인에 의하여 정을 나눈다. 욕여의족·정진여의족·심여의족·사유여의족이다.[9]

(4) 오근(五根)

오근은 불성(佛性)과 인연법(因緣法)을 확신(信)하고 그것을 깨닫고 청결히 하는데 최선의 노력을 다하며(精進) 끊임없이 그 생각(念)을 지속해 가고 그래서 안정을 얻고(定) 그 안정된 마음에서 곧 지혜를 개발하는 것(慧)이다.[10]

(5) 오력(五力)

이렇게 꾸준히 노력하면 오근을 통해 오력이 생긴다. 말하자면 신앙의 힘이 생기고(信力) 정진의 힘이 생기고(精進力) 인욕의 힘이 생기고(念力) 선정의 힘이 생기고(定力) 그리고 지혜의 힘이 생긴다.(慧力) 이것을 오력이라 한다.[11]

---

8) 金吉祥 편, 『불교학대사전』 홍법원, 1998, 1118쪽 참고.
9) 이기영 저, 앞의 책, 212쪽 ; 金吉祥 편, 앞의 책, 1095-1104쪽 참고.
10) 이기영 저, 앞의 책, 213쪽 참고.

(6) 칠각지(七覺支)

칠각지를 칠각분(七覺分)이라고도 한다. '각(覺)'이란 깨닫는다는 말이니 곧 도를 닦는데 선한 것인지 악한 것인지 바른 것인지 그른 것인지를 판단하는 깨달음을 말한다.

① 택법각분(擇法覺分)은 모든 법 가운데서 선악을 구분하여 선은 취하고 악은 버리는 것을 말한다.
② 정진각분(精進覺分)은 여러 가지 수행을 하는 가운데서도 쓸데없는 고행은 그만두고 바른 도에만 전력투구해 나가는 것이다.
③ 희각분(喜覺分)은 참된 법을 알아서 기뻐하는 것이다.
④ 제각분(除覺分)은 그릇된 견해나 번뇌를 하고 능히 참되고 거짓된 것을 알아서 올바른 선근을 기르는 것이다.
⑤ 사각분(捨覺分)은 바깥 경계에 집착하던 마음을 여윌 때에 거짓되고 참되지 못한 것을 추억하는 마음을 버리는 것이다.
⑥ 정각분(定覺分)은 선정에 들어서 번뇌망상을 일으키지 않는 것이다.
⑦ 염각분(念覺分)은 불도를 수행함에 있어서 선정과 지혜를 관계하는 것이다.[12]

이렇게 하여 도를 닦는데 만일 마음이 흔들리면 택법, 정진, 희각분으로 다스리고 만일 마음이 들뜨면 제각분, 사각분, 정각분으로 다스린다.

---

11) 金吉祥 편, 앞의 책, 1796쪽 참고.
12) 고순호 저, 앞의 책, 123쪽 참고.

(7) 팔정도(八正道)

팔정도는 이미 앞에서 설명한 바와 같이 ①바르게 보고(正見) ②바르게 생각하고(正思) ③바르게 말하고(正語) ④바르게 행동하고(定業) ⑤바르게 생활하고(正命) ⑥바르게 노력하고(正精進) ⑦바른 생각을 일념으로 유지하여(正念) ⑧바르게 선정(正定) 한 것이 그것이다.[13]

이와 같이 열반에 들어가는 도행을 닦는 37가지 종류를 37조도품이라 한다.

이상의 사념처는 신, 수, 심, 법(身, 受, 心, 法)을 판단하는 것이므로 삼학의 입장에서 보면 혜학(慧學)이 되고 사정근은 선악을 끊고 길러가는 일이 되므로 계학(戒學)이 되며, 오근 오력과 칠각지, 팔정도는 삼학이 겸해졌다. 그러므로 모든 불도는 삼학으로서 닦을 것이다. 그러면 그렇게 닦아 어떤 결과를 얻게 되는가.

소승은 사향사과를 얻고 대승은 신, 주, 행, 향, 지(信, 住, 行, 向, 地)등 52위를 거쳐 성불한다.[14]

2) 소승불교 수행계위(修行階位)

(1) 사향사과(四向四果)

소승불교의 수행계위는 사향사과로 집약된다.

'향(向)'은 길을 걸어가는 것이고 '과(果)'는 도착한 것이다. 아라한이 되는 데는 수다원의 길을 걸어(須陀洹向) 수다원과(須陀洹

---

13) 고순호 저, 앞의 책, 124쪽 참고.
14) 교양교재편찬위원회 편, 『불교와 인간』 동국대학교 출판부, 1998, 139-143쪽

果)를 얻고 사다함의 길을 걸어(舍多含向) 사다함과(舍多含果)를 얻고 아나함의 길을 걸어(阿那含向) 아나함과(阿那含果)를 얻고 아라한의 길을 걸어(阿羅漢向) 아라한과(阿羅漢果)를 얻는다. 이것을 사향사과라 한다. 수다원은 눈·귀·코·혀·몸·뜻이 빛·소리·냄새·맛·감촉·법을 상대하여 분별시비가 없어진 상태다.

그러나 아직도 욕계(欲界)의 번뇌가 남아 한 번쯤 더 태어나 끊어야 할 형편이면 한 번쯤 와야 하므로 이것을 일왕래(一往來) 즉 사다함이라 한다. 한번 와서 욕계의 모든 번뇌를 다 끊어 다시 올 필요가 없게 되면 다음은 색계에서만 머물러 색계 무색계의 번뇌를 끊으므로 다시 이 세계에는 오지 않아도 된다 하여 아라한, 즉 무왕래(無往來)가 된다.

이렇게 하여 욕계, 색계, 무색계의 모든 번뇌를 끊고 생사를 해탈하면 이것을 무학성자(無學聖者) 즉 아라한이라 한다. 아라한은 일체의 도를 확실히 보고 또 그것을 닦아 확인함으로써 죽고 사는 것을 자유자재한 인격자가 되는 것이다.[15]

3) 대승불교의 수행계위(修行階位)

대승보살의 수행계위는 어떠한가? **10**신(信), **10**주(住), **10**향(向), **10**행(行), **10**지(地), 등각(等覺), 묘각(妙覺)의 **52**계위가 그것이다.

(1) 10신(信)
부처님의 교법을 믿어 의심이 없는 계위이다.

---

15) 홍사성 주편, 『불교상식백과사전』 불교시대사, 1996, 458쪽 참고.

선재동자 『화엄경』 입법계품에 나오는 구도자이다./수월관음도

① 신심(信心) : 마음이 곧 부처임을 확신하는 것이다.
② 념심(念心) : 신심을 끊임없이 생각하는 마음이다.
③ 정진심(精進心) : 정성을 다해 수행하는 마음이다.
④ 혜심(慧心) : 옳고 그름을 판단하는 마음이다.
⑤ 정심(定心) : 마음에 평정을 얻는 것이다.
⑥ 불퇴심(不退心) : 절대로 물러섬이 없는 마음을 가지는 것이다.
⑦ 호법심(護法心) : 법을 보호할 뜻을 가지는 것이다.
⑧ 회향심(廻向心) : 모든 공덕을 사회에 회향코자 하는 마음이다.
⑨ 계심(戒心) : 청정한 마음으로 몸과 마음을 잘 지켜나가는 것이다.
⑩ 원심(願心) : 중생과 세계를 위해 원을 발하는 것이다.[16]

(2) 10주(住)

마음이 진제(眞諦)의 이치에 안주하는 계위이다.

① 발심주(發心住) : 참마음을 깨닫고자 발심하는 것이다.
② 치지주(治地住) : 잘못된 마음을 다스려 가는 것이다.
③ 수행주(修行住) : 열심히 닦고 익혀 가는 것이다.

---

16) 고순호 저, 앞의 책, **264**쪽 참고..

④ 생귀주(生貴住) : 그래서 귀한 마음이 나는 것이다.
⑤ 구족방편주(具足方便住) : 수행에 편이한 여러 가지 방편을 이해하는 것이다.
⑥ 정심주(正心住) : 마음을 바르게 갖는 것이다.
⑦ 불퇴주(不退住) : 물러섬이 없는 마음을 가지는 것이다.
⑧ 동진주(童眞住) : 천진난만한 마음을 얻는 것이다.
⑨ 법왕자주(法王子住) : 법왕의 아들이 됨을 자부하는 것이다.
⑩ 관정주(灌頂住) : 진리의 물로 이마를 씻는 것이다.[17]

(3) 10행(行)
불가의 지위를 확인한 뒤에 이타(利他)의 행을 베푸는 계위이다.
① 환희행(歡喜行): 기쁜 마음으로 사는 것이다.
② 요익행(饒益行) : 중생을 이익되게 하는 것이다.
③ 무진한행(無瞋恨行) : 성내고 한탄하지 않는 것이다.
④ 무진행(無盡行) : 끝없는 행을 하는 것이다.
⑤ 아치난행(離痴亂行) : 어리석고 혼란한 행이 없는 것이다.
⑥ 선현행(善現行) : 하는 일마다 착하게 나타나는 것이다.
⑦ 무착행(無着行) : 집착없는 행을 실천하는 것이다.
⑧ 존중행(尊重行) : 누구든지 존중하며 살아가는 것이다.
⑨ 선법행(善法行) : 착한 법을 실천하는 것이다.
⑩ 진실행(眞實行) : 진실한 행을 하는 것이다.[18]

---

17) 고순호 저, 앞의 책, **264**쪽 참고.
18) 金吉祥 편, 앞의 책, **1608**쪽 참고.

(4) 10회향(廻向)

10선, **10**주, **10**행의 자리행(自利行)을 모두 중생에게 회향하여 대각의 불과(佛果)를 희망하는 계위이다.

① 구호일체중생이중생상회향(救護一切衆生離衆生相廻向) : 중생을 구호하면서도 구호했다는 상을 나타내지 않는 것이다.

② 불괴회향(不壞廻向) : 베풀어 준 것을 파괴하지 않는 것이다.

③ 등일체제불회향(等一切諸佛廻向) : 평등한 마음으로 회향하는 것이다.

④ 지일체처회향(至一切處廻向) : 어느 곳에나 구분 없이 베푸는 것이다.

⑤ 무진공덕장회향(無盡功德藏廻向) : 무진한 공덕을 베푸는 것이다.

⑥ 입일체처평등선근회향(入一切處平等善根廻向) : 일체처에 평등선근으로 회향하는 것이다.

⑦ 등수순일체중생회향(等隨順一切衆生廻向) : 중생들을 평등하게 따라 주는 것이다.

⑧ 진여상회향(眞如相廻向) : 참되고 한결같은 마음으로 따라 주는 것이다.

⑨ 무박무착해탈회향(無縛無着解脫廻向) : 대자유를 얻게 해 주는 것이다.

⑩ 입법계무량회향(入法界無量廻向) : 한량없는 세계에 들어가게 하는 것이다.[19]

---

19) 金吉祥 편, 앞의 책, **1609**쪽 참고.

(5) 10지(地)

불지(佛地)를 평정하여 마치 대지가 만물을 싣고도 흔들림 없이 주지(住地)하듯 흔들림 없는 마음으로 일체를 윤익(潤益)하는 계위이다.

① 환희지(歡喜地) : 항상 기쁜 마음으로 사는 것이다.
② 이구지(離垢地) : 때없이 청정한 마음으로 사는 것이다.
③ 발광지(發光地) : 밝은 빛을 말하는 마음으로 사는 것이다.
④ 염혜지(焰慧地) : 불꽃과 같은 지혜를 개발하는 것이다.
⑤ 난승지(難勝地) : 참기 어려운 일을 잘 참고 이겨내는 것이다.
⑥ 현전지(現前地) : 부처님 마음을 항상 앞에 들어내는 것이다.
⑦ 원행지(遠行地) : 끊임없이 정진하며 행동하는 것이다.
⑧ 부동지(不動地) : 흔들림이 없는 마음을 얻는 것이다.
⑨ 선혜지(善慧地) : 모든 것을 잘 분별하는 것이다.
⑩ 법운지(法雲地) : 진리의 구름을 일으켜 세상을 시원하게 하는 것이다.

이상을 총 **50**위라 하고 여기 등각, 묘각을 합쳐 **52**위라 한다.[20]

(6) 등각(等覺)

등정각(等正覺) 금강심(金剛心) 일생보처(一生補處) 유상사(有上士)라 번역하는데 보살의 극위(極位)로서 지혜가 만덕원만하여 부처님과 똑같은 계위를 말한다.[21]

---

20) 교양교재편찬위원회 편, 『불교와 인간』, 192쪽 참고.
21) 고순호 저, 앞의 책, 264쪽 참고.

(7) 묘각(妙覺) : 마지막 1품의 무명(無明)을 끊고 부처님의 경계에 오르는 계위를 말한다. 이렇게 하여 묘각 위에 오르면 이미 부처가 된 것이므로 따로 그 위를 설정할 필요가 없으나 부처와 보살의 위와는 다르므로 때로 부처의 위를 하나 더 설정하면 53위가 된다.[22]

(8) 불(佛) : 자각각타(自覺覺他) 각행원만(覺行圓滿)한 지위, 복과 지혜가 원만한 양족존의 계위이다.

제4절_ 대승불교운동의 실천 덕목

부처님의 가르침에 소승(小乘)이니, 대승(大乘)이니 하는 구분은 있을 수 없다. 그러나 흔히 불교의 사상을 크게 소승과 대승으로 나누어 말하고 있다.

소승이란, 범어로 히나야나(Hinå-yåna)며 '작은 수레' 라는 뜻을 갖고 있다. 소승이란 의미가 그렇듯이 소승불교는 출가인의 개인적인 수행만을 제일주의로 여겼다.

소승과는 대조적으로 대승이란, 범어로 마하야나(Mahå-yåna)며 '큰 수레' 라는 뜻을 지니고 있다. 대승불교의 궁극적인 목표는 부처님께서 가르치고자 하는 근본 뜻을 좇아 자기 자신은 물론 모든 중생이 다함께 불도(佛道)를 이루자는 데 있다. 다시 말해서 자리이타의 보살행(菩薩行)을 통해서 다함께 성불(成佛)하자는 데에 최고의 목적이 있는 것이다.[23]

---

22) 고순호 저, 앞의 책, 267쪽 참고.

부처님의 생존 당시부터 입멸(入滅) 후 100년까지를 흔히 근본불교(根本佛敎) 시대라고 말한다. 그후 부파불교(部派佛敎) 시대를 맞이했는데 그것은 계율의 해석 차이로 인해 갈라진 불교시대를 말한다.

근본불교와 부파불교 시대를 거치면서 일어난 대승불교 운동은 역사적으로나 사회적으로 볼 때 필요불가결한 것이었다. 부처님께서 말씀하시고자 하는 진정한 뜻을 찾는데 있어서 단지 이론이나 관념에만 머무는 것이 아니라 보살행의 실천을 부르짖는 것이다.

부처님의 근본 정신으로 돌아가자는 것을 표방한 대승불교 운동은 공사상(空思想), 반야사상(般若思想), 연기설(緣起說), 중도사상(中道思想), 유심사상(唯心思想), 열반사상(涅槃思想) 보살사상(菩薩思想)등을 그 사상적 배경으로 하고 있다.[24]

1) 육바라밀(六波羅密)

바라밀(波羅密)이란, 범어 파라미타(Paramita)의 음역으로 번역하면 도피안(到彼岸) 즉, 저 언덕에 이른다는 뜻을 가진 말이다.

우리가 사는 현실세계가 생사윤회를 거듭하는 이쪽 언덕(比岸)이라고 할 때, 그 같은 고통이 소멸된 이상세계를 저 언덕(彼岸)으로 표현하고 거기에 도달한 상태를 바라밀이라고 한다.

이같은 생각은 현실에 대한 도피나 염세주의가 아니라, 적극적이고 창조적인 의지라고 할 수 있다. 왜냐하면 저 언덕 즉, 이상세계는 사후(死後)의 세계가 아니라 현재의 세계에서 이루어야 할 목

---

23) 이기영 저, 앞의 책 상권, **24**쪽 참고.
24) 정승석 지음, 앞의 책, **64-66**쪽 참고.

표이기 때문이다. 그러면 어떻게 해야 불교가 목적하는 이상세계를 이룰 수 있는가. 그 방법으로 제시된 것이 육바라밀이다.[25] 여기에는 보시, 지계, 인욕, 정진, 선정, 지혜바라밀의 6가지가 있다.

(1) 보시바라밀(布施波羅密)

자기가 소유한 것을 남에게 아낌없이 베푸는 행위이다. 이러한 자선행위는 원시 경전에서도 커다란 공덕으로 설명되고 있다. 대승불교에 이르면 무주상보시(無住相布施)가 특히 강조된다. 무주상보시란 선행을 하고도 그것을 자랑하는 마음을 내지 않는 것을 말한다.[26]

보시에는 재보시(財布施), 법보시(法布施), 무외보시(無外布施)의 세 가지 종류가 있다. 재보시는 금전이나 재물과 같은 경제적 시여(施與)로 남을 이롭게 하는 것이다. 법보시는 진리를 가르쳐 줌으로써 중생을 이익되게 하는 것이다. 무외보시는 공포나 불안에 떨고 있는 사람에게 안심을 시켜주는 것이다.[27] 이 밖에도 신시(身施)라는 것이 있는데 필요한 사람에게 자기의 몸을 주는 것이다. 장기이식이나 안구기증, 헌혈 등이 여기에 해당한다.

이러한 보시 행위는 주는 시자(施者)와 받는 자(受者), 주는 물건(施物)이 모두 깨끗해야 한다. 이를 삼륜청정(三輪淸淨)이라 한다.[28]

무재칠시(無財七施)라는 것이 있다. 재물 없이도 베풀 수 있는 7가지 보시 공덕을 말한 것이다.

---

25) 高崎直道저, 홍사성 역, 『불교입문』 우리출판사, 1990, 151쪽 참고.
26) 불교교재편찬위원회, 앞의 책, 144쪽 참고.
27) 홍사성 주편, 앞의 책, 473쪽 참고.
28) 교양교재편찬위원회 편, 『불교학개론』 114쪽 참고.

① 안시(眼施) : 부드러운 눈으로 사람을 대한다.
② 화안시(和顔施) : 부드럽고 미소를 띤 얼굴로 사람을 대한다.
③ 언어시(言語施) : 친절하고 따뜻한 말로 사람을 대한다.
④ 신시(身施) : 몸으로 봉사한다든지, 예의바르게 사람을 대한다.
⑤ 심시(心施) : 따뜻한 마음과 선심을 가지고 사람을 대한다.
⑥ 상좌시(床坐施) : 자리를 양보한다.
⑦ 방사시(房舍施) : 사람을 재워 주고 방을 빌려준다.

사회 봉사는 금품으로 못하면 몸으로, 지혜로, 미소로, 마음씨로, 기술로도 할 수 있는 것이다.

그런가 하면 보시 대상에서 제외해야 하는, 즉 도와서는 안 되는 경우도 있다.

① 소유자에게는 무조건 도와서는 안 된다.
② 거절하는 사람에게도 도와서는 안 된다.
③ 오해를 받을 소지가 있으면 도와서는 안 된다.
④ 역효과가 나타날 수 있는 자, 도와주면 태만해지는 자는 안 된다.
⑤ 아주 미안하게 느끼거나, 부담감을 너무 가지면 제외할 수밖에 없다.
⑥ 보시를 하면 오히려 방해가 되는 사람, 즉 돕지 않았으면 부처가 될 사람에게는 피한다.
⑦ 그 돈이나 물건을 보시하는 데에 쓴 것보다 더 크게 활용해야 할 적에는 하지 않는 것이 옳다.

(2) 지계바라밀(持戒波羅密)

계율을 잘 지키면 부처님 세계에 든다. 계율에는 섭율의계(攝律

義戒), 섭선법계(攝善法戒), 섭중생계(攝衆生戒) 세 종류가 있다. 보통 오계, 십계 등은 섭율의계(攝律義戒) 또는 지악계(止惡戒)라고도 한다. 이것보다는 적극적인 선행(善行)의 실천을 강조하는 십선계(十善戒)가 있다. 살생 대신 방생을 하며 도둑질 대신 보시를 하는 등 10업을 선(善)하게 하는 것이다. 이것을 섭선법계(攝善法戒) 또는 행선계(行善戒)라고 한다. 나아가 모든 행위를 중생의 이로움을 위해 행하는 사섭법(四攝法) 같은 행위는 섭중생계(攝衆生戒) 또는 이타계(利他戒)라고 부른다.[29]

① 오계(五戒)

불교의 이상인 모든 사람이 행복하게 살 수 있도록 하기 위해 인간이 윤리적으로 어떻게 사는 것이 바람직한 것인가에 대한 불교적 규범이 계(戒)이다.

부처님께서 계를 제정하신 이유를 사분율(四分律)에서 "첫째는 교단의 질서를 잡기 위해서요, 둘째는 대중을 기쁘게 하기 위해서요, 셋째는 대중을 안락하게 하기 위해서요, 넷째는 믿음이 없는 이를 믿게 하기 위해서요, 다섯째는 이미 믿은 이를 더 굳세게 하기 위해서요, 여섯째는 다루기 어려운 이를 잘 다루기 위해서요, 일곱째는 부끄러운 줄 알고 뉘우치는 이를 안락하게 하기 위해서요, 여덟째는 현재의 실수를 없애기 위해서요, 아홉째는 미래의 실수를 위해서요, 열째는 바른 법을 오래 가게 하기 위해서다" 라고 하셨다.

계에는 근본오계(根本五戒), 팔관재계(八觀齋戒), 십중대계(十

---

29) 불교교재편찬위원회, 앞의 책, 145쪽 참고.
30) 교양교재편찬위원회 편, 『불교학개론』 114쪽 참고.

重大戒), 48경계(四十八輕戒), 사미(니)십계(沙彌(尼)十戒), 비구 250계(比丘二百五十戒), 비구니 348계(比丘尼三百四十八戒) 등 여러 가지가 있다.[30]

- 산목숨을 죽이지 말라(不殺生戒) : 생명이 있는 모든 존재는 다 죽기를 싫어하고 살기를 바란다.
- 도둑질을 하지 말라(不偸盜戒) : 경제생활의 덕목으로 다른 사람의 물건은 그가 노동의 대가로 얻은 것이므로 그것을 훔친다는 것은 남의 노동의 대가를 훔친다는 뜻이다.
- 삿된 음행을 하지 말라(不邪淫戒) : 이것은 이성(異性) 문제에 대한 윤리적, 도덕적 규범으로 요컨대 부부 이외에는 관계를 갖지 말라는 것이다.
- 거짓말을 하지 말라(不妄語戒) : 이것은 인간의 진실에 관한 불교의 교훈이다.
- 술을 마시지 말라(不飮酒戒) : 술을 마시면 맑은 정신을 잃고

수계식 "내 차라리 하루라도 계를 지키다 죽을지언정 파계하고 백년을 살기를 바라지 않는다"는 자장율사의 말씀처럼 수계란 수행자가 지켜야 할 계율을 받는 의식이다. 통도사

정확한 판단력이 흐려져 삿된 생각을 하게 되므로 생긴 것이다.[31]

이러한 오계의 가르침은 출가자만이 지켜야 할 것이 아니라, 모든 불자가 공동의 이익과 행복을 위하여 지켜야 할 보편적인 실천덕목이다. 오계 외에도 계율로서는 대표적인 것으로 팔재계(八齋戒) 보살계(菩薩戒) 삼취정계(三聚淨戒)등이 있다.[32]

팔재계란 시대에 따라서 어느 정도의 차이가 있지만, 기본적으로는 오계에 나타난 5종의 행위에 3종을 추가한 것이다.

- 때가 아닌 때에 음식물을 먹지 않는다.
- 화환이나 향료로 몸을 단장하지 않으며 그것을 즐기지 않는다.
- 다리가 달린 좋은 침대가 아닌 마루에서 잔다 등이다.[33]

보살계는 불자가 받는 최상의 계로서 보살계를 받을 수 있는 사람은 이미 오계를 받아 지니고 수행하는 불자로서 세속에 살면서도 출가 수행승 못지 않게 수행하는 사람이므로 '거사', '보살' 이라 부르기도 한다. 그 내용은 오계 가운데 앞의 사계에다

- 술을 팔지 말라.
- 사부대중의 허물과 죄를 말하지 말라
- 스스로 칭찬하고 남을 헐뜯지 말라
- 자기 것을 아끼고 남의 것을 탐내지 말라.
- 성내거나 원한을 품지 말라.

---

[31] 고순호 저, 앞의 책, 422쪽 참고.
[32] 불교교재편찬위원회, 앞의 책, 145쪽 참고.
[33] 교양교재편찬위원회 편, 『불교학개론』 138쪽 참고.
[34] 고순호 저, 앞의 책, 428쪽 참고.

- 삼보를 비방하지 말라.³⁴⁾

등의 여섯 항목을 추가한 열 가지 계목을 말한다.

삼취정계는 삼취계(三聚戒), 삼취청정계(三聚淸淨戒)라고는 하는데 대승보살계로서 대표적인 계이다.

- 부처님이 정한 규칙을 지킴으로써 악을 막는 섭율의계(攝律儀戒)
- 한 걸음 나아가 선을 행하는 섭선법계(攝善法戒)
- 중생을 교화하고 중생의 이익을 위해 힘을 다하는 섭중생계(攝衆生戒)의 셋이다.³⁵⁾

② 48경계(四十八輕戒)

『범망경(梵網經)』에 보면 대승 보살이 지니는 계(戒)로 다음과 같은 48종의 가벼운 계율이 있다.

- 스승과 벗을 공경하라.
- 술을 마시지 말라.
- 고기를 먹지 말라.
- 5신채(五辛菜) 즉 마늘, 부추, 파, 달래, 홍거를 먹지 말라.
- 계를 범한 이는 참회시켜라.
- 법사에게 공양 올리고 법을 청하라.
- 법문하는 데는 참석하여 들어라.
- 대승을 잘못 여기지 말라.
- 병든 이를 잘 간호하라.
- 죽이는 기구를 마련해 두지 말라.
- 나라의 사신이 되지 말라.

---

35) 고순호 저, 앞의 책, 431쪽 참고.

- 나쁜 마음으로 장사하지 말라.
- 비방하지 말라.
- 불을 놓지 말라.
- 다른 법으로 교화하지 말라.
- 이양(利養)을 탐내지 말고 옳게 가르쳐라.
- 세력을 믿고 달라고 하지 말라.
- 아는 것 없이 스승이 되지 말라.
- 두 가지로 말하지 말라.
- 팔려 죽거나 고생할 것을 사서 놓아주고 죽을 것을 구제하라.
- 성내고 때려 원수를 갚지 말라.
- 교만한 생각을 버리고 법문을 청하라.
- 교만한 생각으로 일러주지 말라.
- 불법을 잘 배우라.
- 대중을 잘 통솔하라.
- 혼자만 이양을 받지 말라.
- 별청(別請)을 받지 말라.
- 나쁜 업으로 삼지 말라.
- 스님네를 별청(別請)하지 말라.
- 좋은 때를 공경하라.
- 값 치르고 구해내라.
- 중생을 해롭게 하지 말라.
- 나쁜 것을 생각하지 말라.
- 잠깐이라도 소승을 생각하지 말라.
- 원을 세워라.
- 서원을 세워라.

- 위험한 데 다니지 말라.
- 높고 낮은 차례를 어기지 말라.
- 복과 지를 닦으라.
- 가려서 계를 일러주지 말라.
- 이양을 위하여 스승이 되지 말라.
- 계 받지 않은 이에게 포살하지 말라.
- 계(戒) 범할 생각은 하지 말라.
- 경전에 공양하라.
- 중생을 항상 교화하라.
- 높은 상에 앉아서 법문하라.
- 옳지 못한 법으로 제한하지 말라.
- 불법을 파괴하지 말라.

현대인들에게 이와 같은 48경계를 전부 지켜 달라고 할 수는 없지만 이중에는 사회 각층의 사람들의 가슴을 뜨끔하게 하는 구절도 많고 또 각자의 인격 완성에 큰 도움이 될 수 있는 것도 많다.[36]

(3) 인욕바라밀(忍辱波羅密)

온갖 모욕과 어려움을 참는 것을 말한다.[37] 물질적인 것과, 정신적인 지나친 욕망을 제어하는 것이 인욕이다. 남이 나를 해롭게 해도 보복하지 않고 상대를 오히려 불쌍히 여기는 것도 인욕이다.

인욕에는 네 가지가 있다. 첫째는 복인(伏忍)으로 비위에 거슬리는 일이 생기면 하나는 마음을 참는 것이다. 둘째는 유순인(柔

---

36) 고순호 저, 앞의 책, 429-430쪽 참고.
37) 홍사성 주편, 앞의 책, 473쪽 참고.

順忍)으로 어떤 경우를 당하더라도 유순함을 잃지 않는 것이다. 셋째는 무생인(無生忍)으로 보살의 지위에 오른 사람은 성낼 일도, 참을 일도 없게 된다는 것이다. 넷째는 적멸인(寂滅忍)으로 생사고해를 뛰어 넘어 본래부터 고요한 상태를 말한다. 인욕에 관한 유명한 얘기로는 『법화경』에 나오는 상불경보살(常不輕菩薩)로 그는 누가 자기를 욕하거나 꾸짖어도 "난 당신을 존경합니다. 당신은 미래의 부처님이므로" 하고 예배했다고 한다. 인욕은 자기에 집착하지 않고 평화스러운 기분으로 상대에 애정을 가질 때 비로소 얻어 지는 것이나 남과 융화하기 위해서는 인욕의 태도가 필수적이다.

(4) 정진바라밀(精進波羅密)

순일하고 물들지 않는 마음으로 바르게 생각하고 항상 부지런하여 물러섬이 없는 것을 말한다.[38] 즉, 안으로 자기완성을 위해 부단히 노력하고 밖으로 중생을 구제하기 위해 헌신하기를 멈추지 않는 행위다.

바른 정진은 몸으로 착한 일을 하고 입으로 부드러운 말을 하며, 생각은 늘 진리의 세계에 머물도록 해야 한다. 팔정도의 정정진(正精進)도 같은 뜻을 가지고 있다. 정진으로 무장된 사람은 어떠한 역경(逆境)에 부딪쳐도 물러서지 않으며 용기를 잃지 않는다. 어떤 곳에서도 용기를 잃지 않고 앞으로 나간다면 못 이룰 것이 없을 것이다.

---

38) 홍사성 주편, 앞의 책, 473쪽 참고.

(5) 선정바라밀(禪定波羅密)

선정은 산란한 마음을 가라앉히고 고요히 사색하는 것을 말한다.[39] 흔히 명상이라든가 마음을 닦는다고 하는데, 그렇게 함으로써 평정을 얻어 마음의 평화를 얻을 수 있기 때문이다. 마음이 어지러우면 침착하지 못하고, 침착을 잃으면 판단을 그르치게 된다.

선정을 닦기 위해서는 삿된 생각, 허영심, 분별심을 버려야 한다. 이러한 선정은 걸어다니거나(行), 멈춰있을 때나(住), 앉거나(坐), 누워있거나(臥), 또는 말하거나(語), 침묵할 때(默), 움직이거나(動), 고요히 있을 때(靜)에 상관없이 언제나 실행될 수 있도록 해야 한다.

(6) 반야바라밀(般若波羅密)

모든 사물의 이치를 환히 꿰뚫어 보는 지혜를 말한다.[40] 이것은 사량분별을 통해 얻는 통속적인 지혜가 아니라, 선정에 의해 얻어지는 직관지(直觀智)이므로 지혜라 번역하지 않고 원어 그대로 반야라 이름하는 것이다. 이러한 지혜는 듣고 배우고 생각해서 얻어지는 것이 아니고, 본래 갖추어져 있는 것을 그대로 내보이는 것이다.

이같은 육바라밀은 대승불교의 실천덕목으로 팔정도와 깊은 관계가 있다.

지계는 팔정도의 정어(正語), 정업(正業), 정명(正命)을 포함하고 있으며, 정진은 정정진(正精進), 선정은 정념(正念), 정정(正定)

---

39) 불교교재편찬위원회, 앞의 책, 146쪽 참고.
40) 홍사성 주편, 앞의 책, 474쪽 참고.

과 관계가 있다. 그리고 지혜는 정견(正見), 정사(正思)와 관계가 있다. 그렇지만 보시와 인욕은 팔정도 어느 항목과도 관계가 없는 육바라밀 특유의 것이다. 이것은 대승불교가 자기수행과 해탈보다는 이웃에 대한 헌신과 봉사에 더 큰 주안점을 두었기 때문이다.

한편『화엄경』에서는 육바라밀에 사바라밀을 더 보태어 십바라밀 수행을 제시하고 있다. 방편(方便)바라밀, 원(願)바라밀, 역(力)바라밀, 지(智)바라밀이다. 방편바라밀은 중생구제를 위해 여러 가지 방법을 갖추어야 한다는 것이며, 원바라밀은 보살행의 근본이 중생구제의 서원(誓願)을 세워야 하며, 역바라밀은 어떤 망상이나 번뇌에도 굴복하지 않는 굳센 힘을 갖출 것이며, 지바라밀은 사물의 시비(是非)와 정사(正邪)를 판별하는 능력을 갖추는 것 등이다. 이같은 바라밀들은 모두 중생구제에 대부분의 초점이 맞추어져 있는 것이 특색이다.[41]

2) 사무량심(四無量心)

대승보살이 한없는 중생을 제도하기 위해 갖추어야 할 한없이 넓고 깊은 마음가짐이 사무량심(四無量心)이다.

여기서 말하는 대승보살은 소승경전에 나오는 원력보살만이 아니다. 보살은 다름 아닌 부처님의 가르침을 실천하는 분이다. 그렇다면 사무량심을 불자가 가져야 할 기본적인 마음가짐이라 해야 옳을 것이다. 또한 보살의 이름을 가졌다 해도 사무량심이 없다면 보살이라 할 수 없다. 반대로 보살로서의 이름이 없더라도

---

41) 교양교재편찬위원회 편,『불교와 인간』199쪽 참고.

사무량심을 가지고 있다면 보살인 것이다.[42]

(1) 자무량심(慈無量心)

자(慈)란 일체중생에게 기쁨을 주려는 마음이다. 올바른 견해와 판단으로 참사랑의 길로 인도함으로써 중생이 항구적으로 마음의 평화를 얻게 하는 것이다. 이웃들에게 항상 기쁨을 주기 위해서는 밝은 미소, 아름다운 말씨도 소중하다.[43]

(2) 비무량심(悲無量心)

중생이 고통이나 슬픔을 자기의 아픔으로 생각하여 그것에서 벗어날 수 있도록 도와주는 것이다. 미움과 분노의 불길에 휩싸인 중생이라면 그것을 없애줌으로써 고통을 덜어줄 수 있다. 또 경제적 어려움이나 정치적 억압구조 속에서 신음하고 있다면, 마땅히 그 원인을 제거함으로써 구제할 수 있을 것이다. 질병에 시달린다든가 그 외의 많은 이유에 의해 고통에 빠져 있다면 자신을 희생해서라도 기꺼이 건져내려는 마음이 비무량심이다.

자비는 이웃에 대한 동정이란 의미로 쓰이고 있으나 본뜻은 이웃에게 기쁨을 주고(慈), 이웃을 불쌍히 여겨 고통으로부터 구제하겠다는 마음(悲)을 의미하는 말이다.[44]

---

42) 이기영 저, 앞의 책, 215쪽 참고.
43) 교양교재편찬위원회 편, 『불교와 인간』 208쪽 참고.
44) 홍사성 주편, 앞의 책, 454-455쪽 참고.

(3) 희무량심(喜無量心)

중생의 기쁨을 함께 기뻐하는 마음이다. 보살의 마음은 대자(大慈)와 대비(大悲)로 나타나는 것이기 때문에 중생과 자신이 곧 하나다. 중생이 아프면 함께 아프고, 중생이 즐거우면 자신도 즐겁다. 비유하면 자식을 사랑하는 부모의 마음은 자식에게 기쁜 일이 생기면 함께 즐겁고, 좋지 않은 일이 생기면 함께 괴로워하는 것과 같다. 부모가 자식에 대해 이 같은 마음을 갖는 것은 자식과 자신이 일체라고 생각하기 때문이다.

왜 중생과 나는 한 몸인가? 연기(緣起)의 법칙으로 볼 때 일체는 상자상의(相資相依)의 관계에 있는 존재이기 때문이다. 앞에서 말한 자무량심이나 비무량심의 이론적 근거도, 중생과 자신이 한 몸으로 자비(慈悲)하지 않을래야 않을 수 없기 때문이다.[45]

(4) 사무량심(捨無量心)

일체의 탐욕을 버리고 사랑과 미움마저도 버리는 마음가짐이다. 세간사(世間事)는 따지고 보면 나와 남, 좋고 나쁨, 옳고 그름의 시비에서 생긴다. 이때 중심이 되는 것은 탐욕과 아집이다. 모든 것을 자기 중심으로 생각하므로 나만 이로우면 그만이라고 생각한다.

탐욕과 아집, 이기주의를 버리면 미움도 사랑도 없어진다. 이러한 마음 상태가 되어야 비로소 우리는 마음의 평화를 얻게 되고, 어떤 일을 해도 남을 이롭게 하는 것이 된다.

---

[45] 金吉祥 편, 앞의 책, **1067**쪽 참고.

남을 이롭게 한다는 것은 궁극적으로 자신을 이롭게 하는 것이 된다. 인과(因果)의 법칙에 의해 본다면 반드시 선행 뒤에는 복을 받게 되고, 또 남의 이로움은 곧 나의 이로움인 까닭이다.

사무량심은 궁극적으로 불자(佛子) 뿐만 아니라 모든 사람이 어떤 마음가짐으로 살아야 하는가를 설명하는 가르침이다. 인간은 결코 혼자 존재하는 것이 아니고 함께 살아가야 하는 존재다. 함께 살아가는 존재는 마땅히 이웃을 기쁘게 하고, 고통을 덜어주며 함께 기뻐하고, 아집과 탐욕을 버려야 한다. 그래야 공동선이 실현된다. 공동선이 실현된 사회가 불국정토이고 그것을 실현하고자 노력하는 사람이 보살이다.[46]

3) 사섭법(四攝法)

불교는 자신만의 이익보다는 남의 이익을 먼저 생각하는 것을 이상으로 삼는다. 불교의 두 가지 목표를 말할 때 위로는 보리를 구하고 아래로는 중생을 교화하는 것(上求菩提下化衆生)이라고 하지만 대승불교는 하화중생(下化衆生)에 더 많은 비중과 의미를 두고 있다. 왜냐하면 중생을 구제하는 것이 곧 자기를 구제하는 것이라고 믿기 때문이다.

이 같은 대승불교의 이상을 가장 단적으로 표현하고 있는 것이 사섭법(四攝法)이다. 사섭법이란, 중생을 구제하기 위한 네 가지 방법이란 뜻으로 어떤 덕목보다 이타적(利他的)인 것으로 구성되어 있다는 특징을 가지고 있다.[47]

---

46) 교양교재편찬위원회 편, 『불교와 인간』 209쪽 참고.
47) 高崎直道 저, 홍사성 역, 앞의 책, **150**쪽 참고.

(1) 보시법(布施法)

상대편이 좋아하는 것이 있으면 무엇이든 아낌없이 주는 것을 말한다. 가난한 사람에게는 경제적인 도움을 주고, 사랑이 필요한 사람에게는 사랑을 주며, 진리가 필요한 사람에게는 진리를 가르쳐 주는 것이다.

남에게 무엇을 준다는 것, 그것도 조건 없이 준다는 것은 쉬운 일이 아니다. 그래서 이 세상에서 가장 아름다운 것 가운데 하나가 남이 필요로 하는 것을 아낌없이 나누어주는 것이다. 보시는 애착의 뿌리인 탐욕을 버릴 때에만 가능하다.[48]

(2) 애어섭(愛語攝)

한 마디의 말이 비수처럼 가슴을 찌르는가 하면 봄바람처럼 얼었던 산하마저 녹이는 따뜻한 말이 있다. 애어(愛語)는 따뜻한 말이다. 곤경에 처한 사람, 슬픔에 잠긴 사람, 좌절과 실의에 빠진 사람에게 따뜻한 한마디 위로의 말은 무엇보다 큰 용기와 희망을 준다. 사랑의 말을 하려면 남의 단점보다는 장점을 볼 수 있는 눈이 필요하다. 그리고 어떤 잘못도 용서할 수 있는 아량이 필요하다.[49]

(3) 이행섭(利行攝)

무엇이든 남을 이롭게 하라는 것이다. 몸으로든 말로든 생각으로든 남에게 이로움을 줄 수 있도록 해야한다. 무거운 짐을 대신

---

[48] 고순호 저, 앞의 책, 126쪽 참고.
[49] 교양교재편찬위원회 편, 『불교와 인간』 204쪽 참고.

들어주는 것, 진실한 말로 상대를 신뢰하는 것, 그리고 언제나 남을 위하겠다는 생각, 이 모든 것이 이행(利行)을 실천하는 길이다.

남을 이롭게 하려는 마음은 남의 입장에 서야한다. 남의 입장에 서면 남이 지금 무엇을 원하고 있는지를 알 수 있다. 그러므로 언제나 남의 입장에서 모든 문제를 생각하는 자세가 중요하다.[50]

(4) 동사섭(同事攝)

늘 이웃과 함께 더불어 살아야 한다는 것이다. 화광동진(和光同塵) 즉 빛과 먼지가 함께 어우러지듯 살아라. 사람의 값은 남녀노소 빈부귀천을 가릴 것 없이 똑같은 것이다. 생명의 값에 결코 고하(高下)와 다소(多少)가 있을 수 없다. 그렇다면 모든 이웃을 존중하고 함께 어울려 살아야 함이 마땅하다.[51]

대승보살, 즉 불교의 이상을 적극적으로 실현하려는 사람은 이상의 네 가지 덕목을 앞장서서 실천해야 한다. 누구보다도 내가 먼저 보시(布施)하고, 애어(愛語)하고, 이행(利行)하며, 동사(同事)를 실천할 때 남도 따라서 실천한다. 보살은 남보다 먼저 실천하는 사람이다.

4) 사홍서원(四弘誓願)

사람은 누구를 막론하고 소원이 있고 소원 속에 살아가고 있다. 그리고 그 소원의 내용은 대부분 개인적인 바램을 성취하고자 하는 것이다. 그리고 그 바램은 타인과의 경쟁에서 승리하는 것이

---

50) 이기영 저, 앞의 책, **218**쪽 참고.
51) 고순호 저, 앞의 책, **126**쪽 참고.

주된 내용이다.

이같은 소망은 인간이 살아가고 있는 한 누구나 갖는 것이며 따라서 그것이 남에게 손해를 끼치는 것이 아닌 한 비난할 수가 없을 것이다. 그러나 그것이 지나쳤을 때는 다른 사람에게 피해를 입히게 되고 사회를 어둡게 만든다. 불자들은 예로부터 네 가지 큰 서원을 세웠는데 이를 사홍서원(四弘誓願)이라고 한다.

(1) 중생무변서원도(衆生無邊誓願度)

중생이 가이 없더라도 반드시 다 건지겠습니다. 여기서 중생(衆生)이란 생명 있는 모든 존재를 가리키는 것으로, 불교의 구제 대상은 인간만이 아니고 일체 중생이다. 그래서 불교를 자비의 종교라 하는 것이다. 생명 있는 모든 것들은 모두 다 고통 속에 헤매이고 있으므로 이들을 다 내가 구제하겠다는 것이 첫 번째의 서원인 중생무변서원도이다.[52]

(2) 번뇌무진서원단(煩惱無盡誓願斷)

번뇌가 다함이 없더라도 반드시 다 끊겠습니다. 중생이 부처가 되지 못한 것은 번뇌(미혹)때문이다. 이 번뇌만 여의면 바로 부처가 될 수 있다. 그러므로 이 번뇌를 다 끊겠다는 것이 두 번째의 서원인 번뇌무진서원단이다.[53]

---

52) 고순호 저, 앞의 책, 20쪽 참고.
53) 고순호 저, 앞의 책, 20쪽 참고.

(3) 법문무량서원학(法門無量誓願學)

법문이 한량이 없더라도 반드시 다 배우겠습니다. 부처님께서는 중생들의 근기(수준)에 따라서 법을 설하셨으므로(對機說法) 법문이 한량없이 많다. 부처님의 가르침을 집대성한 것을 경전 또는 팔만대장경이라 하는데 그 많은 가르침을 다 배우겠다는 것이 세 번째의 서원인 법문무량서원학이다.[54]

(4) 불도무상서원성(佛道無上誓願成)

불도가 위 없더라도 반드시 다 이루겠습니다. 이 세상에는 많은 성현의 가르침이 있다. 그러나 부처님보다 더 심오하고 높은 진리는 없다. 그것을 이루는 것이 불도(깨달음)이다. 그 불도를 반드시 이루겠다는 것이 마지막의 서원인 불도무상서원성이다.[55]

제5절_ 삼학(三學)

부처님의 가르침을 바르게 알아 깨달음에 이르기 위해서는 반드시 닦아야 할 세 가지 가르침이 있다. 이것은 바로 계(戒)·정(定)·혜(慧) 삼학이다. 삼학은 대장경의 수많은 가르침을 계·정·혜로 분류하여 공부하는 이들에게 깨달음에 이르는 지름길을 제시해 준 가르침이다.

---

54) 김혜법 저, 앞의 책, 93쪽 참고.
55) 정승석 지음, 앞의 책, 319쪽 참고.

1) 계학(戒學)

계(戒)는 한자로는 '경계한다'는 말인데 행위, 습관, 성격 등의 뜻을 가졌다. 그러므로 삼학 가운데 계학은 바른 행위, 바른 습관, 바른 성격 등을 배운다고 하는 뜻이 있다.

좋은 습관을 익히는 것을 선계(善戒)라 하고 나쁜 습관을 익히는 것을 악계(惡戒)라고 한다. 그러나 일반적으로 계라고 하면 깨끗하고 선한 습관 곧, 선계만을 가리킨다.

계는 불자들이 지켜야 할 올바른 생활규범이다. 계(戒)는 우리의 몸과 마음을 그릇된 곳에서 바른 길로 인도하기 위한 것이므로 형식적인 계목이 문제가 아니라 올바른 습관을 갖도록 노력하는 데 더 큰 의미가 있다.[56]

가장 기본이 되는 오계는 첫째 살생하지 말라. 둘째 도둑질하지 말라. 셋째 사음하지 말라. 넷째 망어하지 말라. 다섯째 술 마시지 말라 하는 것이다.

부처님께서는 열반하실 때, 아난존자가 부처님께 "부처님께서 열반하신 후에는 누구를 스승 삼아서 공부하오리까?" 하고 묻자 "계를 스승 삼아 공부하라" 하셨다.[57] 남에게 해로움을 주면서 행복을 바라는 것은 도리에 어긋나는 일이다. 그러므로 불교인은 누구나 계를 생명처럼 소중하게 생각해야 되는 것이다.

그러나 계를 지키는데 있어서 형식보다는 내용이 더 중요하다는 사실을 알아야 한다. 육조 스님은 '심지무상계(心地無相戒)'라고 하셨는데 이 말은 '마음에 그릇됨 없는 것이 참다운 계'라는 뜻이다.

---

56) 이기영 저, 『불교개론강의』 314쪽 참고.
57) 불교교재편찬위원회, 앞의 책, 127쪽 참고.

2) 정학(定學)

정(定)은 마음을 하나의 대상에 집중함으로서 산란하지 않게 하는 것을 말한다. 범어로는 삼마디(samadhi)라고 하는데 음역하여 삼매라고 한다. 팔정도의 하나인 정정(正定)과 같은 것으로 선정이란 말과도 같은 뜻으로 쓰인다.

정은 마음을 한 곳에 집중하여 흐트러지지 않게 하는 일종의 정신집중이라고 할 수 있다. 마음의 고요함을 유지함으로써 자기의 본 마음을 찾으려는 것이 참선이다. 참선은 선정을 위해서 가장 좋은 수행방법이기는 하지만 그렇다고 꼭 참선만 해야 정학을 닦는 것은 아니다. 염불을 열심히 하여 염불 삼매에 들어서 정을 닦을 수도 있다.[58]

방법은 여러 가지가 있으나 목표는 하나이다. 산란한 마음을 한 곳에 모음으로써, 마음을 번뇌로부터 해방시켜 본래부터 간직하고 있는 불성을 찾아내려는 수행이 바로 정학이다.

3) 혜학(慧學)

우리는 누구나 부처님과 똑같은 지혜를 가지고 있지만 어리석은 범부 노릇을 면하지 못하고 있다. 왜 부처님과 똑같은 지혜가 있는데도 괴로움에서 벗어나지 못하고 있는가? 그 이유는 지혜가 있되 그 지혜를 활용하지 못하기 때문이다.

부처님은 그 까닭을 우리가 망상, 뒤바뀐 생각, 집착을 가지고 살기 때문이라고 하셨다. 이 망상, 뒤바뀐 생각, 집착을 버리기만 하면 바로 부처님과 다름없이 한량없는 지혜를 드러나는 것이다.

---

58) 사다티사 저, 조용길 역, 『근본불교윤리』 불광출판부, **1997**, **86-87**쪽 참고.

계를 지키고, 정을 닦는 것도 다름 아닌 부처님과 똑같은 지혜를 개발하여 유익하게 활용하자는 것이다.

지혜를 개발하기 위해서는 우리는 분수를 알고, 사물의 이치를 바로 보고, 집착하는 마음을 버려야 한다. 이런 수행을 쌓아가는 것이 바로 혜학이다.

계·정·혜는 각각 수행이기보다는 계(戒)를 닦음으로써 정(定)이 생기고 정(定)을 닦음으로써 혜(慧)가 생기고 혜(慧)를 닦음으로써 깨달음에 이르게 된다. 이 계·정·혜 삼학은 불교수행의 가장 기본적인 실천 덕목이다.[59]

---

59) 사다티사 저, 조용길 역, 앞의 책, 87쪽 참고.

제8장

대승사상의 전개

제1절 중관사상(공사상)
제2절 유식사상
제3절 천태사상과 화엄사상
제4절 선사상과 정토사상

제 8 장

대승사상의 전개

　부파불교의 전문화된 학문으로부터 실천적 사상으로 돌아선 것이 대승불교이다. 초기의 대승경전은 불탑의 숭배를 설하고, 부처님 앞에서 참회하고 예배하길 권하며, 보시 등의 이타행(利他行)을 설했다. 이렇게 시작된 대승불교는 인도의 주변지역으로 전파되면서 여러 지역의 문화에 영향을 주면서 기존문화와 사상에 순응·조화하면서 새로운 사상을 전개하게 된다.
　대승불교 사상은 중국·한국·일본과 티벳을 중심으로 부처님의 가르침을 새롭게 전개하게 된다. 이러한 사상적 전개에 핵심은 중관사상, 유식사상, 천태사상, 화엄사상 그리고 선사상과 정토사상으로 이어져 오늘날 불교사상의 체계를 이루게 된다.[1]

제1절_ 중관사상(中觀思想, 공사상(空思想))

　인도의 대승불교를 지탱해 온 교학체계에 있어서 우뚝 선 봉우리

---

1) 교양교재편찬위원회 편, 『불교학개론』 동국대학교출판부, **1994**, **149**쪽 참고.

가 있다면, 그것은 중관파(中觀派)와 유가행파(瑜伽行派)다. 그리고 이 두 계통이 발전할 기반을 구축한 이가 용수(龍樹, Nāgārjuna)다.[2] 그는 대승불교 철학의 개척자인 동시에 완성자라고 할 수 있다.

그의 특징적인 사상은 공(空)이며, 이 공사상에 근거하여 중관파가 형성되었다.[3] 또한 그 공을 현실에 비추어 인식론적이고 실천적으로 해명하고자 함으로써 유가행파가 확립된다.

용수의 공사상을 해명하고 발전시킨 것이 중관학파이다.[4] 중관사상은 분별심(分別心)을 떠나 올바른 진리만을 정립하려는 사상이다. 분별심이란 곧 대상을 인식할 때 집착하는 마음을 가리키며, 편견(偏見)과 사견(邪見)을 말한다.[5] 이러한 마음을 정화하는 것이 중관사상인 것이다. 그러므로 중관이란 정관(正觀)이나 중도(中道)와도 통하는 말이며, 어떤 극단에 치우치는 잘못된 견해를 시정하고 중도적인 진리를 올바로 관찰하는 지혜를 말한다.[6] 이와 같은 중도의 원리를 나가르쥬나는 그의 『중론(中論)』에서 여덟 가지 부정을 통해 밝히고 있다. 이를 팔부중도(八不中道)라고 하며, 용수는 이로써 중생들의 여덟 가지 극단적인 사상을 고쳐 주고자 한 것이다. 팔부중도의 요점은 다음과 같다.

①불생·불멸(不生·不滅)이다. 삼라 만상의 생명은 인연화합으로 나타난다. 따라서 생과 멸은 일시적인 현상에 불과하며, 인연이 있고 없음에 따라 생과 멸이 있게 되므로 사물의 본질

---

2) 정승석 지음, 『100문 100답(강좌편)』 대원정사, 1995, 164쪽 참고.
3) 교양교재편찬위원회 편, 앞의 책, 152쪽 참고.
4) 교양교재편찬위원회 편, 앞의 책, 149쪽 참고.
5) 교양교재편찬위원회 편, 앞의 책, 150쪽 참고.
6) 불교교육연합회 편, 『종교(불교) 하』 대원정사, 1993, 39-40쪽 참고.

은 생도 아니고 멸도 아니다.
② 불일·불이(不一·不異)이다. 모든 존재는 진일의 본체(本體)에서 보면 동일한 원리이지만 현상계(現象界)에서 보면 서로 다르다. 그러나 그것은 영원히 하나인 것도 또 서로 다른 것도 아니다.
③ 불상·부단(不常·不斷)이다. 현상계의 모든 것은 인연 화합으로 된 것이므로 상주불변(常住不變)하는 것이 아니다. 마찬가지로 생명체가 영원히 단절되는 것도 아니다.
④ 불거·불래(不去·不來)이다. 진리의 본질은 한결같이 변함이 없는 체성을 지니고 있다. 그러므로 모든 생명은 임시로 이 세상에 오기도 하고 가기도 할 뿐, 실제에 있어서는 가는 것도 오는 것도 아니다.[7]

이와 같은 나가르쥬나의 중관사상은 마음의 집착을 없애고 아무런 얽음이 없으며, 머무름이 없는 공사상으로서 집착이나 구속된 마음으로부터 해방시켜 준다. 그리하여, 현상계의 존재에 대한 집착인 유(有)라는 고정 관념을 타파함으로써, 보다 광대하고 자유로운 대승적 보살의 삶을 살 수 있게 해 준다.

제2절_유식사상(唯識思想)

중관사상은 공의 논리는 전개했으나 체계적인 학설을 세우지 않았다. 이에 대하여 현실 존재가 어째서 이같은 질서 위에 성립

---

7) 불교교육연합회 편, 『종교(불교) 하』 **39-40**쪽 ; 교양교재편찬위원회 편, 앞의 책, **150**쪽 참고.

되어 있는가 하는 까닭을 체계적으로 고찰한 것이 유식사상이다.[8]

유식사상은 기원 후 4세기 경의 인도 불교학자 무착(無着, Asanga)에 의해 집대성되었으며, 그의 사상은 그 후 동생인 세친(世親, Vasubândhu)에 의해 종합적으로 체계화 되었다.[9]

이러한 유식 사상의 내용은 중생의 현실, 중생의 본성 그리고 몸과 마음의 수련과 중생 구제 운동의 세 부분으로 크게 분류할 수 있으며, 매우 분석적이고 조직적으로 구성된 이론이다. 그러나 복잡한 이론을 간추리면 그 대의는 첫째, 미망에 있는 중생의 심리 상태를 잘 알고 둘째, 자신의 본성이 진리 그대로의 진여성임을 깨닫게 하려는 것이다. 유식사상은 스스로 미망된 마음을 정화하고 본성의 진여세계에 도달하여 궁극적으로 성불을 성취하도록 인도하는데 그 목적이 있는 것이다.[10]

초기 불교 시대에는 마음을 둘로 나누어 생각하였다. 즉, 번뇌를 일으키고 악한 일을 저질러, 그 업력(業力)으로 인하여 고통을 받게 하는 마음인 유루심(有漏心)과 모든 잘못을 벗어난 맑고 깨끗한 해탈의 마음인 무루심(無漏心)이 그것이다. 이러한 마음과 행위에 대하여 구체적으로 오위칠십오법(五位七十五法)을 들어 설명한다. 오위칠십오법은 모든 사상을 75종의 실체로 나누고, 그것을 크게 다섯 가지로 나눈 것으로 색법(色法), 심법(心法), 심소유법(心所有法), 심불상응법(心不相應法)의 유위법(有爲法)과 무위법(無爲法)이다.

---

8) 정승석 지음, 앞의 책, 168쪽 참고.
9) 불교교육연합회 편,『종교(불교)』대원정사, 1997, 261쪽 참고.
10) 불교교육연합회 편,『종교(불교) 하』41쪽 참고.

인간의 마음은 육체를 떠나서는 존재할 수 없고, 육체를 통하여 외부와 접촉하면서 작용이 시작된다고 생각하였다. 이렇게 외계의 사물을 접촉하는 장소를 인식이 시작되는 뿌리란 뜻으로 근(根)이라 한다. 우리의 육체에서 근이 시작되는 곳은 눈·귀·코·혀·몸이다. 이를 안근(眼根)·이근(耳根)·비근(鼻根)·설근(舌根)·신근(身根)이라 하고 합하여 오근(五根)이라 한다.

인식되는 외계의 대상인 사물을 경(境)이라 한다. 눈으로 인식되는 대상은 색과 모양인 색경(色境), 귀로 인식되는 것은 소리인 성경(聲境), 코로 인식되는 것은 냄새인 향경(香境), 혀로 인식되는 것은 맛인 미경(味境), 몸으로 인식되는 것은 촉감인 촉경(觸境)이라 하며 합하여 오경(五境)이라 한다.[11]

외계의 대상이 우리 몸에 접촉하게 되면 즉시 각 기관에서 인식 작용이 일어나게 된다. 바로 헤아려 아는 작용의 식(識)이 발생하는 것이다. 오근 각각에 안식(眼識)·이식(耳識)·설식(舌識)·신식(身識)이 일어나므로 이를 오식(五識) 또는 다섯 가지 마음 작용이라 한다.[12]

그러나 오식은 각각의 대상만을 인식할 뿐 종합된 인식은 할 수 없다. 따라서 이들을 종합하여 인식하는 식이 필요한데, 그러한 식을 의식(意識)이라 한다. 또 이 의식의 주체를 의근(意根)이라 하고, 의식하는 대상이 되는 정신적이고 물질적인 모든 것을 법경(法境)이라 한다.[13] 이렇게 하여 앞의 오식·오근·오경과 의식·

---

11) 교양교재편찬위원 편, 앞의 책, 155쪽 참고.
12) 불교교육연합회 편, 『종교(불교)』 263쪽 참고.
13) 교양교재편찬위원회 편, 앞의 책, 156쪽 참고.

의근 · 법경을 합하여 각각 육식 · 육근 · 육경이 성립하게 된다.

의식은 제6식이라 하는데, 나머지 오식을 종합하고 선과 악을 구별하며, 과거와 현재와 미래를 추리하고 예측 판단하여 모든 인간 행위를 주관한다.

그러나 깊은 잠에 빠질 때나 의식이 불명일 때, 의식은 끊어지기도 하고 다시 깨어나기도 하며, 머무는 곳이 일정하지 않는 문제가 생기게 된다. 따라서 제6식 이후의 새로운 식을 기대하지 않을 수 없게 된다.[14]

이렇게 하여 제7식이 성립하게 된다. 이것을 말라식(末那識)이라 한다. 제7식은 앞의 제6식이 머무는 곳이 되기도 하고, 항상 번뇌와 망상을 일으켜 자신에 대한 잘못된 집착을 낳게 하는 원인이 된다.[15] 바로 '내가' 라고 하는 의식이다. '내가 누군데' 라고 하는 이러한 자기 중심을 떠나지 못하는 아집 때문에 인간은 항상 나의 물건에 집착하고 나와 남을 차별하게 된다.[16]

유식학에서는 인간이 의식하고 행위했던 모든 것은 사라지지 않고 업력으로 남게되며, 그것에 합당한 과보로 나타난다고 한다.[17] 그렇다면 인간의 행위와 인식을 저장하는 역할을 하는 것은 무엇일까.

이것을 설명해 줄 수 있는 것이 제8식인 알라야(Alåya)식이다. '알라야' 란 이름 그대로 '저장한다' 는 뜻이다. 따라서 알라야식이란 인간의 의식과 행위를 모두 저장하여, 이에 알맞는 과보를 낳

---

14) 불교교육연합회 편, 『종교(불교)』 263쪽 참고.
15) 교양교재편찬위원회 편, 앞의 책, 156쪽 참고.
16) 불교교육연합회 편, 『종교(불교)』 264쪽 참고.
17) 교양교재편찬위원회 편, 앞의 책, 157쪽 참고.

게 하는 식을 일컫는다. 제8식은 윤회의 주체가 되기도 하고, 우리들의 인식을 연결시켜 주는 역할을 하기도 한다.[18]

그러나 제8식은 인간의 과거 행위나 의식만을 저장하는 것이 아니라, 현재의 행위와 의식도 저장하기도 한다. 현새의 행위나 의식에 의하여 과거에 저장된 내용이 달라질 수도 있다. 왜냐하면 저장된 것은 원인인 인(因)의 역할을 하지만, 적합한 여건인 연(緣)의 도움이 없이는 그 결과가 나타나지 않기 때문이다.

제8식 속에 부처님의 성품인 불성(佛性)이 있다고 한다. 이것을 별도로 제9식이라고도 한다. 불성은 영원하며 손상되거나 없어지지 않는다. 설사 악인이라고 할지라도 이러한 불성을 간직하고 있다. 그것은 어떠한 생명체에도 존재한다.[19]

그렇다면 모든 중생들은 부처님 아닌 이가 없으며, 진리 그대로 오신 분인 여래(如來)가 된다. 이렇게 하여 여래가 항상 우리들 속에 잠재되어 있다는 여래장사상(如來藏思想)이 성립하게 된다.

이러한 인도의 유식학은 중국에 전해져 여러 종파를 탄생시킨다. 보리유지(菩提流支)는 『십지경론(十地經論)』을 번역하여 지론종(地論宗)을 만들어 냈다. 그 후 진제(眞諦)가 『섭대승론(攝大乘論)』을 번역하여 섭론종(攝論宗)을, 현장(玄奘)은 『유식삼십론(有識三十論)』에 해석을 가한 『성유식론(成有識論)』을 번역하여 법상종(法相宗)을 이루었다.

또한 우리 나라의 원측(圓測)은 지론종·섭론종·법상종을 종합하여 유식학을 발전적으로 해석하였다. 그는 『해심밀경소(解深密

---

18) 교양교재편찬위원회 편, 앞의 책, 158쪽 참고.
19) 교양교재편찬위원회 편, 앞의 책, 156쪽 참고.

經疏)』등의 저술로 중국과 한국의 유식학에 많은 업적을 남겼다.[20]

제3절_ 천태사상과 화엄사상

　중국에 불교가 들어온 후 2세기 후반부터 경전이 번역되기 시작되었다. 처음에는 주석적인 수준이었으나 연구가 깊어져 전문적인 경향을 띠게 되었으며 드디어 5~6세기 남북조시대에는 경전의 본격적인 연구가 이루어져 여러 학파가 성립되었다. 남북조시대의 불교 특색의 하나는 교상판석(敎相判釋)이 이루어진 점이다. 그때까지 번역소개 된 경전의 종류가 다양하고 내용도 복잡하였다. 그래서 어느것이 가장 깊은 뜻을 담고 있는지, 또는 사상들을 어떻게 해석해야 하는지 등 여러 가지 문제에 직면하게 되었다. 나름대로의 견해로 경전의 내용과 가치를 평가하여 체계적으로 정리한 것이 교상판석이다.[21] 단, 그것은 인도의 불교경전에 관한 것이었다. 이러한 불교사상에 대한 제반 연구가 수·당시대에 이르러서는 드디어 중국 고유의 불교 사상체계의 결실을 가져왔다. 중국의 사회나 문화에 적합한 중국식 불교가 수립된 것이다. 따라서 천태종, 화엄종, 정토종, 선종등의 종파가 성립되었고 특히 그 중에서도 천태사상이나 화엄사상은 중국불교사상의 완성인 동시에 대승불교사상의 완성이다.[22]

---

20) 불교교육연합회 편,『종교(불교)』261쪽 참고.
21) 교양교재편찬위원회 편, 앞의 책, 167쪽 참고.
22) 불교교육연합회 편,『종교(불교) 하』42-43쪽 참고.

1) 천태사상(天台思想)

천태사상은 수나라 때의 지의(智顗)스님에 의해서 조직, 완성된 사상이다. 우주의 실상묘법(實相妙法)을 설명한 법화경을 중심으로 하여 조직된 불교사상이다. 부처님께서 설법하신 순서를 다섯으로 나누고 내용과 방법을 여덟가지로 분류한 오시팔교의 교판이다. 법화경이 가장 깊은 진리를 담고 있으며 다른 경전은 법화경의 진리를 나타내 보이기 위한 방편으로 설명된 것이라고 생각했다. 중국에 들어온 불교 교설을 종합해서 통일적인 불교 체계를 정리하고자 한 것이라고 볼 수 있다. 천태사상은 유교나 노장사상 같은 고유의 여러 사상까지도 불교로 수용 통합하였다. 법화경을 중심으로 한 불교의 전체 교설에 중국의 철학사상까지도 포함한 종합적인 사상체계라 할 수 있다. 이와 같은 천태사상은 제법실상(諸法實相), 원융삼제(圓融三諦), 일념삼천(一念三千) 등의 보편적인 진리는 주체적인 현실에 의해서 나타나는 것이기 때문에 현실을 떠나서 존재하는 것이 아니라고 보았다.[23] 또한 누구든지 불성을 본래부터 가지고 있기 때문에 수행에 의해서 모두 성불할 수 있다고 보았다.[24] 중생의 입장에서 해탈을 얻기 위한 실천수행으로 지관(止觀)이나 관심(觀心) 등을 강조했다.[25]

2) 화엄사상(華嚴思想)

화엄사상은 화엄종의 제3조(第三祖)인 당나라 법장(法藏)에 의

---

23) 불교교육연합회 편, 『종교(불교) 하』 43-44쪽 참고.
24) 교양교재편찬위원회 편, 앞의 책, 170쪽 참고.
25) 불교교육연합회 편, 『종교(불교) 하』 43-44쪽 참고.

해서 완성된 사상이다. 화엄경을 바탕으로 해서 성립되었으며 법화경이 보편적 진리의 법을 설명한 경전이라면 화엄경은 보편적 진리를 인격화해서 생명성을 띠게 한 부처님에 대한 설명의 경전이라 할 수 있다. 즉 서원에 바탕을 둔 자리이타의 보살행에 의해 부처님의 세계가 펼쳐진다고 보았다.[26] 화엄사상은 사법계(四法界), 십현연기(十玄緣起), 육상원융(六相圓融) 등에 의해 법계연기(法界緣起)를 밝히는 내용이 중심이 되어 있다.

여기서는 현실세계의 모든 존재는 진리에 의거해서 나타나 있다고 본다. 본연의 모습과 성질을 가진 채로 독립해 있으면서도 혼란이 없어 서로 융화되어 조화로운 관계에 있다고 본다. 사물 하나하나에 부처님의 생명이 작용하고 있음을 나타낸 것이다. 천태사상에서 주체적 현상 가운데 종합·보편적 진리가 본래부터 내재되어 있다고 하는데 비해 화엄사상은 보편적 진리가 주체적 현상으로 생성, 작용하여 나타남을 설명한다. 따라서 현실을 살아가는 우리들에게 생명의 존귀함, 생존의 엄숙함, 존재의 가치를 새롭게 인식케 한다.[27]

이러한 화엄사상은 화엄일승법계도(華嚴一乘法界圖)에 그 뜻이 잘 요약되어 있다. 이것은 신라의 의상(義湘)스님이 44세 때 (668년) 당나라 지상사(至相寺)에서 『화엄경』을 연구하면서 그 뜻을 요약해서 게송으로 적은 노래를 도장(圖章)으로, 일승법계도·법계도장(法界圖章)·해인도(海印圖)·법성게(法性偈)라고도 한다. 법성원융무이상 제법부동본래적(法性圓融無二相 諸法不動本來

---

[26] 김지견 역, 『화엄경』 민족사, 1996, 410쪽 참고.
[27] 불교교육연합회 편, 『종교(불교) 하』 45-46쪽 참고.

寂)으로 시작된 칠언삼십구(七言三十句) 210자의 게를 54각인도(角印圖)로 지은 것으로 의상의 화엄교학의 골수이며, 일승원교(一乘圓敎)의 자내증(自內證)을 다루어 실천수행하는 실증(實證)에까지 이르게 한 것이다. 자리행(自利行)·이타행(利他行)·수행방편(修行方便)·득이익(得利益)을 가리는 세가지 부문으로 되어 있다. 후에 이의 주석서가 많이 나와 화엄학 연구에 큰 도움이 되었다.[28]

一	微	塵	中	含	十	初	發	心	時	便	正	覺	生	死
一	量	無	是	卽	方	成	益	寶	雨	議	思	不	意	涅
卽	劫	遠	劫	念	一	別	生	佛	普	賢	大	人	如	槃
多	九	量	卽	一	切	隔	滿	十	海	入	能	境	出	常
切	世	無	一	念	塵	亂	虛	別	印	三	昧	中	繁	共
一	十	是	如	亦	中	雜	空	分	無	然	冥	事	理	和
卽	世	互	相	卽	仍	不	衆	生	隨	器	得	利	益	是
一	相	二	無	融	圓	性	法	叵	際	本	還	者	行	故
一	諸	智	所	知	非	餘	佛	息	盡	寶	莊	嚴	法	界
中	法	證	甚	性	眞	境	爲	忘	無	隨	家	歸	意	實
多	不	切	深	極	微	妙	名	想	尼	分	得	資	如	寶
切	動	一	絶	相	無	不	動	必	羅	陀	以	糧	捉	殿
一		本	來	寂	無	名	守	不	不	得	無	緣	善	巧	窮
中	一	一	成	緣	隨	性	自	來	舊	床	道	中	際	實	坐

화엄일승법계도 화엄경을 연구하여 그 뜻을 요약해서 게송으로 적은 노래를 도장(圖章)으로 만든 것이다.

제8장 대승사상의 전개 __ 249

제4절_선사상(禪思想)과 정토사상(淨土思想)

1) 선사상

　선은 석가모니부처님 이래의 인도불교에 그 기원을 두고 있지만 오늘날 전해지는 선불교는 중국 선종이 이룩한 사상적 성과에 그 바탕을 두고 있다. 선은 초기 불교에서 대승불교까지의 사상적 성과를 포괄하는 동시에 중국 도가(道家)의 자연주의, 유가(儒家)의 현실적인 구체성을 수행체계 안에 받아들임으로써 불교의 창조적 수용이라는 평가를 받고 있다. 인도불교에서 싹이 튼 선의 씨앗은 중국의 토양으로 옮겨지고 뿌리를 내렸으며 이윽고 꽃을 피우고 열매를 맺은 것이다. 그렇다면 선은 인도문명과 중국문명의 가장 행복한 만남을 대표하고 있다고 할 수 있을 것이다. 선종은 경전의 주석적 연구에 치중하는 교종과는 달리 경전에 절대적 가치를 부여하지 않고 오직 마음의 깨달음을 중시하면서 선종의 독자적인 조직과 수행규칙을 확립하고 토착 중국불교의 최대 종파로 발전하게 된다.[29]

　선종은 서기 520년, 중국에 도착한 보리달마를 초조로 삼는다. 보리달마 이전까지는 서기 2세기 경 중국에 도착한 안식국(安息國) 출신의 승려 안세고(安世高)에 의해서 전해진 호흡의 관찰을 통해 마음의 산란을 방지하는 수식관(數息觀)과 사념처관(四念處觀)과 같은 소승적 선관이 수행되고 있었으나 보리달마는 반야공관을 근간으로 하는 대승선을 전했다.

---

28) 金吉祥 편, 『불교학대사전』 홍법원, 1998, 2856쪽 참고.
29) 一指 지음, 『100문 100답(선불교 강좌편)』 대원정사, 1997, 20쪽 참고.

보리달마에 의해서 전해진 대승선은 대승불교의 깊은 사상성과 실천성을 바탕으로 혜가·승찬·도신·홍인·혜능과 같은 그의 우수한 후계자들에 의해서 계승되어, 선불교야말로 모든 불법의 근원이며[30] 올바르게 진한 불도라는 자각아래, 점차 토착적인 불교 종파[31]로 자리를 잡아갔으며 마침내는 오가칠종(五家七宗)이라는 중국 선종의 기본 틀을 이루고 한국과 일본에도 전해져서 찬란한 불교문화를 꽃피우게 되었다. 선불교는 불교수행론의 총괄인 동시에 수많은 불교도들의 열성적인 노력에 의해서 확립된 실천불교의 대표적인 행법인 것이다.[32]

2) 정토사상

불교는 궁극적 목적을 성불에 둔다. 그 성불의 조건으로 스스로의 자각과 정진을 강조한다. 그러나 성불이 인간의 자각과 정진이라는 주관적 여건에 의해서 이루어질 수 있는 직접적인 원인도 중요하지만, 그것에 못지 않게 그 일이 일어나도록 도와주는 객관적인 여건도 필요하다. 불교는 모든 것을 주관적인 요소인 인(因)과 객관적인 연(緣)으로 이루어진다고 본다. 인간은 개별적인 존재이면서도 함께 살아가고 있는 공동체적 존재이다. 따라서 개인의 자각과 정진은 필연적으로 여러 관계 속에서 형성된다. 특히 대승보살은 자신의 성불에만 전념하지 않고 중생들을 성불로 이끄는 데도 노력한다. 중생이 성불한 세계가 바로 부처님의 불국토다. 이

---

30) 一指 지음, 앞의 책, **20–21**쪽 참고.
31) 교양교재편찬위원회 편, 앞의 책, **181**쪽 참고.
32) 一指 지음, 앞의 책, **20–21**쪽 참고.

러한 나라는 번뇌에 찌들린 세계가 아닌 맑고 깨끗한 이상세계이 므로 정토라고 한다.[33]

　대승경전에서 보살이 정토를 건설하겠다는 서원을 세우는 경우가 많다. 이들에 의하여 이루어진 정토가 동방아촉불의 묘희세계, 미륵보살의 도솔천 정토, 약사여래의 유리광정토, 그리고 아미타불의 극락세계 등이다. 이 가운데 아미타불의 극락세계를 가장 이상적인 정토로 꼽는다.[34] 그래서 일찍부터 그 정토에 도달하려는 신앙이 일어났다. 이러한 것이 정토신앙이다. 정토세계와 그 세계에 도달하는 방법을 설명한 경전이 『무량수경』·『관무량수경』·『아미타경』이다. 이를 『정토삼부경』이라 한다. 『무량수경』에 의하면 먼 과거에 세자재왕불(世自在王佛)이 계실 때 지혜가 뛰어난 왕이 있었다. 그 왕은 세자재왕불로부터 법문을 듣고 감동하여 모든 부귀와 임금의 자리를 버리고 출가한다. 그가 바로 법장 비구이다. 그는 오랜 기간 수행한 뒤 드디어 극락세계의 부처님이 되었으며 그 이름을 아미타 부처님이라 했다. 극락세계는 즐거움으로 가득 차 있고 고통이 없고 그 국토는 맑고 깨끗하며 부족함이 없으며, 다툼이 없고 뜻하는 대로 무엇이든지 성취할 수 있는 이상적인 세계이다. 누구라도 한 마음으로 아미타 부처님의 명호를 지극하게 열번만 염불하면 그 본원에 의하여 극락 세계에 왕생할 수 있다. 그러나 극락 세계는 죽음 뒤의 세계만을 설명하는 것은 아니다. 왜냐하면 불교는 현실에 초점을 맞추기 때문이다. 즉 서쪽으로 간다는 것은 마음이 청정하게 변화한 상태를 의미하며 새

---

33) 불교교육연합회 편, 『종교(불교)』 271-273쪽 참고.
34) 교양교재편찬위원회 편, 앞의 책, 185쪽 참고.

롭게 태어난다는 것은 어두운 마음에서 벗어나 맑고 깨끗한 마음을 갖게 된다는 것을 상징적으로 나타낸 것이다. 중국에 알려진 것은 『정토삼부경』이 번역된 기원 후 5세기경이며 정토 신앙은 그 이후 중국에서 크게 일어났다. 중국에서는 담란(曇鸞, 6세 중엽의 북위 사람)과 도작(道綽, 562~645) 등에 의하여 다양한 해석이 가해진다. 담란은 좋은 공덕을 쌓은 학식이 많은 사람들뿐만 아니라 어리석은 범부들도 왕생할 수 있다는 대중을 위한 가르침을 전했다. 그리고 혼자 힘으로 수행하는 것은 어렵기 때문에 부처님의 본원에 의지하여 수행하는 것이 쉽다고 했다. 스스로 아만과 이기심을 버리고 철저히 자신의 잘못을 뉘우친 상태에서 부처님의 본원을 생각하게 되면, 부족한 자신은 사라지고 부처님만 남게 되므로 결국 성불하게 된다고 한다. 도작은 부처님의 가르침과 배우는 자의 근기(根機)가 서로 맞아야 성불이 쉽게 이루어진다고 했다. 그러나 시대가 지날수록 중생들의 근기가 낮아지고 세속의 욕망에 끌려가기 때문에 높은 가르침에 의하여 성불하는 자가 없게 된다고 했다. 따라서 부처님의 본원에 의지하는 정토의 가르침으로 중생을 구제할 수 있다고 하였다. 우리 나라에서도 일찍이 삼국시대부터 정토신앙이 성행했다.[35]

　정토교는 다양한 부처님의 교설 중에서 자기 한계와 난관에 봉착한 중생을 간절한 부처님의 자비로 구원하려는 가르침이라고 할 수 있다. 아무리 힘들어도 희망과 용기를 잃지 않고 정진하는 자에게 부처님의 중생구제를 위한 원력은 더욱 빛난다.[36]

---

35) 불교교육연합회 편, 『종교(불교)』 274-276쪽 참고.
36) 교양교재편찬위원회 편, 앞의 책, 185쪽 참고.

제9장

불교의 역사

제1절 인도 불교사
제2절 중국 불교사
제3절 한국 불교사
제4절 인도 불교사
제5절 기타

제 9 장

불교의 역사

　인도는 거대한 문화권을 형성하여 사상적, 종교적으로 가장 발달한 나라로 알려져 있다. 그 이유는 지리적, 풍토적, 인종적 특성 등에 크게 기인한다.
　지리적 특성으로 인도는 반도라기보다는 대륙이라 할 수 있다. 북쪽으로는 히말라야 산맥과 힌두쿠시 산맥, 동쪽으로는 벵갈만, 서쪽으로는 아라비아해, 남쪽으로는 코모린 곶에서 인도양을 마주하고 있다. 이와 같은 조건은 서양에 대립한 다른 동양문화권 즉 페르시아, 중국과는 구별되는 문화체계를 형성하였다.
　풍토적 성격으로 인도는 열대에서 온대에 걸쳐 있지만 거의 열대기후에 속한다. 일년의 반은 남서계절풍, 반은 북동계절풍인 몬순기후의 변화에 따라 찌는 듯한 더위, 높은 습도, 건조한 대기 등으로 사람들의 성격을 인종적(忍從的), 사색적(思索的)으로 형성시켰다.
　다양한 인종적 특성으로 원주민인 문다(Munda)인, 드라비다(Dravida)인과 외래 민족인 아리야(Arya)인과 혼혈종족 등 그 양상은 복잡한 가운데 빛나는 사상과 문화의 꽃을 피우면서 점차로 발전해 왔다.

인도의 사상은 이러한 사회 구조 속에서 생겨난 것이므로 학문이나 사상은 현실 생활과 분리되지 않고 실천에 그 기초를 두고 있다. 베다(Veda), 우파니샤드(Upanisad) 혹은 자이나교(Jainism) 나아가 종교인 불교(Buddhism)는 실천생활과 밀접하게 결부되어 발달했다. 그들의 생활은 오직 현재에만 집착하는 것이 아니라, 영원한 생명으로 이어짐을 추구함으로써 사상이나 종교의 색채가 지극히 풍부했다.

고타마 싯타르타의 깨달음은 인간의 자각으로부터 출발하여 주변 지역에 여러 가지 형태로 사상, 문화, 예술로까지 공헌, 발전시켰다.[1]

따라서 여기서는 불교가 시대와 흐름을 통하여 다른 문화와 융합하고 동화되어 가는 과정을 살펴봄으로써 세계 종교로 자리잡은 불교를 간략하게나마 이해하고자 한다.

제1절_ 인도 불교사

1) 근본불교시대(100년)

부처님께서 이 세상에 계실 때에는 아무런 문제가 없었다. 그러나 부처님께서 입멸하시자 교단은 부처님께서 남기신 교법만을 믿고 의지하며 살아가는 수밖엔 없었다. 그리하여 불멸 직후 제일 먼저 착수한 것이 부처님의 교법을 정리하여 편찬하는 일이었다. 물론 이것은 합송(合誦)이란 형식을 취하긴 하였지만 부처님의 교

---

1) 高崎直道외3 공저, 권오민 역, 『인도불교사』, 경서원, **22-25**쪽 참조

법을 정리 편찬하는 최초의 일이었다.

우리는 이것을 제1회 결집(第1回 結集, 오백결집)이라고 부른다. 그리고 이런 문제를 해결한 교단은 그 후 백여년이란 세월이 흐르는 동안은 실로 아무런 일이 없었다. 사상적으로 볼 때에도 불교 교단은 교법을 정리하고 외도를 파하는 등, 말 그대로 수유일미(水乳一味)의 정립기였다.[2]

우리는 석가모니 부처님으로부터 이 시기까지를 근본불교시대라고 부른다. 근본불교란 부처님 재세(在世) 당시부터 불멸 후 100년까지의 기간을 말하며 주요 사상으로는 삼법인(三法印), 사성제(四聖諦), 팔정도(八正道), 12연기(十二緣起), 5온(五蘊), 12처(十二處), 업(業)과 윤회(輪廻) 등이 있다.

흔히 불교 변천사의 흐름은 근본불교, 부파불교, 대승불교, 밀교, 선불교로 이어지는데, 근본불교는 부처님 재세시와 불멸 후 1세대 수행자들이 이끌어 온 시기이기 때문에 부처님의 육성을 직접 체험했고 부처님 재세시 수행법을 생생히 이끌어 온 사람들로 구성되었다.

불교는 역사상 매우 중요한 위치를 점하고 있으며 주요 경전으로는 아함경, 숫타니파아타, 법구경 등이 있다.

부처님 출현 당시 인도의 사상계는 고정 불변의 실체를 찾는데 골몰할 뿐 인간들의 참된 삶의 모습에는 관심이 없었다. 불교는 바로 이러한 상황의 극복으로부터 시작된다. 즉 바라문 사상가들에게는 절대신에 대한 부정과 아(我)에 대한 부정을 통하여 진아(眞我)를 찾는 것을 강조했고 극도의 쾌락과 고행을 일삼았던 신

---

2) 고순호 저, 『불교학 개관』 선문출판사, 1991, 142-143쪽 참고.

흥사상들에게 중도를 통한 보편성과 개방성을 보였다.

2) 부파불교 시대(300년)
(1) 근본 분열

한동안 조용하던 교단에는 불멸 후 약 백여년이 지나자 생활의 편의상 계율에 관해 상당히 관용적인 태도를 취하는 비구들이 생기기 시작하였다. 즉 비사리성(Vaisâli) 밧지족 출신의 비구들이 금, 은, 보시, 소금 등 소위 **10사**(十事)라는 것을 들고 나온 것이다.[3]

지금의 승가생활에 비춰보면 아무 것도 아니지만 당시 부처님께서 설하신 계율을 사실 그대로 고수하려던 보수적인 비구들에겐 그것이 통할 리가 없었다.

그리하여 진보파와 보수파간에 계율상 대립이 생기기 시작하였고 이 문제로 바이샬리에서 동서의 비구를 대표하는 **700**명의 장로들이 모여 제**2**회 결집(第2回 結集, 칠백결집)이 열리었다. 이때 장로 보수파들이 **10사**(十事)를 비법(非法)으로 규정하자 진보파들이 이에 반발하여 보수파인 상좌부에 대해서 진보파인 대중부로 분열하게 되었다.[4]

(2) 지말 분열

근본 분열이 있은 후 **100**여년 동안은 그런대로 조용하였다. 그러던 것이 대중부에서도 다시 갈라지기 시작하였다. 그 까닭은 대중부는 인원도 많고 그 구성원은 대개 자유적 사상을 가지고 있었

---

3) 권오민 역, 앞의 책, **57**쪽 참고.
4) 平川 彰 編著, 楊氣峰譯, 『불교연구입문』 경서원, **1988**, **49**쪽 참고.

기 때문에 어떤 일괄적인 통제가 어려웠기 때문이 아닐까 생각된다. 그리고 그 다음엔 상좌부도 역시 그대로 있지 아니하고 자체 분열을 일으키게 되었다.

그리하여 상좌부 계통에서 10개파, 대중부 계통에서 8개파 총 18개파로 분열하였다. 이를 지말(枝末) 18부파라고 한다. 그리고 근본 2개부와 기말 18부를 합하여 보통 소승 20부라고 한다.[5] 이들 부파들은 각자 독특한 교리체계를 세우며 실천방법을 정착화하였는데 이 시기의 불교를 부파불교라고 한다.

불멸 후 약 200년경 아쇼카(Asoka)왕 때 불교 장려로 외도들이 승단에 들어와 화합을 깨뜨리므로 그들을 정리하고 교법을 바로잡기 위하여 제수(帝須)가 왕명을 받들어 1천명의 승려를 선출하여 결집을 행하였다. 이것이 제3회 결집(第3回 結集, 천인결집)인데 화시성(華氏城, Påtaliput)에서 이루어졌다고 해서 화시성 결집 또는 1천명이 모여서 이루어졌다고 해서 '1000결집'이라고도 한다. 제3회 결집 때 구전(口傳)되어 오던 부처님 말씀이 비로소 문자화되었으며 법(法)에 대한 체계적인 연구 내용인 논(論)이 정리되어 경(經)·율(律)·논(論)의 삼장이 성립되었다.[6]

3) 소승불교시대(300년)

부파불교는 300년 동안 이어지면서 실로 복잡하게 분파되었다. 그러나 이 모든 부파가 다 끝까지 존속되었던 것은 아니다. 이 부파 중에서 세력이 약한 것은 중도에 없어지고 세력이 강했던 것은

---

5) 고순호 저, 앞의 책, 145-146쪽 참고.
6) 卍川 彰 編著, 楊氣峰譯, 앞의 책, 49-50쪽 참고.

상당기간 그 교세를 떨쳐왔던 것이다. 비교적 끝까지 그 세력을 지켜왔던 것은 상좌부(上座部) 설일체유부(設一切有部), 정량부(正量部), 경량부(輕量部), 대중부(大衆部) 등이다.[7]

소승이란 어떤 부파를 지칭하는가? 이에 대해서는 일정치 않다. 20개 부파(部派) 모두를 가리킨다는 설도 있고 그 중 일부 예컨대 끝까지 세력을 떨쳤던 상좌부 설일체유부, 대중부, 경량부, 정량부 등을 가리킨다는 설도 있다. 그러므로 소승불교란 엄밀히 말하면 부파불교의 연속이며 또한 불교 그 자체가 소승이 아니라 그 당시 사람들이 소승화 했기 때문에 붙여진 이름으로 대승불교가 일어나지 않았다면 소승이란 말도 없었을 것이다.[8]

기원후 2세기경 쿠산(대월지국, Kuṣāna)왕조의 카니시카(Kaniska)왕 때 제4회 결집이 이루어졌다. 카니시카왕은 아쇼카왕처럼 불교를 숭상한 왕이었다. 불교 내에 여러 부파가 있고 각 부파의 교의가 동일하지 않음을 알고 각 부파의 이설(異設)을 통일하고자 협존자(脇尊者, Pārsva)와 상의하여 경·율·논 삼장(三藏)에 통달한 500명의 스님을 선출하여 결집을 간행하였는데 이것이 제4회 결집(第4回 結集)이다.[9]

이때 삼장을 주석(註釋)하였는데 경장 10만송, 율장 10만송, 논장 10만송, 도합 30만송의 대주석을 만들고 동판에 새겨 석함에 넣고 큰 보탑을 세워 그 속에 안치하였다고 한다. 그 중 논장(論藏)의 주석이 현재 남아 있다.[10]

---

7) 고순호 저, 앞의 책, 149쪽 참고.
8) 고순호 저, 앞의 책, 149-150쪽 참고.
9) 권오민 역, 앞의 책, 89-92쪽 참고.
10) 김혜법 저, 『불교의 바른 이해』 우리출판사, 1988, 124쪽 참고.

4) 대승불교시대(300년)

아쇼카왕 때부터 승려들의 사회적 지위가 높아지자 출가자들의 숫자도 크게 늘어났다. 그런데 이런 불교발전의 한 측면에는 또 다른 문제가 발생하기 시작했다. 부처님 당시의 승려들은 탁발을 하며 살았다. 그런데 승려들에 대한 사회적 위치가 점점 높아지자 승려 중에서 왕이나 대신의 스승이 되는 사람도 있게 되었다.

이들이 자기 스승을 예우하여 승단에 많은 보시를 하였다. 많은 보시가 있으므로 탁발하러 거리로 나가는 경우가 점점 줄어들게 되었다.

길거리에서 탁발했을 때는 승려의 기반이 일반 대중이었는데, 이제는 왕이나 대신들로부터 주로 보시를 받았으므로 승려들의 기반이 지배자로 옮겨지게 된 것이다. 이렇게 되니 승려들은 매일 거리에서 공양을 받던 대중들과 만나 대화를 하고 가르침을 펴지 않아도 수행을 할 수 있게 되어 수행과 포교가 분리되었다.

그리고 불교는 점점 부파간 시비를 가리는 이론적이며 개인의 출가 수행만을 위주로 하는 이기적·독선적인 방향으로 흘러갔다.

그리하여 기원전 1세기경에 인도 불교계에 새로운 움직임이 일어났다. 이 새로운 움직임은 재가자와 일부 뜻있는 스님들이 주축이 되어 일어난 것인데, 이들은 자기들을 대승이라 불렀으며 반대로 먼저 있던 교단 내지는 그 구성원들을 소승이라고 하였던 것이다.

그러므로 대승불교라는 것은 새로 만들어 낸 불교가 아니라 소승불교의 잘못을 반성하고 부처님의 본래의 뜻을 살려 구세의 자비를 이 세상에 그대로 실현하고자 한 근본불교에의 복귀운동인 동시에 신흥불교운동이라 하겠다.

그리고 소승(小乘)이란 것은 대승(大乘)이라 했던 사람들이 깎

아 내린 일방적인 이름으로, 소승이라 불리운 사람들은 이 소승이
란 말을 받아들이지 않았을 뿐만 아니라 오히려 자기들을 정통파
라 하였다.[11]

이러한 대승불교의 사상을 체계적으로 정리한 스님들은 다음과
같다.

① 마명(馬鳴, Asvaghosa, 1~2세기경) 은 대승의 창시자로서
궁정시의 선구적인 작품인 불소행찬(佛所行贊)을 남겼으며
중인도 마가다 지방의 바라문 출신으로『대승기신론(大乘起
信論)』1권을 저술하였다.[12]

② 용수(龍樹, Nåhårjuna, 150~250년경)는 중론(中論), 십이문
론(十二門論), 십주비바사론(十住毘婆沙論)을 지었으며, 중
관학파의 시조이며 대승불교 사상의 기반을 확립한 인물로
서 널리 알려져 있다.[13]

③ 제파(提婆, Aryadeva, 170~270년경)는 초기 중관학파(中觀
學派) 의 논사로서 백론(百論)을 저술하였다.

④ 무착(無着, Asanga, 310~390년경)은 유식불교(唯識佛敎)의
대성자로서 섭대승론(攝大乘論)을 저술하였으며, 동생 세친
을 대승으로 인도하였다.[14]

⑤ 세친(世親, Vasubandhu, 320~400년경)은 처음에는 설일체
유부에 출가하였으나 대승으로 바꾸었다. 그의 저술로는 구
사론(俱舍論), 유식이십론(唯識二十論), 유식이십송(唯識二

---

11) 고순호 저, 앞의 책, 142쪽 참고.
12) 金吉祥 저,『불교학 대사전』홍법원, 1998, 549쪽 참고.
13) 金吉祥 저, 앞의 책, 1873쪽 참고.
14) 金吉祥 저, 앞의 책, 686쪽 참고.

十頌) 등이 있다.[15]

5) 밀교(700년)

기원 후 320년경 갠지스강 유역을 중심으로 굽타 왕국이 일어나 인도를 재통일하였다. 굽타왕국은 인도인에 의한 통일국가로서 민족에 대한 자부심과 긍지가 되살아났고 그 결과 인도 민족종교인 브라만교가 다시 부흥하였다. 그러나 굽타왕조는 불교를 탄압하지 않았기 때문에 불교도 크게 발전하였다. 기원 후 6~7세기경 브라만교와 인도 민간신앙이 결부하여 힌두교가 성립하였다.[16]

힌두교는 불교의 장점도 흡수하여 민족종교로서의 기반을 굳혔다. 이에 불교는 힌두교의 영향을 받아 밀교가 일어나게 되었다. 밀교는 대승불교 교리에 힌두 의식을 받아들여서 이루어진 불교로서 힌두교의 주술신앙과 기도의식을 모두 받아들였다. 이리하여 밀교에서는 불교의 신앙화 경향이 나타났다. 불교가 신앙화 되고 종교의식으로 조직된 것이다. 따라서 대승불교가 신앙의식으로 재출발하여 재구성하게 되었다.[17]

밀교의 대표적인 경전은 『대일경(大日經)』과 『금강정경(金剛頂經)』으로 이 경전들이 성립하는 4세기에서 7세기를 밀교적 의례구조가 정확하게 정리되지 않은 시기라 하여 잡부밀교(雜部密敎) 시대라고 하고 『대일경』과 『금강정경』이 성립한 7세기 이후를 순수밀교(雜部密敎) 시대라고 한다.

---

15) 金吉祥 저, 앞의 책, 1383쪽 참고.
16) 권오민 역, 앞의 책, 118-138쪽 참고.
17) 교양교재편찬위원회 편, 『불교학개론』 동국대학교 출판부, 1998, 161쪽 참고.

6) 인도에서의 불교의 쇠퇴

8세기경부터 인도에서는 힌두교가 불교를 압도하였다. 그리고 8세기부터 12세기에 걸쳐 400년간 이슬람교가 쳐들어오자 불교는 점차 힘을 잃고 인도에서 떠나게 되는 안타까운 현실을 맞이하게 된다. 그리하여 힌두교와 이슬람교가 인도종교의 주축을 이루게 되었다.[18]

7) 불교의 전파

불교가 인도 주변의 지역으로 전파되었던 역사는 매우 복잡하다. 그것은 시간적으로 B.C. 3세기부터 천수백년 이상에 걸쳐있고 또 지역적으로 중앙아시아, 동북아시아, 동남아시아 등 세 가지 문화권에 퍼져 있기 때문이다. 이들 여러 지역에서 불교는 국민의식을 일깨우고 문화창달에 크게 이바지하였다.[19]

불교는 남방불교와 북방불교의 두 갈래로 나누어지는데 북 인도에서부터 서역, 중국, 몽고, 한국, 일본 등으로 전파된 불교를 북방불교라 하고 스리랑카, 미얀마, 버마, 인도지나, 라오스 등에 전파된 불교를 남방불교라 하며 북방불교는 범어계(梵語系) 대승경전의 이념을 주로 포함하고, 남방불교는 팔리어로 된 소승경전을 그 주된 사상 체계로 하는 것이 특징이다.[20]

---

[18] 권오민 역, 앞의 책, 150-151쪽 참고.
[19] 권오민 역, 앞의 책, 170쪽 참고.
[20] 정승석 저, 『100문 100답 (강좌편)』 대원정사, 1995, 201쪽 참고.

제2절_ 중국 불교사

1) 중국 불교의 전래

중국에 불교가 전래된 시기에 대해서는 여러가지 설이 있으나 대체로 후한의 초기, 당 명제(明帝)의 영평(永平) 10년(A.D. 67)에 대월지국으로부터 가섭마등(迦葉摩謄)과 축법란(竺法蘭)이 낙양에 와서 『42장경(四十二章經)』을 번역한 것이 최초라고 한다.[21] 그러나 중국은 B.C. 2세기 말에 전한(前漢)에 의한 서역경략(西域經略)의 결과 서쪽으로 로마제국에서부터 동쪽은 장안(長安)에 이르는 실크로드가 개설되고 동서교통에 의한 통상교역이 확대되면서 불교는 실크로드의 대상(隊商)과 함께 전해졌던 것으로 보인다.[22]

이후 불교는 후한의 사회적 동요와 불안의 과정 속에 민중 속으로 파고들어 위치를 공고히 하기 시작했다. 이 과정에서 이미 사회사상으로 자리잡고 있던 유교(儒敎)와 도교(道敎)와의 갈등·조화에 따라 불교의 역사적 성격이 변화하게 된다.

후한의 멸망(A.D. 220)으로부터 3국(三國, 위·촉·오)의 대립을 거쳐 서진(西晉)시대(A.D. 316)에 이르자 현실 도피적인 노장사상이 유포되고 이러한 기운을 타고 불교는 노장의 가르침과 영합하여 점차 한족(漢族)의 사회에 침투한다.[23]

이 무렵 중국 불교에 나타난 두드러진 현상 가운데 하나는 '격의불교(格義佛敎)'라는 것이다. 격의(格義)는 불교의 교리를 중국

---

21) 김혜법 저, 앞의 책, 191쪽 참고.
22) 권오민 역, 앞의 책, 174쪽 참고.
23) 鎌田茂雄 저, 鄭舜日 역, 『中國佛敎史』 경서원, 1989, 44쪽 참고.

적인 틀에 맞추는 것을 말한다. 이를테면 불교의 공(空)의 철학은 노자·장자의 무(無)의 철학과 동일한 것으로 이해되었고, 오계(五戒)는 오상(五常)과 비교해서 설명되었다. 이것은 외래 사상인 불교가 중국에 정착되는 과정에서 재래사상과 어떻게 마찰없이 융화할 것인가에 대한 방법적 고민이었다.[24] 불교가 본래의 진취적, 능동적, 역동성을 상실하고 은둔적, 소극적 성격으로 변화하는 단계는 이러한 과정 속에서 발생되고 있는 것이다.

2) 중국 불교의 전개

중국 불교사는 크게 5기로 나누는데 제1기는 전한(前漢)으로부터 동진(東晉)초까지 이르는 전역(傳譯)시대, 제2기는 동진(東晉) 초로부터 남북조(南北朝)에 이르는 연구시대, 제3기는 수당(隋唐)의 건설시대, 제4기는 5대(五代)로부터 명말(明末)에 이르는 계승(繼承)시대, 제5기는 청(淸) 이후의 쇠퇴(衰退)시대로 구분한다.[25]

(1) 제1기 전역(傳譯)시대

불교가 전래되어 후한의 안세고(安世高), 지루가참(支婁迦懺)을 필두로 많은 역경승에 의하여 경전이 전래되고 번역되어 나온다. 그러나 이 시대는 오로지 번역에 전념할 수밖에 없었으므로 아직 불교의 연구가 일반에게 보급되지는 못하였다.[26]

---

24) 정승석 저, 앞의 책, 213쪽 ; 김혜법 저, 앞의 책, 192쪽 참고.
25) 김혜법 저, 앞의 책, 191-192쪽 참고.
26) 정승석 저, 앞의 책, 213쪽 참고.

(2) 제2기 연구(硏究)시대

불교가 중국에 뿌리를 내리고 비약적인 발전을 이룩한 것은 남북조 시대에 접어들어서였다.

불교 연구에 정진하여 일반 사회에 불교가 무엇인가를 알리는 시대이다. 동진(東晉)시대의 불도증(佛圖澄), 도안(道安), 혜원(慧遠), 각현(覺賢), 법현(法顯), 담무참(曇無讖) 등을 필두로 남북조 시대의 고승, 석학은 이 시대 불교의 중심인물이었으며 불교연구에 많은 공적을 남겼다.

이 시기의 대표적인 인물로서 구마라집(鳩摩羅什 : 344~413)이 있다. 그는 라집 3장(羅什三藏)이라 하여 역경에 있어서 전설적 인물이며 『법화경(法華經)』을 위시하여 무수한 대승경전과 용수(龍樹, Någårjuna)의 『중론(中論)』과 『대지도론(大智度論)』 등의 중요한 논서와 율장을 번역했다.[27] 그의 역경에 의해 비로소 중국인들은 불교 교리의 정통한 이해에 도달하게 된다. 물론 이전의 제1기 전역(傳譯)시대에도 많은 불전이 한역되었지만 구마라집에 의한 역경이 그것들을 대치하게 된다.

왜냐하면 구마라집의 번역의 정확성과 문장의 미려함, 그리고 구마라집 이후의 역경은 전혀 종래와 같은 단순한 역경이 아니고, 번역 그 자체가 불교를 강술하는 성격을 띠어서 중국 불교의 일대 전기를 형성하였기 때문이다.[28] 따라서 단순한 전역이 아니고 전역과 함께 강술 연구된 것이므로 이 시대를 연구시대라고 부르는 것이다. 이리하여 구마라집 이전의 역경을 오늘날 고역(古譯)이라

---

27) 김혜법 저, 앞의 책, 192쪽 참고.
28) 鎌田茂雄 저, 鄭舜日 역, 앞의 책, 70쪽 참고.

고 칭하고 있다.

  (3) 제3기 건설(建設)시대

  전시대에 경·율·논이 번역되고, 연구된 불교가 더욱 더 일반에 보급되고 수·당 시대에 이르러 이 연구가 결실되어 각 종파가 독립, 대성한다. 수대(隋代)에는 지의(智顗)의 천태종(天台宗), 길장(吉藏)의 삼론종(三論宗), 신행(信行)의 삼계교(三階敎) 등이 당대(當代)에는 도탁(道托)·선도(善道)의 정토교(淨土敎), 도의(道宜)의 남산율종(南山律宗), 혜능(慧能)의 선종(禪宗), 현장(玄奘)·자은(慈恩)의 유식종(唯識宗), 법장(法藏)의 화엄종(華嚴宗), 선무외(善無畏)·금강지(金剛智)·불공(佛空)의 밀교(密敎) 등 실로 수·당의 불교는 교학의 황금시대라고 할 정도로 융성하고 사회와의 연계에 있어서도 가장 번화한 시대였다.[29]

  (4) 제4기 계승(繼承)시대

  당말 무종(武宗)의 폐불 사건과 그 후 5대(五代) 후주(後周) 세종(世宗)의 폐불에 의하여 쇠퇴하기도 하였으나 송대에 이르러 대장경 주인(雕印)의 대사업을 통해 불교에 계속적인 활력을 넣어 수·당의 불교를 계승하여 보급함과 동시에 점점 민간종교로 발전하게 된다. 원대(元代)에 이르러 라마의 국교는 타 종파에 상당한 타격을 주었으나 선종을 위시하여 다른 불교의 종파는 보호받아 그대로 명대(明代)로 계승되었다. 이 시대에는 교학적 측면에서 볼 때는 점쇠(漸衰)시대라고 지칭되기도 하나 사회적 측면에서

---

29) 김혜법 저, 앞의 책, **192-193**쪽 참고.

보면 결코 쇠퇴하지 않고 수·당 시대의 융성을 그대로 계승하여 거대한 세력을 형성한다.[30]

(5) 제5기 쇠퇴(衰退)시대

청조 이후에는 교학적으로는 물론 사회적 측면에서도 점차 세력을 상실하여 고승의 출현도 소멸되고 승려와 사원도 도태되었다. 또한 중국의 공산화 과정을 거치면서 불교는 점차 그 빛을 잃게 되었으며, 오늘의 중국불교에 이르게 되었다.[31]

3) 중국 불교의 특징

불교가 중국에 들어와서는 종파(宗派) 중심의 불교로 발전하였다. 부파와 종파의 차이점은 부파는 불교의 교리를 중심으로 한 특수한 집단이라면, 종파는 인물을 중심으로 한 불교단체라 할 수 있다.

종파에서도 경전을 연구하고 이념을 세워 그에 알맞은 생활양식을 수립하지 않는 것은 아니나 부파에서보다는 중심인물(宗主)의 영향력이 더 크게 나타났다.

어떤 특수한 인물이 어떤 이념을 가지고 불교의 전통을 수할 때 그 인물 중심으로 종도(宗徒)들이 추종해서 새로운 규범을 조성하며 그 전통을 계속 계승해 나가는 것이 종파 불교의 특징이다.

이러한 종파가 중국에서 많이 발달했는데 그 대표적인 종파를 보통 중국 불교의 **13종**(宗)이라고 한다.

---

30) 여정 저, 각소 옮김, 『중국불교학 강의』 민족사, 1992, 361쪽 참고.
31) 김혜법 저, 앞의 책, 193쪽 참고.

그 **13종**은 ① 구사종(具舍宗) ② 성실종(成實宗) ③ 삼론종(三論宗) ④ 섭론종(攝論宗) ⑤ 열반종(涅槃宗) ⑥ 천태종(天台宗) ⑦ 법상종(法相宗) ⑧ 지론종(地論宗) ⑨ 진언종(眞言宗) ⑩ 정토종(淨土宗) ⑪ 계율종(戒律宗) ⑫ 화엄종(華嚴宗) ⑬ 선종(禪宗)이다.[32]

13종의 성격을 간략히 살펴보면, 첫째 구사종은 소승불교의 논서(論書)를 체계 있게 연구한 종파이다. 성실종, 삼론종, 섭론종, 재론종은 다 대승불교의 논서를 연구한 종파이다. 열반종은 대승경전 중 열반경을 중심 교리로 하여 세워진 종파이다. 천태종은 법화경(法華經)을 기반으로 세워졌으며, 화엄종은 화엄경(華嚴經)을 중심 경전으로 성립되었다.

법상종은 불교를 인식론적인 학문으로 체계화한 종파이며 계율종은 불교에 있어서 계율면을 크게 강조한 종파이고 진언종은 비밀불교의식을 계승한 종파이다. 정토종은 서방정토 극락세계를 염원하여 아미타불을 신앙하는 종파이고 선종은 참선수련을 근본으로 하는 종파이다.

이 중에서도 천태종, 진언종, 정토종, 화엄종, 선종은 많은 영향력을 나타냈다. 그리고 중국불교의 **13종** 종파도 인도불교에 있어 부파불교처럼 세월이 지나면서 크게 세력을 떨치지 못한 종파가 있었는가 하면 끝까지 종파불교의 특징을 전체 불교로 보급한 종파도 있었다.

예를 들면 선종, 화엄종, 천태종, 정토종 등과 같은 종파는 전 중국 불교계를 대표할 정도로 두루 보급된 종파이다.

---

[32] 金吉祥 저, 앞의 책, **1007-1577**쪽 참고 ; 구사종은 다른 말로 비담종(毘曇宗)이라고도 한다. 아비달마에 준거한 종파이다.

이들 종파들은 서로 서로 교리와 사상을 받아들여 혼용해 왔다. 이러한 13종을 중심으로 중국에서 발달한 불교는 한국과 일본에 거의 다 그대로 전래되었다.

제3절_ 한국 불교사

1) 불교전래 이전의 신앙

불교가 우리 나라에 전래되기 이전에는 원시신앙이 있었다. 우리의 옛 조상들은 천신(天神), 일월신(日月神), 지신(地神), 산신(山神) 등 기타 많은 신을 숭배하여 인간의 안심입명(安心立命)을 빌었다. 그리고 각 부족들이 그들 부족의 시조를 생전에는 족장으로 모시고 사후에는 조상신으로 봉제(奉祭)하여 부족의 안전을 기원하고 국가적 형태를 갖추게 되자 국가신으로 추존하였다.[33]

이것이 건국신화로 나타났는데, 고구려는 주몽의 어머니와 동명을 국신으로 백제는 동명을, 신라는 박·석·김 삼성시조를 국신으로 받아들였다.

이 밖에도 민간신앙으로 무속(Shamanism)이 있었다. 또 음양오행사상의 영향을 받아 점술 등이 행하여졌다. 이 무격은 특수한 계급으로 신관(神官)의 제사를 맡아보고 또 신령과 통하는 마술을 가지고 있다고 생각되어 원시시대에는 사회적 지위가 높았다.

이와 같은 고대의 신앙 중에서는 천신 숭배가 가장 중심이 되었

---

33) 김영태 저, 『한국불교사개설』 경서원, **1988**, **19-20**쪽 참고.

다. 그래서 고구려인은 3월과 7월에 천제를 지냈고 삼한에서는 5월과 10월에 천제를 지냈다. 이 행사가 있을 때에는 전국민이 운집하여 대회를 열었는데 이는 신전에서 국가의 공론을 논하는 부족 단합대회였다. 이것을 부여에서는 영고(迎鼓)라고 하고 고구려에서는 동맹(東盟)이라 하고 동예에서는 무천(舞天)이라 하였으며 그의 제단인 신성한 장소를 소도(蘇塗)라 하였다.[34]

이러한 고대 신앙의식은 인지가 아직 발달하지 못한 상황에서 소위 부족 국가의 형성에 중요한 이념으로 되었으나 인지가 발전하고 새로운 주변문화를 접촉·수입하면서부터는 부족국가의 이념으로 적당치 못하였다. 더구나 전체화한 왕국 중심의 고대국가에 있어서의 정신적인 지주로 적합치 못하였다.

2) 삼국시대의 불교

불교가 삼국에 전래된 것은 고구려 소수림왕 2년(A.D. 372년) 전진(前秦)에서 순도(順道)가 와서 불상과 불경을 전함으로써 그 시초가 된다.[35] 그보다 12년 뒤 침류왕 원년(384년)에 동진(東晉)에서 마라난타(摩羅難陀)가 와서 백제에 전하였다. 이 두 나라에서는 문화적으로 동경의 대상이 되어 있고, 우호관계에 있는 전진 및 동진으로부터 각기 국가적인 사신을 매개로 전해진 듯하다. 그러므로 이 두 나라에서 불교의 전래가 아무런 마찰없이 양국 왕실에 순조롭게 받아들여졌다.

신라는 이보다 30년 늦은 눌지왕(417~457) 때 불교가 전파되

---

34) 김영태 저, 앞의 책, 19쪽 참고.
35) 김혜법 저, 앞의 책, 194쪽 참고.

었으나 본격적인 전래는 법흥왕 14년(527)에 이차돈의 순교가 있고 난 뒤부터이다.[36]

삼국이 모두 왕실에 의하여 불교가 강력히 지지 받고 발전하게 된 것은 왕권중심의 고대국가에 있어서 정신적인 지주로서 적합하였기 때문이었다. 불교는 민족 정통의 고대신앙을 재편성하고 새로운 민족의 이념으로 통일시킬 잠재적 가능성을 가지고 있었다. 무격 신앙대신 하나의 불법에 귀의하는 같은 신도(信徒)라는 신념은 다양한 고대신앙의 형태를 하나로 귀일시키고 동시에 하나의 왕을 받드는 같은 신인(臣人)이라는 관념과 함께 아직은 미숙한 상태지만 발전된 인간의 합리적 사고를 만족시킬 수 있으면서 국가의 통일에 큰 역할을 할 수 있었다.

삼국에 있어서 불교의 장려와 발전을 살펴보면 고구려는 고국양왕(故國壤王) 때 불법을 믿도록 하는 영을 내려 불교를 장려하였고 광개토왕2년(392)에는 평양에 9사(寺)를 지었다 한다.[37] 그러나 고구려 불교는 영류왕2년(619)에 도교가 들어온 이후 불교는 도교로 인하여 위축되었다. 특히 연개소문은 도교를 장려하였다.

백제는 성왕 때 불교를 일본에 전했으며 겸익이 율부 72권을 번역하였고 무왕은 원흥사(元興寺)·미륵사(彌勒寺)를 세웠다.[38]

신라는 불교가 공인된 후 급속도로 발전하였다. 법흥왕은 흥륜사를, 진흥왕 때에는 황룡사, 선덕여왕 때에는 분황사를 세웠으며 역대왕들은 불교를 숭상하여 왕명을 불교에서 취하였다. 신라 불

---

36) 鎌田茂雄 저, 申賢淑 譯, 『韓國佛敎史』民族社, 1988, 23쪽 참고.
37) 鎌田茂雄 저, 申賢淑 譯, 앞의 책, 35쪽 참고.
38) 平川 彰 編著, 楊氣峰譯, 앞의 책, 13쪽 참고.

교는 국가의 보호 아래 크게 발전을 하였다. 유명한 승려로는 원광(세속 5계), 자장, 원효, 의상, 원측 등의 고승들을 들 수 있다.

삼국시대의 불교는 호국 불교적인 이념이 강하였다. 국가의 발전을 비는 호국신앙이었으며 호국경으로 유명한 인왕경 같은 것이 지극히 존중되었고, 더구나 인왕경설에 의하여 백자회(인왕회)라는 국가의 평안을 비는 의식이 행하여졌다. 팔관회(八關會)도 백좌회와 마찬가지로 호국적인 의미를 가진 것이었다.[39]

특히 불사에 있어서도 백제의 원흥사나 신라의 황룡사 같은 것은 호국의 도량으로서 그 규모가 엄청난 것이었다. 더욱이 황룡사의 9층탑이 9개국을 정복하여 그 조공을 받으려는 의지의 상징이었다는 것은 신라의 호국적 신념을 대변하는 증거가 된다. 이와 같이 삼국에 들어온 불교는 호국적인 성격이 강하였다.

삼국 중에서 제일 늦게 불교를 공인한 신라가 삼국통일을 할 수 있었던 것은 신라인들의 불국토 사상과 이러한 이념형성이었다.

미륵사지석탑 백제시대의 석탑이다./국보 제11호

신라는 불교를 수입하여 왕실이 공인함으로서 귀족세력이 약화되었으며, 동시에 왕권의 강화와 통치권이 확립되었다.

이것은 곧 국가의 기강을 정립하고 신라인을 하나의 이념으로 단합할 기회가 되었다. 이 때 왕과 귀족은 통치이념으로 신라가 곧 불국토를 실현할

---

39) 鎌田茂雄 저, 申賢淑 譯, 앞의 책, **15-16**쪽 참고.

수 있는 보살의 화신임을 내세웠던 것이다. 곧 신라는 부처님의 나라로 이 지상의 가장 행복된 자유와 번영의 나라임을 자각시키는 것이었다(불연국토사상(佛緣國土思想)). 이러한 신라 불국토 사상은 화랑도 정신으로 계승 발전하여 삼국통일을 이룩하는 원동력이 되었다. 이 화랑도 정신은 불국토 사상의 구체적 실현이었다. 그리고 그것을 호국의 지주로 삼았다.

또한 원광은 화랑들에게 세속오계(사군이충, 사친이효, 교우이신, 임전무퇴, 살생유택)를 주어 지키게 하고 수(隋) 나라에 직접 걸사표(乞師表)를 바쳤다.

3) 통일신라시대의 불교

불교공인 이래 사상계의 중심이 되어온 불교는 통일신라시대에 와서 더욱 융성 발전하여 위로는 국왕으로부터 아래로는 일반 민중에 이르기까지 모든 신라인에 의하여 한결같이 신봉 받는 종교였다.

삼국시대 불교의 중심이었던 호국 신앙과 기복 신앙이 통일신라에도 그대로 유지되었다. 그러나 통일 이전에 찾아볼 수 없었던 새로운 경향이 나타났다.[40]

당시 당나라에 유학하고 돌아온 승려가 많았는데 이러한 승려들은 당에 유행한 교파의 교리를 가지고 와서 신라에 전파함으로써 신라에는 여러 개의 종파가 성립하게 된 것이다. 이미 삼국 말 고구려의 승려 보덕에 의하여 열반종이 이루어졌고 신라의 자장에 의하여 계율종이 성립하였는데 통일 이후 의상에 의하여 화엄

---

[40] 鎌田茂雄 저, 申賢淑 譯, 앞의 책, 53쪽 참고.

원효대사 귀족 중심의 불교를 서민에게 대중화시켰다.

종이 개종되었고 이는 특히 귀족들에게 환영받았다.[41]

그런데 원효(元曉)는 여러 종파의 대립이나 종파의식의 대두를 배격하고 제종파의 모순을 보다 높은 입장에서 융화 통일되어야 한다[42]는 독특한 사상체계를 세웠는데 그가 개종한 교파를 법성종(또는 해동종)이라고 한다.

이상의 4종 외에 진표에 의하여 개종된 법상종을 합하여 신라 교종은 5개의 종파로 나누어져 이른바 5교가 이루어졌다. 이 교종은 경전을 연구하여 불타의 진리를 찾는다는 교파로 신라 귀족들의 환영을 받았다.

교종이 주로 귀족사회에 환영을 받는 반면 민중의 지지를 받은

선종 9산

9 산	절	개 조
가지산(迦智山)	보림사(寶林寺) - 장흥(長興)	도 의(道義)
실상산(實相山)	실상사(實相寺) - 남원(南原)	홍 척(洪陟)
동리산(桐裡山)	태안사(泰安寺) - 곡성(谷城)	혜 철(惠哲)
사굴산(闍堀山)	굴산사(堀山寺) - 강릉(江陵)	범 일(梵日)
봉림산(鳳林山)	봉림사(鳳林寺) - 창원(昌原)	현 욱(玄昱)
사자산(獅子山)	흥령사(興寧寺) - 영월(寧越)	도 윤(道允)
희양산(曦陽山)	봉암사(鳳岩寺) - 문경(聞慶)	도 헌(道憲)
성주산(聖住山)	성주사(聖住寺) - 보령(保寧)	무 염(無染)
수미산(須彌山)	광조사(廣照寺) - 해주(海州)	이 엄(利嚴)

---

41) 平川 彰 編著, 楊氣峰譯, 앞의 책, 554쪽 참고.
42) 김영태 저, 앞의 책, 77쪽 참고.

것은 정토신앙이었다. 정토신앙은 이 현세는 고해이므로 여기서 하루 빨리 벗어나서 아미타불이 살고 있는 극락 즉 서방정토에 왕생하기를 바라는 신앙이다. 그런데 이 극락에 왕생하는 수단은 단순한 것이어서 '나무아미타불'만 외우면(念佛) 된다는 것이다.

그리하여 불경의 오묘한 진리를 터득하지 못한 단순한 자라도 믿을 수 있었으므로 이는 민중에게 대단히 환영을 받았다. 이 정토신앙은 원효에 의하여 전파된 것으로 원효는 파계한 뒤에 방방곡곡의 촌락을 돌아다니며 이를 전파하였다.

그 결과 신라인 거의가 불교를 믿게 되었다고 한다.

신라 말에는 당으로부터 선종이 들어와 교종과 대립하게 되었다. 선종은 경전을 위주로 하는 교종과 성격을 달리했다. 신라에 선종을 전한 것은 선행이었다. 그 뒤에 도의가 크게 선양하여 가지산파의 개조가 되었다. 나중에 많은 명승이 나와서 선종은 9개 파가 형성되었다. 이것이 구산선문(九山禪門)[43]이다. 구산선문의 흥기는 교화불교 일색이었던 한국불교를 선풍(禪風)으로 바꿔놓은 일대 전기가 되었다.

4) 고려시대의 불교

고려시대의 사상계를 지배한 것은 역시 불교였다. 고려시대의 불교는 이미 외래종교라 할 수 없을 정도로 보편화되었다. 비록 사회적 세력으로 등장한 유신들이라 할지라도 불교를 믿는 것을 오히려 당연한 것처럼 생각하였다.

고려의 불교는 신라불교와 마찬가지로 호국불교였다. 즉 고려의

---

43) 高崎直道 저, 홍사성 역, 『불교입문』 우리출판사, 1990, 227-228쪽 참고.

의천대사 송에서 화엄과 천태의 교리를 배웠으며, 천태종을 창시했다.

귀족들은 개인의 극락왕생을 기원하기보다는 오히려 국가의 보호와 융성을 기원하는 데 목적이 있었던 것이다. 고려를 창건한 태조(왕건)의 '훈요십조' 가운데 "우리 국가의 대업은 반드시 부처님의 호위하는 힘에 의지한 것이다."⁴⁴⁾라고 하여 불교를 권장하였고 이러한 태조의 유지를 역대 왕들이 이어받아 불교를 보호 장려하였다. 태조는 개경에 법왕사(法王寺), 왕륜사, 흥국사 등 10개의 사찰을 창건하였고 이후 역대 왕들이 많은 사찰을 건립하였는데 개경에만 70여 개의 사찰이 세워졌다.⁴⁵⁾

고려불교는 호국불교였기 때문에 이러한 호국불교의 성격은 국가가 왜적의 침입으로 위기에 처했을 때 불력을 빌어 막자는 것이며, 이러한 행사로는 3차례의 대장경간행, 즉 제1차는 현종대에 간행한 대장경, 제2차는 대각국사 의천이 간행한 속장경, 제3차는 현재 해인사에 있는 팔만대장경과 연등회, 팔관회 등이 있었다.

고려 초기의 불교는 신라불교의 연장으로 교리적인 면에서는 이렇다 할 발전이 없었다. 태조는 스스로 선종을 믿었으나 종파의 구별 없이 불교를 보호하였기 때문에 선교가 공존, 양립하는 형태

---

44) 김영태 저, 앞의 책, 123쪽 참고.
45) 鎌田茂雄 저, 申賢淑 譯, 앞의 책, 127쪽 참고.

로 있었다. 그러나 점차 선·교 특히 교종의 화엄종과 선종이 대립하고 있었으므로 대각국사 의천(義天, 1055~1101년)이 송에 가서 화엄과 천태의 교리를 배우고 귀국하여 화엄종과 선종이 대립되어 있는 불교계의 혁신을 꾀하여 선·교의 일치를 주장, 천태종(天台宗)을 창시하였다. 대각국사 의천의 천태종 창시는 선종 9산을 자극하고 이들을 단결시키게 하여 조계종(曹溪宗)이 성립하게 되었다. 이리하여 고려의 불교는 고려 중기 5교 양종으로 새로이 편성되었다.[46]

고려 후기에는(무신정권 이래) 조계종이 진흥되었다. 조계종이 종풍을 크게 떨치고 그 내면적 통일에 이바지한 승려로는 보조국사 지눌(知訥, 1158~1210년)이었으며, 지눌은 송광사 수선사(修禪社)를 중심으로 정혜쌍수(定慧双修)로서 선교일치를 주창했다. 이에 반해 천태종의 요세는 13C 강진을 중심으로 백련결사(白蓮結社)를 주창하였다. 요세의 백련결사는 선교일치의 교관겸수뿐만 아니라 혈밀원통(顯密圓通)과 선정겸수(禪淨兼修)라는 통불교적 면모를 갖추었다.

고려 초기부터 국교로서 왕실 귀족을 중심으로 하여 불교는 전성기를 누리며 많은 문화재를 남기고 불교사상의 발전도 가져왔으나 그 세속화에 따른 사회적 폐단도 한층 심화되었다. 이러한 폐단은 곧 불교 배척의 원인이 되었다. 즉, 고려시대에는 사찰을 짓는데 제한이 없었으므로 함부로 사찰을 지었고, 승려는 면역이 되었으며 사원의 농장은 면세가 되었고, 토지의 기증과 고리대로 매점 매석하여 승려는 대농장의 소유주로 화하였고 연등, 팔관 등

---

[46] 平川 彰 編著, 楊氣峰譯, 앞의 책, 565쪽 참고.

의 제반 불교행사는 국가 재정을 좀먹었다. 그리고 불교가 민간에 침투함에 따라 음양도참설과 미신적인 성격이 가미되었다.

위와 같은 폐단에 따라 불교배척의 소리가 높아져 갔으며 이와 때를 같이 하여 주자학이 성행하게 되었다.

그러나 불교는 자체개혁을 고려 시대에 이루지 못했고 급기야 조선시대에 숭유억불 정책에 의해 탄압을 당하였다.

5) 조선시대의 불교

조선시대에는 숭유억불 정책을 폈다. 그 이유는 첫째, 태조 이성계는(개인적으로 불교를 숭상하였으나) 철저한 주자학자인 정도전, 조준 등 신흥세력들의 지지와 옹립을 받아 왕조를 개창하였으므로 주자학자들의 뜻을 받아 숭유책을 채택하게 되었던 것이며 두 번째 이유는 불교가 피폐하여 사회를 이끌어갈 힘을 상실하였기 때문이었다.

이러한 배불 정책에 대하여 성민스님은 신문고를 쳐서 태종에게 척불정책의 완화를 건의하였으며, 함허스님은 유학자들의 불교배척에 대해 체계적인 반론을 제기하였고, 『현정론(顯正論)』을 지어 배불론에 대한 이해를 제고하고 포교에 힘쓰자고 하였다.

조선조 왕들의 불교정책을 살펴보면 태조 때 도첩제를 실시하여 승려의 증가를 제한하였으며 사원의 남조를 금지하였다. 태종은 유교 교육을 받고 성장하였기 때문에 철저한 억불정책을 썼다. 도첩제를 강화하였으며 사원을 정리하여 전국에 242개의 사원만을 남기고 도태된 사원의 소유 토지와 노비를 몰수하였다. 세종은 처음에는 억불책을 써서 불교의 종파를 선교양종만을 두었으며 선교양종에 각각 18녹 도합 36본산만 인정하고 사원의 소유토지

를 제한하였다.[47]

그리고 불교의식을 금지시키고 유교의식을 따르게 하였다. 그러나 만년에 불교를 돈독하게 믿어 불사의 중창을 허락하고 유신들의 반대에도 불구하고 궁중에 내불당(內佛堂)을 지었으며 많은 불경을 간행하였다.

세조(世祖)는 만년에 세종 이상으로 호불(護佛)의 군주였다. 지금의 파고다 공원자리에 원각

서산대사 휴정 조선시대의 고승으로 임진왜란이 일어나자 승군을 조직하여 많은 공을 세웠다.

사를 세웠으며 간경도감을 설치하여 각종 불교서적을 한글로 번역하고 승려의 과거시험인 승과제도를 『경국대전』에 명시하여 시행토록 하였다.[48] 세종, 세조 때에 일시 활기를 띠었던 불교는 성종, 연산군, 중종 때 다시 철저한 억불정책을 펴는 바람에 빛을 잃어갔다. 연산군은 승과를 폐지하였고 흥천사, 원각사 등 사원을 폐지하여 유흥장으로 만들어 버렸다. 중종은 연산군 때 일시적으로 폐지된 바 있는 승과를 완전히 폐지하였다.[49]

그러나 명종 때 문정왕후에 의하여 불교는 일시적으로나마 빛을 보게 되었다. 문정왕후는 독실한 불교신자로서 유신들의 반대에도 불구하고 보우스님에게 불교 중흥을 위촉하고 자기는 절대적인 후원자가 되었다. 이때 승과제도, 선교양종 및 도첩제가 다

---

47) 平川 彰 編著, 楊氣峰譯, 앞의 책, **570**쪽 참고.
48) 平川 彰 編著, 楊氣峰譯, 앞의 책, **570**쪽 참고.
49) 平川 彰 編著, 楊氣峰譯, 앞의 책, **571**쪽 참고.

만해 한용운　불교 유신론에서 승려교육문제, 포교문제 등을 주장하였다.

시 부활되었다.

그러나 문정왕후가 죽자 보우(普雨) 스님은 제주도로 귀양가서 처형을 당하였고 도첩제는 폐지되었다. 이후 역대 왕들은 다시 불교를 탄압하였다. 그 결과 교종은 거의 자취를 감추고 선종의 조계종만이 겨우 명맥을 이어갔다.[50]

조선시대 역시 호국불교의 성격을 벗어나지 못했다. 불교는 국가에서 핍박을 받으면서도 임진왜란이 일어나 나라가 위기에 처하자 서산대사 휴정(休靜), 그의 제자 송운대사(松雲大師, 일명 사명대사), 유정, 영규, 처영 등이 일어나 승군(僧軍)을 조직하여 왜군과 싸웠다. 서산대사는 8도 16종 선교도총섭으로 임명되었으며, 사명대사는 평양성 탈환과 서울전투에서 큰 공을 세워 선교양종판사직을 제수받았다. 영규는 금산사에서 최후를 마쳤고, 처영은 권율과 행주산성에서 왜적을 대파하였다.

6) 일제 식민지하의 불교

일본의 한국 침략에는 크게 두 가지 방식이 있었다고 볼 수 있다. 하나는 정치·군사적 침략이고 또 하나는 종교 특히 불교의 침략이었다. 그들은 정치·군사적 침략을 보다 부드럽게 하기 위하여 먼저 착안했던 것이 승려들의 도성 출입금지 해제였다.

수백년 동안 도성 출입금지 해제와 차별대우를 받던 승려들이

---

50) 平川 彰 編著, 楊氣峰譯, 앞의 책, 572-573쪽 참고.

일본인들에 의해서 일반 백성들과 동등한 대우을 받게 되자 일본인들이 기대한 것처럼 한국교단 일부에서는 일본 불교에 호감을 갖게 되는 풍조가 일어났고 한국사찰 가운데는 일본의 어느 종파와 연합 또는 말사 가입을 희망하는 사찰이 생겨났다. 그러나 이러한 움직임은 박한영·한용운 스님들의 반대에 부딪쳐 성공하지 못하였다.

나라가 일제에 병합된 후 일제는 불교를 강력히 통제하고 장악할 필요성을 느껴 사찰령을 만들었다. 사찰령은 한국 불교의 실권을 완전히 총독이 장악하도록 만들었는데 사찰을 개조한다던가 사찰의 내실과 기물까지도 총독의 허가 없이는 건드릴 수 없게 만들었다.[51]

한편으로 본사주지 기타 유력한 인사들을 우대 또는 환대하는 것을 주요 정책으로 하였으니 일본 시찰이라든가 천황폐하 배알 또는 총독에 대한 신년하례 등이 그것이었다. 이러한 사찰의 통제와 주지 우대정책은 본사 주지들의 독재와 세속화 현상을 가져와 **1920**년부터는 한용운, 김병린 등을 주축으로 '사찰령 폐지운동'과 '교단자체의 체질 개혁운동'이 일어났고 이 운동은 일제가 패망될 때까지 계속되었다.

특히 한용운스님은 그의 저서『불교 유신론』에서 승려의 교육문제, 염불당 폐지, 포교 문제, 대처승 제도를 주장하였다. 그 중 대처승 문제를 제외하고는 모두가 긍정적으로 받아들여져야 할 일인데 오늘까지도 제대로 실시되지 않고 있다.

또한 이능화는 「조선불교통사(朝鮮佛敎通史)」를 저술하여 불교

---

51) 平川 彰 編著, 楊氣峰譯, 앞의 책, **582**쪽 참고.

학을 체계적으로 정리하였고, 원종(圓宗)이라는 불교 최초의 잡지가 발행되었다.

7) 해방 후의 불교

8·15 해방 후 신진불교인들은 불교 개혁을 시도했으나 구세력이 실권을 장악하고 있었기 때문에 아무런 성과를 거두지 못하고 있다가 **1945**년 이승만 대통령이 대처승을 절에서 추방하고 비구승들이 절을 지키도록 유시한데 힘입어 효봉, 동산, 청담 스님 등이 불교 정화위원회를 구성하였다.

당시 정화불사에 참여한 비구승은 **300**명이 채 못되었는데 이 수는 대처승의 **10**분의 **1**도 안 되는 수였다(당시 대처승 7천여명). 이러한 비구, 대처간의 세력대결은 **1954**년부터 **1962**년까지 계속되었고, 이 싸움에서 비구측이 일단 승리하였으나 대처승은 이에 승복하지 않고 법원에 소송을 제기하여 소송문제는 **1972**년에 가서야 종결을 보게 되었다. 결국 비구승은 조계종으로, 대처승은 태고종으로 갈라섰으며 전국 주요사찰은 대부분 비구승들이 차지하게 되었다.

1980년 **10**월 **27**일에 법란(法亂)이라는 시련을 겪게 된다. 당시 계엄사령부는 조계종 총무원 및 전국 주요 사찰에 계엄군을 투입하여 종교적 탄압을 하였다.

90년대 들어오면서 성철스님의 열반 등으로 불교에 대한 일반인들의 인식이 달라지는 듯하였다.

그러던 가운데 **1994**년 개혁회의(改革會議)는 서의현 총무원장의 부당한 **3**선 연임 출마저지와 종단의 부정부패 척결을 위하여 일어났다. 개혁회의는 총무원장 사퇴를 통하여 일단락 되었으며,

새로운 불교의 발전을 위한 방안들이 쏟아져 나왔으나 말만 무성한 개혁에 그치고 말았다. 이러한 문제점들은 1998년 정화개혁회의 출범으로 이어지게 된다. 정화개혁회의(淨化改革會議)는 송월주 총무원장 3선 저지를 위하여 일어났다. 그러나 불교의 발전을 위하는 불자들의 열망과는 상관없는 제반상황으로 불교는 또 다시 깊은 상처를 입게 되었다.

지금까지 한국 불교 1600년의 역사를 개략적으로 살펴보았다. 불교는 호국불교로서 사상의 정신적 지주이며, 세계 속에 한국문화를 꽃피우는 데 지대한 공헌을 하였다.

제4절_ 일본 불교사

일본에 불교가 전래된 것은 정사(正史)인 『일본서기(日本書紀)』에 의하면 흠명천황(欽明天皇) 13년(552)이다. 이것은 공식기록에 의한 것이고, 백제에서 건너간 이민들에 의해 불교가 널리 신봉되어졌다. 흠명천황 시절은 백제의 성왕(聖王, 523~553) 때로 백제에서 불상과 경전을 보낸 사실이 『일본서기』에 기록되었다.[52]

이로부터 50여년 뒤 성덕태자(聖德太子, 574~622)는 일본불교의 초석을 다졌다. 그는 스승이었던 고구려스님 혜자(惠慈)의 가르침에 따라 국가체계를 정비하고 불교를 국가의 통치이념으로 채택했다.[53]

---

52) 石田瑞 저, 李永子 역, 『일본불교사』 민족사, 1995, 20쪽 참고.
53) 石田瑞 저, 李永子 역, 앞의 책, 27쪽 참고.

나라(奈郎, 719~784)시대에는 국가불교의 시기를 맞이하면서 큰 사찰을 건축하고, 새로운 문명인 불교를 토착화 하였다.

헤이안(平安, 784~785) 불교시대에는 최징(最澄, 769~822)의 천태종과 공해(空海, 773~835)의 진언종이 흥기하였다. 천태종은 밀교와 융화되어 천태밀교로 형성되고 밀교교학은 더욱 더 완성을 보게 되었다.

중세 카마쿠라(鎌倉, 1185~1333)시대에는 법연(法然, 1132~1312)의 정토종과 영서(榮西 : 1141~1203)의 선종으로 문을 열었다. 법연의 문류(門流)와 친란(親鸞)의 정토진종, 일변(日邊, 1239~1289)의 시중교단, 영서문류의 임제선, 도원(道元, 1200~1254)의 조동종, 일련(日蓮, 1222~1282)의 교단 등 새로운 불교를 통해 불교교학이 보다 다양화되어 실천의 문제로 깊이 천착해 들어갔다.

근세 에도(江戸, 1598~1867)시대에는 막번(幕藩) 체제 아래에서 불교탄압 정책이 지속되자 교학불교가 크게 성하였다. 난학(蘭學)과 국학(國學)연구에 힘입어 불교연구는 중세의 실천적인 모습이 점차 사라지면서 학문불교로 치닫게 되었다. 또 여러 막번들이 불교사원을 정리하고 불교 교단을 폐쇄하는 등 종교탄압이 극심하였다. 특히 지방 영주로 하여금 영토 내의 행정·사법상의 입법을 필요로 하기 위해 제정된 국분법(國分法)에 의해 불교교단이 크게 약화되었다. 직전신장(織田信長)이 이끄는 무장교단은 1573년 무로마찌 막부를 멸망시키고 적대관계의 불교사원에 대한 대대적인 소각과 살육을 자행하였다.

무장교단이 괴멸된 뒤 불교 교단은 새롭게 교단의 정비를 꾀하였으며 이러한 가운데서도 새로운 종파가 설립되었다. 이때에 『대장경』의 개판이 이루어지면서 각 종파의 학승들이 크게 활약하였다.

근·현대로 들어오면서 일본불교는 보다 세련된 학문불교로 전환하면서 서양 유학생들에 의해 세계불교학 연구의 중심이 되고 있다.[54]

제5절_ 기타

1) 남방 불교

상좌부 불교로 초기 불교의 순수하고 바른 전통을 충실하게 지키는 보수적인 전통 불교를 말한다. 중국, 한국, 일본 등지의 북방불교와 구분하여 남방불교라고 부른다. 현재 스리랑카, 미얀마, 태국, 라오스, 캄보디아 등에서 신봉되고 있다.[55]

(1) 스리랑카

스리랑카 불교는 기원전 3세기 경, 아쇼카 왕이 그의 아들 마힌다 장로를 파견한 데서 시작되었다. 이후 줄곧 상좌부 불교의 중심지가 되어 주변 여러 나라에 불교를 전파시켰다. 스리랑카에서는 기원전 1세기에 경·율·론 삼장을 스리랑카 문자로 서사(書寫)했다고 한다. 이것이 오늘날까지 남방불교에서 성전으로 사용되고 있는 팔리어성전이다.[56]

---

54) 홍사성 역, 앞의 책, **234-241**쪽 참고.
55) 불교교육연합회 편, 『종교(불교) 상』 대원정사, **1993**, **87**쪽 참고.
56) 홍사성 역, 앞의 책, **214**쪽 참고.

스리랑카는 인구의 **90%**가 불자이며, 불교가 완전히 생활화되어 있다. 각 가정은 물론 사무실, 버스에도 불상이 모셔져 있고, 아침이면 국영 방송국에 예불 방송에 맞추어 예불을 올리고 하루를 시작한다.[57]

(2) 미얀마

불교가 전래된 시기에 대해서는 분명치 않으나 4-5세기 경에 미얀마에 불교가 전파되어 있었던 사실을 알수 있다. 처음에는 설일체유부(說一切有部)가 있었으나 나중에는 대승불교, 특히 밀교가 전래되어 크게 세력을 떨쳤다. 그러나 5세기 경, 스리랑카로부터 상좌부 불교가 전래되어 대·소승불교가 공존했으나, 파칸 왕조가 세운 아노라타 왕이 타락한 밀교적 불교를 배치하고 **1058**년 상좌부 불교만을 공식적으로 인정했다.[58]

미얀마는 국민의 **85%**가 불자이며, 정치, 경제, 사회, 문화 등 모든 생활이 불교와 밀착되어 있고, 국민 교육도 대부분 사원에서 담당하고 있다. 특히 **8~9**세의 어린이는 지방의 사원에서 운영하는 학교에서 기초 교육을 받도록 되어 있다.[59]

(3) 태국

태국은 일찍부터 중국문화를 수입해 최근에는 대승불교를 신봉한 흔적이 있으나, 수코타이 왕조가 건립한 후 미얀마로부터 전해온 상좌부 불교를 신봉하는 전통을 확립했다. 수코타이 왕조 이후

---

[57] 불교교육연합회 편, 『종교(불교) 상』 87-88쪽 참고.
[58] 김혜법 저, 앞의 책, 187-188 쪽 참고.
[59] 김혜법 저, 앞의 책, 187-188쪽 참고.

성립한 아유타야 왕조도 불교를 보호해 400백년 동안 화려한 불교문화가 꽃피었다.

특히 시리 스리야밤사라마 왕은 1361년 사신을 스리랑카에 파견하여 정통 대사파에서 상좌부 불교를 받아들이고 팔리어 성전과 제반의식도 받아들여서 상좌부 불교의 전통을 확립하는데 기여했다.[60]

태국은 불교를 정식 국교로 삼은 유일한 나라이다. 인구 93%가 불자이며, 이 나라 국왕은 불교의 수호자로 반드시 계(戒)를 받는다. 또, 남자들은 일정한 기간의 승려 생활을 거쳐야 공무원이 될 수 있다. 복지, 교육, 문화 등 사원의 사회활동이 활발하다.[61]

2) 밀교권 불교

(1) 티벳

대승불교 말기인 7세기경에 일어난 밀교가 들어와 '라마교'[62]라는 독자적인 불교를 형성하였다. 티벳의 정치, 문화 등은 완전히 밀교와 일치되어 있고 공산화 이전까지만 해도 불교의 최고 지도자가 곧 이 나라의 정치 지도자였다.

1959년 티벳이 중국에 합병되자 많은 라마 승려들이 네팔과 시킴 부탄 등지로 옮겨 갔다. 밀교의 전통은 오늘날 주로 이 지역에

---

60) 김혜범 저, 앞의 책, 188쪽 참고.
61) 김혜법 저, 앞의 책, 188-189쪽 참고.
62) 티벳의 불교를 라마(소승이라는 뜻)의 가르침이라는 뜻으로 라마교(Lamaism)라 불렀다. 그러나 현재는 그것이 불교와는 별개의 것으로 오해되는 것을 피하기 위해 라마교라 하지 않고 '티벳 불교' 라고 부른다.

서 계속 이어지고 있다. 티벳은 중국의 종교 정책 완화로 다시 부흥될 기미를 보이고 있다.[63]

(2) 몽고

13세기 몽고족이 중국을 정복하고 원조(元祖)를 세우자 티벳도 그 치하에 들어갔는데 샤카파의 파스타(八思巴)는 오히려 황제를 귀의시키고 그의 후원으로 몽고에 밀교를 전파했으며, 몽고에서 밀교가 크게 성행하였다.[64] 몽고의 밀교는 러시아연방의 일부인 부리야트 지방에까지 퍼졌다. 공산화되면서 몽고에서 라마교가 약화되기는 했지만 계속 종교 활동을 하고 있다.[65]

3) 서구의 불교

19세기 말경부터 유럽에 전파되기 시작한 불교는 처음에는, 불교학에 대한 관심으로부터 출발하였다. 그 동안 이 지역에서는 상당히 수준 높은 불교학 연구가 이루어졌고, 신자들의 수도 늘어나고 있다. 또한 20세기에는 미주 지역에 불교가 소개되어 지식인들을 중심으로 퍼져가고 있다.

현재 서구에서 불교 활동이 비교적 활발한 나라는, 일찍이 동양학의 본산이었던 영국, 프랑스, 독일, 벨기에 등이다. 미주 쪽에서는 미국과 호주를 꼽을 수 있다. 그 밖에 스위스, 그리스, 스페인, 덴마크, 네덜란드, 이탈리아 등에서도 불교 신자의 수가 늘어나고

---

63) 김혜법 저, 앞의 책, 189-190쪽 참고.
64) 홍사성 역, 앞의 책, 213쪽 참고.
65) 불교교육연합회 편, 『종교(불교) 상』 91쪽 참고.

있으며, 캐나다와 멕시코, 브라질, 아르헨티나에도 불교 사원이 세워지고 있다.[66] 유럽과 미주 지역에서의 불교에 대한 새로운 관심은, 이들 지역이 전통적인 기독교 문화권이라는 점에서 주목할 만하다. 특히 현대문명의 병폐인 서구사상에 회의를 느낀 서구인들이 차츰 동양 사상, 특히 불교의 가르침에 눈을 돌리고 있는 것이 오늘날의 현상이다.[67]

---

[66] 불교교육연합회 편, 『종교(불교) 상』 92쪽 참고.
[67] 김혜법 저, 앞의 책, **197-198**쪽 참고.

제 10 장
불교미술

제1절 불교미술의 영역
제2절 불교유적
제3절 불상의 구체성
제4절 불화
제5절 기타

제 10장

불교미술

제1절_불교미술의 영역

　불교의 발생지인 인도를 비롯하여 중앙 아시아, 중국, 동남아시아의 여러 나라에는 숱한 불교 유적과 유물이 남아있어, 인류 문화의 보배로운 유산으로 아낌없는 찬사를 받고 있다. 이들 불교 문화 유산은 불교 교리와 이념에 바탕을 두어서, 사람으로 하여금 깨달음을 얻을 수 있도록 하는 데 중점을 둔 종교미술이라 할 수 있다. 아름다움(美)을 추구하는 순수 미술과는 달리 불교미술의 영역은 교리와 사상을 주제로 한 신성스러운 예술 행위다. 따라서 불교미술의 특성은 경전 내용을 보다 구체적으로 표현하는데 있다.

　불교미술의 기원은 탑으로부터 비롯된다. 탑(塔)은 탑파(塔婆)를 줄여서 일컫는 말이다. 부처님께서 열반에 드신 뒤 육신을 화장하고 사리(舍利, Śarira)를 얻었다. 제자들은 사리를 탑에 봉안하고 예배·공양드렸다. 여기에서 탑 신앙이 싹트게 되고 그에 따라 여러 가지 다양한 탑이 건축되기에 이르렀다.[1]

---

1) 불교교육연합회 편, 『종교(불교)』 대원정사, 1997, 337쪽 참고.

불교미술의 범위는 탑, 불상, 사원의 건축물, 조각, 벽화, 경전의 변상도, 공예, 전각, 석굴 사원 등 매우 넓은 영역에 걸쳐 다양한 모습으로 나타나고 있으며, 용도와 형태에 따라서 분류할 수 있다.

용도에 따른 분류에는 예배용(禮拜用), 교화용(敎化用), 장엄용(莊嚴用)으로 나눌 수 있으며 첫째, 예배용은 진리이신 부처님을 예배하기 위해서이며 둘째, 교화용은 부처님의 말씀으로 중생을 교화하기 위해서고 셋째, 장엄용은 불도량(佛道場)을 장엄하기 위해서다.

형태에 따른 분류에는 회화와 조형, 조각, 건축 등으로 나눌 수 있는데 첫째, 회화에는 탱화, 벽화, 단청 등이 있고 둘째, 조형·조각에는 불상과 불구 등이 있으며 셋째, 건축에는 법당, 닫집, 탑, 석등이 있다.

이와 같은 불교미술은 지극한 신심과 진실한 구도정신이 없으면 감히 해낼 수 없다.

제2절_ 불교 유적

1) 아잔타 석굴(Ajanta caves)

인도의 데칸고원 서부에 위치한 아잔타(Ajanta) 마을 근처에 있는 절벽을 파서 만든 인도 최대의 불교 석굴사원이다. 이 석굴은 기원 전 2세기에서 기원 후 7세기까지 조성되었으며 총 길이 500m에 크고 작은 29개의 석굴로 이루어져 있다. 이들 석굴은 시대의 순서에 관계없이 편의상 서쪽의 입구에서부터 차례대로 번

아잔타 석굴 기원전 2세기에서 7세기 조성된 석굴. 총길이 500m에 28개의 석굴로 이루어져 있다.

호를 붙인 것이다.[2]

　이 석굴은 기원 전 2세기부터 만들어지기 시작하여 서기 2세기경 중단되었다가 5세기말부터 다시 시작되어 대략 6세기까지 지속되었다. 미완성된 석굴까지 포함하여 29개의 석굴이 있는데, 9·10·19·26·29굴이 석굴사당(石窟祠堂)이고 나머지는 승방(僧房)이다. 기원전 100년경 만들어진 제10굴이 가장 오래되었으나, 제9굴 역시 비슷한 시기에 만들어졌다. 8·12·15굴은 기원 전후에 만들어졌으며 그 후로는 건축이 중단되었다. 5세기말경 16·17·19굴이 만들어졌으며 6세기말까지 계속되었다. 초기에 만들어진 석굴들은 구조도 간단하고 조각도 거의 없지만, 굽타 시

---

2) 정승석 지음, 『100문 100답 (강좌편)』 대원정사, 1995, 351쪽 참고.

대 이후에 만들어진 석굴들은 조각이나 장식이 화려하다.

아잔타 석굴사원에서 가장 뛰어난 예술은 세계적으로 이름난 벽화이다. 특히 제 1·2·9·10·16·17굴의 벽화는 스케일이나 내용, 기술면에서 인도 예술을 대표하는 최고봉이다. 벽화의 주제는 주로 부처님의 전기나 본생담이 많고, 또 아름다운 장식 모양도 많이 그려져 있으며 대승의 존상(尊像)을 묘사한 것도 있다. 일반적으로 화풍은 어두운 느낌을 주지만 석굴사원에 그린 인도 고대·중세의 회화로서는 최고의 유품으로 꼽히고 있다.[3]

제1굴(승방)에는 불상이 있는 감실의 왼쪽 벽면에 연꽃을 든 관음보살이, 오른쪽 벽면에 바즈라(vajra)를 든 보살이 그려져 있는데, 이 작품은 매우 유명하다. 바즈라를 든 보살은 현재 검게 변색되어 있어 연화수 보살을 그린 화가와는 다른 안료를 사용했음을 알 수 있다. 이 보살상들의 그림은 굽타 시대의 사르나트 불교 조각상과 유사하여 당시 조각과 회화가 밀접한 관계에 있음을 보여준다.

2) 돈황천불동

돈황(敦煌)의 천불동(千佛洞) 석굴(石窟)은 중국에서 가장 오래된 석굴로 4세기 중엽에 착공된 것이다. 기록에 의하면 전진(前秦) 부견(符堅)왕 서기 336년에 사문(沙門) 낙전(樂傳)이 처음 시작하여 영화(永和) 9년(353년)에 창건되었다고 한다.[4]

이 석굴의 특이한 점은 석질이 거칠기 때문에 벽면을 먼저 석회

---

3) 홍사성 주편, 『불교상식백과』 불교시대사, 1994, 1056쪽 참고.
4) 정승석 지음, 앞의 책, 1995, 353쪽 참고.

돈황천불동 중국에서 가장 오래된 석굴로 4세기 중엽에 착공되었다.

로 바르고 그 위에 그림을 그리고 소조(塑造)의 불상을 안치한 점이다. 불상뿐만이 아니라 보살상과 제천(諸天)의 군상(群像)도 안치되어 있으며, 사면의 벽과 천정에는 당시 성행했던 석가(釋迦), 미타(彌陀), 약사(藥師) 등의 정토변상(淨土變相)과 『법화경』, 『유마경』, 『보은경』, 『관경』, 『화엄경』 등의 변상과 함께 본생담, 부처님의 전기 등의 그림도 그려져 있다.[5]

　이 석굴은 모두가 방형평면(方形平面)으로 인도굴의 일반적 형식인 마제형평면(馬蹄形平面)인 것은 하나도 없으며, 오히려 승원굴(僧院窟)의 영향을 받아서 좌우의 벽면(壁面)에 불감(佛龕)을 마

---

5) 홍사성 주편, 앞의 책, **1077-1088**쪽 참고.
6) 홍사성 주편, 앞의 책, **1078**쪽 참고.

들고 여기에 불보살상(佛菩薩像)을 안치하였다. 물론 굴의 중앙에 불탑을 쌓고 그 사면에 불감을 설치하여 불상을 배치하는 탑원굴의 자취도 없는 것은 아니지만, 이미 고대의 불탑숭배에서 불상숭배로 신앙의 형태가 바뀌고 있음을 잘 나타내 주고 있다. 불상이나 벽면의 양식은 간다라에서 일어난 인도 서역풍과 중국 재래의 전통양식을 함께 보이며 후기의 것들에는 티벳 양식도 섞여 있다.[6]

이와 같은 돈황의 천불동 석굴이 일찍부터 개착(開鑿)되기 시작한 것은 돈황이 중국의 서쪽 관문(關門)에 위치하고 있어 서역과 중국의 교통 요충지였기 때문이다. 따라서 불교가 일찍부터 전해졌고 불교문화 교류의 중심을 이루게 되었다.

후에 석굴 속에 깊이 장치되었던 방대한 불화와 불전들이 발굴되어 널리 소개되었다. 그 중에서도 특히 유명한 것은 신라승(新羅僧) 혜초(慧超)의 인도여행기 『왕오천축국전(往五天竺國傳)』으로 이것은 1907년 펠리오에 의하여 이곳 석굴에서 발견된 것이다.[7]

석굴암   751년 김대성에 의해 창건되었으며, 신라인의 믿음과 슬기로 만들어진 찬란한 문화유산이다./국보 제24호

---

7) 홍사성 주편, 앞의 책, 1078쪽 참고.

3) 석굴암 부처님

석굴암 부처님의 상호도 신앙의 힘, 삼보(三寶)의 원력이 아니고서는 이루어낼 수 없는 불사였다. 석굴암 부처님의 상호에 대해 일본의 고고학자 하마다는 "아버지로 보려니 너무나 자비롭고, 어머니로 보자니 너무도 엄격하다" 하였고, 미국의 조각가 존. W. 로든은 "많은 불상을 보아왔지만 볼 때마다 많은 수고를 하였구나 라는 생각 정도였는데, 석굴암 부처님 앞에서는 저절로 모자를 벗고 싶은 생각이 납니다. 이 얼굴은 지구상에서 제일 평화로운 얼굴입니다."라고 말하였다.[8]

석굴암은 751년(경덕왕 15년)에 김대성(金大城)에 의해 창건되었고, 창건 당시의 이름은 석불사(石佛寺)였다. "현세의 부모를 위해 불국사를 세우고 전생의 부모를 위하여 석불사를 세웠다"고 하나, 개인적인 발원에 의하기보다는 거국적인 민족의 발원이라는 관점도 있다. 석굴암은 신라인의 믿음과 슬기로 만들어진 찬란한 문화의 금자탑이다.

전설의 비도(扉道) 정면에 수련대좌위 높이 약 2.72m의 본존불상이 안치되어 있고 좌우 석벽에는 4체(體)씩의 팔부신중이 마주보고 있다. 전면 좌우 석벽에는 입구를 향해 2체의 금강역사가 항상 비도를 지키고 있다. 석굴의 입구에는 좌우 2기의 석주(石柱)가 있는데 비도와 굴을 구분 짓는 경계의 뜻으로 건립되었다.

본존불 바로 뒤 중앙에는 십일면 관음보살의 입상이, 그 좌우로 각각 5체의 십대제자입상이, 다시 그 좌우로 가가 2체의 천(天) 또는 보살상이 조각되었다. 십일면 관음의 윗쪽으로는 복선단판의

---

[8] 우학스님 저, 『새로운 불교공부』 좋은인연, 1998, 79쪽 참고.

광배가 새겨져 있고 그 좌우로 각 5개의 작은 감실이 만들어져 있다. 그 안에는 문수, 유마, 지장 등의 보살상이 안치되어 있다.

본존불(本尊佛)은 우리 조상이 남긴 전세계의 종교예술사상 가장 탁월한 유산이다. 반안반개의 눈, 온화한 눈썹, 미간에 서려 있는 슬기로움, 자애로운 입과 코, 길게 늘어진 귀, 굽타식의 나발(螺髮), 백호(白毫) 등 부분들이 생명력을 충분히 간직한 깨달음의 모습으로 표현된 얼굴은 인자하고 부드러우면서도 감히 침범할 수 없는 위엄을 간직하고 있다.

본존불의 손은 항마촉지인상을 나타내고 있다.

제3절_ 불상의 구체성

불상이란 의미는 '부처님의 존상'을 뜻한다. 좁은 의미에서는 진리를 깨닫고 최고의 경지에 이른 부처님의 형상만을 의미한다. 그러나 넓은 의미에서는 사찰에서 봉안하고 있는 각종의 보살상과 나한상 및 불교의 수호신인 신중상도 불상에 포함된다. 한편, 불상의 재료로는 흙, 나무, 천, 종이, 돌, 옥, 금속 등이 쓰인다.[9]

1) 불상의 연원

이러한 불상이 생겨나게 된 연원은 『증일아함경(增一阿含經)』, 『대방편불보은경(大方便佛報恩經)』, 『관불삼매해경(觀佛三昧海經)』, 『불설대승조상공덕경(佛說大乘造像功德經)』 등에 나타나고

---

9) 동국불교미술인회 엮음, 『알기쉬운 불교미술』 불교방송, **1998**, **30**쪽 참고.

있다. 그 내용은 다음과 같다.

부처님의 어머니 마야부인은 부처님을 낳은 지 7일만에 돌아가셔서 부처님을 낳은 공덕으로 도리천에 태어났다. 큰 깨달음을 이룬 후 부처님은 어머니를 뵙기 위해 기원정사를 떠나 수미산 정상에 있는 도리천으로 올라가 어머님께 예를 드리고 설법하셨다. 그 후 부처님은 석 달 동안 더 머물며 법문을 하셨는데 지상에서는 부처님 계신 곳을 알지 못해 큰 소동이 일어났다. 제자 아나율이 천안(天眼)으로 살피어 이를 대중에게 알렸다. 하지만 코살라국의 우전왕은 부처님을 보고 싶은 마음이 너무 간절하여 부처님 탄생일에 맞춰 전단향 나무로 불상을 조성하였다. 우전왕은 조성한 부처님께 조석으로 공양을 올리며 예배하고 진짜 부처님처럼 모셨다. 어느덧 도리천에 계시던 부처님이 대범천왕, 제석천왕, 사대천왕의 호의를 받으며 지상에 내려오셔서 만든 부처님께 가셨는데 그 조성한 불상이 부처님께 자리를 내어 주셨다. 그러자 석가모니 부처님은 불상을 보고 '네가 말세 중생을 제도하리라' 고 증명하셨다고 했다.

2) 불상 조성의 자료 근거
(1) 32상, 80종호

부처님의 훌륭하고 온화한 인격, 종교적 신비성에 감격한 당시 많은 제자들은 부처님과 전륜성왕에서만 나타나는 **32**상(相) **80**종호(種好)에 그 자료 근거를 두고 부처님을 조성하였다. 부처님이 탄생하신 직후 아시타라는 선인이 싯다르타의 관상을 살피시고 큰 깨달음을 이루리라 예언했던 그 근거도 여기에 있었던 것이다. 불상 조성에 관한 이야기는 『아함경』, 『방광대장엄경』, 『대지도론』, 『대반야바라밀다경』에 나타나 있다.

부처님께서 육체상에 나타난 구족한 특별한 모습을 **32**상 **80**종호라고 하는데 이것은 과거에 무량한 공덕을 쌓았기 때문에 육신상에 갖추어지는 것이라 한다. 그러면 **32**상 **80**종호에 대하여 구체적으로 알아보자.

① **32**상(三十二相)

32대인상(三十二大人相), **32**대장부상(三十二大丈夫相)이라고도 한다.

- 족하안평립상(足下安平立相) : 발바닥이 판판하다.
- 족하이륜상(足下二輪相) : 손바닥에 수레바퀴 같은 무늬가 있다.
- 장지상(長指相) : 손가락이 가늘면서 길다.
- 족근광평상(足跟廣平相) : 발꿈치가 원만하다.
- 수족지만망상(手足指縵網相) : 손가락, 발가락 사이마다 얇은 비단결 같은 막이 있다.
- 수족유연상(手足柔軟相) : 손발이 매우 부드럽다.
- 족부고만상(足趺高滿相) : 발등이 높고 원만하다.
- 이니연슬상(伊泥延膝相) : 장단지가 사슴의 다리 같다.
- 정립수마슬상(正立手摩膝相) : 팔을 펴면 손이 무릎까지 내려간다.
- 음장상(陰藏相) : 음경이 몸 안에 감춰져 있다.
- 신광장등상(信廣長等相) : 몸의 키와 팔의 길이가 같다.
- 모상향상(毛上向相) : 털이 위로 향해 있다.
- 일일공일일모생상(一一孔一一毛生相) : 털구멍마다 하나의 털이 있다.
- 금색상(金色相) : 온 몸의 빛이 황금빛이다.

- 장광상(丈光相) : 몸에서 나오는 빛이 두루 비춘다.
- 세박피상(細薄皮相) : 몸 살결이 부드럽고 매끄럽다.
- 칠처륭만상(七處隆滿相) : 두 발바닥, 두 손바닥, 두 어깨, 정수리가 두텁고 풍만하다.
- 양액하륭만상(兩腋下隆滿相) : 두 겨드랑이가 편편하다.
- 상신여사자상(上身如獅子相) : 몸매가 사자와 같다.
- 대직신상(大直身相) : 몸이 크고 곧다.
- 견원호상(肩圓好相) : 어깨가 원만하고 풍만하다.
- 사십치상(四十齒相) : 치아가 사십개나 된다.
- 치제상(齒齊相) : 치아가 희고 가지런하다.
- 아백상(牙白相) : 어금니가 희다.
- 사자협상(獅子頰相) : 뺨이 사자와 같다.
- 미중득상미상(味中得上味相) : 맛 중에서 가장 좋은 맛을 느낀다.
- 대설상(大舌相) : 혀가 길고 넓다.
- 범성상(梵聲相) : 목소리가 맑고 멀리 들린다.
- 진청안상(眞靑眼相) : 눈동자가 검푸르다.
- 우안첩상(牛眼睫相) : 속눈썹이 소의 것과 같다.
- 정계상(頂髻相) : 정수리가 상투 모양으로 돋아나 있다.
- 백호상(白毫相) : 두 눈썹 사이에 흰 털이 있다.[10]

② 80종호(八十種好)
- 손톱이 좁고, 길고, 엷으며, 구리빛으로 윤택하다.

---

[10] 고순호 저, 『불교개관』 선문출판사, 1991, 38-39쪽 참고.

- 손가락 발가락이 둥글고 길어서 다른 사람보다 곱다.
- 손과 발이 제각기 같아서 별로 다름이 없다.
- 손발이 원만하고 부드러워 다른 사람보다 훌륭하다.
- 힘줄과 핏대가 잘 서리어 부드럽다.
- 두 복사뼈가 살 속에 숨어 밖으로 나타나지 않는다.
- 걸음걸이가 곧고 반듯하여 거위와 같다.
- 걸음 걷는 위의가 사자와 같다.
- 걸음걸이가 평안하여 상자 밑 같다.
- 걸음걸이가 위엄이 있어 일체에 진동한다.
- 몸을 돌려 돌아보는 것이 코끼리 같다.
- 팔 다리의 마디가 수승하고 원만하고 굳고 아름답다.
- 뼈마디가 서로 얽힌 것이 쇠사슬 같다.
- 무릎이 원만하고 굳고 아름답다.
- 남근이 살 속에 숨어 있는 것이 말과 같다.
- 몸과 팔다리가 윤택하고, 미끄럽고, 깨끗하고, 부드럽다.
- 몸매가 바르고 곧아서 굽지 아니하다.
- 몸과 팔다리가 견고하여 비뚤지 아니하다.
- 몸매가 반듯하고 두루 만족하다.
- 몸매가 단정하여 검지 않고 기미가 없다.
- 몸에 둥근 광명이 있어 사방으로 한 길씩 뻗친다.
- 배가 반듯하고 가로 무늬가 없다.
- 배꼽이 깊숙하고 오른쪽으로 돌았으며 원만하고 묘하다.
- 배꼽이 두텁고 묘한 모양이 있어 두드러지거나 오목하지 아니하다.
- 살갗이 깨끗하고 용모가 바르다.

- 손바닥이 충실하고 단정하고 어지럽지 아니하다.
- 손금이 깊고 끊어지지 아니하고 분명하고 바르다.
- 입술이 붉고 윤택하여 빈바의 열매 같다.
- 면문(面門)이 원만하여 크지도 작지도 않다.
- 혀가 넓고, 길고, 붉고 엷어서 이마 앞까지 닿는다.
- 말소리가 위엄 있게 떨치는 것이 사자의 영각과 같다.
- 목소리가 훌륭하고 온갖 소리가 구족하다.
- 코가 높고 곧아서 콧구멍이 드러나지 않는다.
- 치아가 반듯하고 희고 뿌리가 깊게 박혔다.
- 송곳니가 깨끗하고 맑고 둥글고 끝이 날카롭다.
- 눈이 넓고 깨끗하며 눈동자에 검은 광명이 있다.
- 눈이 길고, 검고, 빛나고, 부드럽다.
- 속눈썹이 가지런하여 소의 것과 같다.
- 두 눈썹이 검고 빛나고 부드럽다.
- 두 눈썹이 아름답고 가지런하여 검붉은 유리빛이 난다.
- 두 눈썹이 높고 명랑하여 반달과 같다.
- 귀가 두텁고 귓불이 늘어졌다.
- 두 귀 모양이 아름답고 가지런하다.
- 얼굴이 단정하고 아름답고 보기 싫지 않다.
- 이마가 넓고 원만하여 반듯하고 수승하다.
- 몸매가 수승하여 위아래가 가지런하다.
- 머리카락이 길고 검고 빽빽하다
- 머리카락이 깨끗하고 부드럽고 윤택하다.
- 머리카락이 고르고 가지런하다.
- 머리카락이 단단하여 부서져 떨어지지 않는다.

- 머리카락이 빛나고 매끄럽고 때가 끼지 않는다.
- 몸매가 튼튼하여 나라연(천상의 力士)보다 훨씬 수승하다.
- 몸집이 장대하고 단정하고 곧다.
- 몸의 일곱 구멍이 맑고 깨끗하여 때가 끼지 않는다.
- 근력이 충실하여 같은 이가 없다.
- 몸매가 엄숙하고 좋아서 보는 이 마다 즐거워한다.
- 얼굴이 둥글고 넓고 깨끗한 것이 보름달 같다.
- 얼굴빛이 화평하여 웃음을 띄운다.
- 낯이 빛나고 때가 없다.
- 몸과 팔다리가 항상 장엄스럽고 깨끗하다.
- 털구멍에서 좋은 향기가 풍긴다.
- 입에서 아름다운 향기가 난다.
- 목이 아름답고 둥글고 평등하다.
- 몸의 솜털이 부드럽고 검푸른 빛으로 광택이 있다.
- 법 설하시는 소리가 원만하여 듣는 사람의 성질에 따라 널리 맞게 한다.
- 정수리가 높고 묘하여 볼 수 없다.
- 손가락 발가락 사이에 그물 같은 엷은 막이 분명하고 바로 잡혀있다.
- 걸어다닐 적에 발이 땅에 닿지 않아 네치쯤 떠서 땅에 자국이 나타나지 않는다.
- 신통력으로 스스로 유지하고 다른 이의 호위함을 받지 않는다.
- 위덕이 멀리 떨쳐서 선한 이들은 듣기를 좋아하고 악마와 외도들은 두려워 굴복한다.

- 목소리가 화평하고 맑아서 여러 사람의 마음을 즐겁게 한다.
- 중생들의 근기를 알고 그 정도에 맞춰 법을 설한다.
- 한 음성으로 법을 설하되 여러 종류들이 제각기 알게 한다.
- 차례로 법을 설하여 각기 제 자격에 맞게 한다.
- 중생들을 고르게 보아서 원수나 친한 이나 모두 평등하다.
- 하는 일에 대하여 먼저 관찰하고 뒤에 실행하여 제각기 마땅함을 얻는다.
- 온갖 상호(相好)를 구족하여 아무리 보아도 다함이 없다.
- 머리의 뼈가 단단하여 여러 겁을 지내도 부서지지 않는다.
- 용모가 기특하고 묘하여 항상 젊은이와 같다.
- 손, 발, 가슴에 상서로운 복덕상(福德相)과 훌륭한 모양을 구족해 있다.[11]

모든 부처님과 보살들은 완전한 인격자이므로 모두가 **32상 80종호**를 갖추고 있어서 얼굴만 봐서는 누가 어떤 보살이고 누가 어떤 부처님인지를 잘 알 수 없다. 그러한 판단을 잘하기 위해서는 불상이 갖는 몇 가지 특성을 알아야 하는데, 그 가운데 가장 중요한 기준은 부처님의 손 모양과 손에 든 물건 그리고 머리에 쓴 보관을 보는 방법이다.

불상의 각부 명칭
① 광배(光背) : 부처님이나 보살의 몸에서 뻗어 나오는 빛의 표현으로 몸의 뒤에 붙이는 장식이다. 머리 뒤의 원형의 것은 두광(頭光), 등뒤의 타원형의 것은 신광(身光), 온몸을 둘러

---

11) 고순호 저, 앞의 책, **39-41쪽** 참고.

싼 것은 거신광(擧身光)이다.

② 육계(肉髻) : 보계(寶髻)라고도 한다. 부처의 정수리에 솟은 투 모양이다.

③ 나발(螺髮) : 소라 껍데기 모양으로 빙빙 틀어서 돌아간 형상을 한 부처의 머리털이다.

④ 백호(白豪) : 부처의 32상(相) 가운데 한 가지로 두 눈썹 사이에 난 길고 흰 터럭으로서 광명(光明)을 무량세계(無量世界)에 비친다고 한다.

⑤ 삼도(三道) : 불상에서 목에 삼선(三線)으로 나타낸다.

⑥ 가사 : 승려의 어깨에 걸치는 검은색의 법의(法衣)이다. 납(衲)은 기웠다는 뜻으로 납의(衲衣)이다.

⑦ 대좌(臺座) : 불보살님이 앉는 자리로 가장 많이 사용하는 연화좌(蓮花坐)중에 연꽃 줄기를 도안한 앙련(仰蓮)이나 복련(覆蓮) 대좌 등이 있다.

⑧ 통견(通肩) : 가사를 말하며 양쪽 어깨를 모두 덮는 방식으로 목 주위나 가슴 쪽을 느슨하게 돌려 걸친 것이다.

⑨ 수인(手印) : 손으로 어떤 모양을 나타낸 것이다.

⑩ 안상(眼象) : 눈 모양으로 그 속에 형상을 조각해 넣기도 한다.

⑪ 앙련(仰蓮) : 연꽃이 받들고 있는 모양이다.

⑫ 복련(覆蓮) : 대좌에서 연꽃이 엎어져 있는 모양이다.

보살상의 명칭

① 보관(寶冠) : 보옥으로 장식한 관이다.

② 이식(耳飾) : 귀걸이이다.

③ 흉식(胸飾) : 목걸이이다.

불상 불·보살 등의 형상으로 돌, 나무로 조각한 형상이다. 불상을 조성하여 전당에 모시는 것은 부처님의 참뜻을 받들고, 공경·예배하기 위함이다.

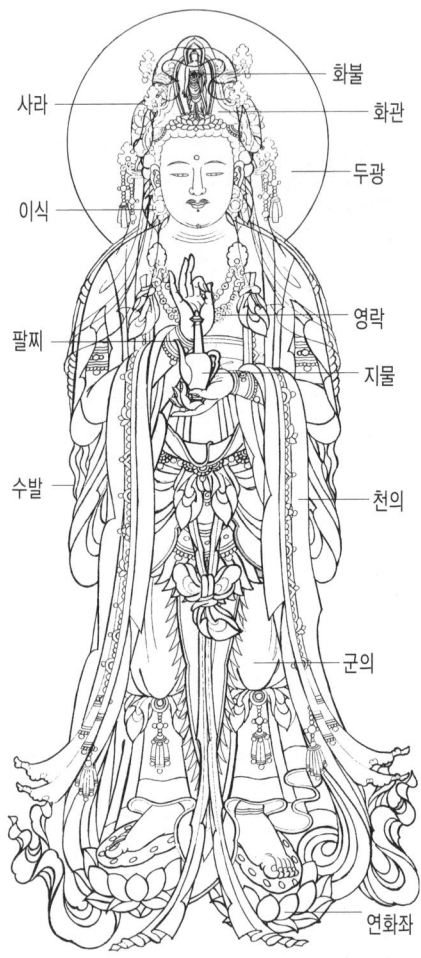

보살상 진리로 계신 부처님을 변화시켜서 우리들 가까이에 나투신 분이다.

④ 영락(瓔珞) : 인도의 장신구이고 불상의 목장식과 당(堂)의 장식에 사용한다.

⑤ 기연화(技蓮花) : 빼어난 연꽃이다.

⑥ 완천(腕釧) : 어깨에 두르는 장식이다.

⑦ 보병(寶瓶) : 귀중한 물병이다. 불구(佛具), 법구(法具)의 병기(瓶器)의 존칭이다.

⑧ 천의(天衣) : 보살이나 비천(飛天)이 입는 얇은 옷이다.

⑨ 상의(裳衣) : 부처나 보살의 윗도리에 걸치는 옷으로 군의(裙衣)라고도 한다.

⑩ 연화좌(蓮花座) : 연화대(蓮花台)라고도 하며, 부처님과 보살이 앉는 연화의 대좌(台座)를 말한다.

신장상의 명칭

① 두광(頭光) : 부처님 또는 보살의 정수리에 있는 원광(圓光)으로 광배·후광이라고도 한다.

② 견갑(肩甲) : 어깨에 두르는 갑옷이다.

③ 흉갑(胸甲) : 가슴에 두르는 갑옷이다.

④ 복갑(服甲) : 겹쳐진 무늬의 갑옷이다.

⑤ 요대(腰帶) : 허리에 차는 띠이다.

⑥ 보검(寶劍) : 불·보살·명왕(明王)·제천(諸天)의 상(像)이 각각 손에 가지고 있는 지물(持物)이다.

⑦ 천의(天衣) : 하늘옷, 날개옷이다.

⑧ 고(袴) : 바지이다.

⑨ 경갑(脛甲) : 정강이에 두르는 갑옷이다.

⑩ 주령좌(主靈座) : 영을 다스리는 주인의 자리이다.

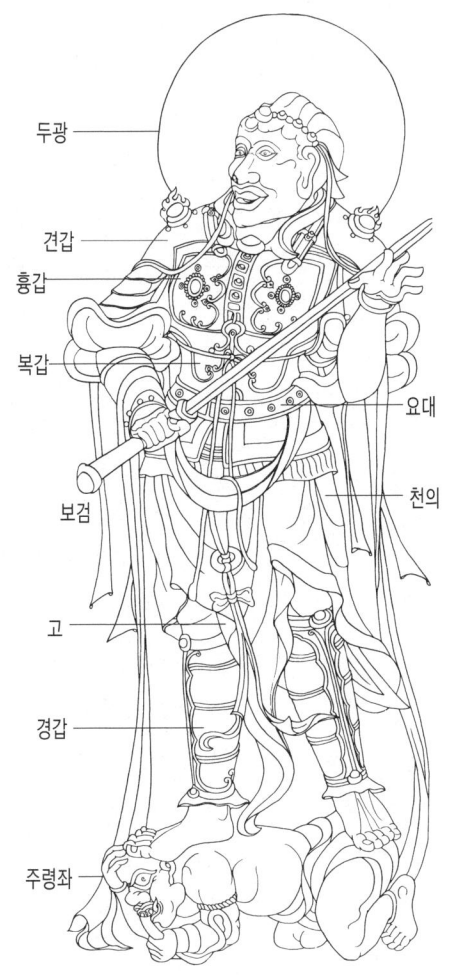

신장상 불법을 옹호하는 신으로써 사찰이나 수행자들을 보호하는 분이다.

(2) 수인(手印)과 계인(契印)

첫째, 빈손으로 어떤 모양을 나타낸 것을 수인(手印)이라 하고 둘째, 손에 무엇을 잡은 것을 계인(契印)이라고 한다. 수인(手印)이란 손과 손가락으로 표현하는 수많은 상징적 모양이며 부처님의 자내증(自內證)의 덕을 표시하기 위해서 열 손가락으로 모양을 만드는 표상이다. 수인의 종류에는 여러 가지가 있으나 대체로 다음과 같은 것이 일반적으로 잘 볼 수 있는 수인들이다.

① 선정인(禪定印) - 상품인(上品印)

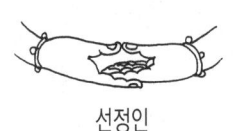
선정인

선정인은 참선할 때의 손 모습이다. 보통 왼손의 손바닥을 위로 해서 배꼽밑의 단전에 놓고 오른손의 손바닥을 위로 해서 왼손 밑에 받쳐 놓는다. 엄지손가락은 서로 대는 형식이다. 이러한 선정인은 마음을 편안하게 가지고 망념을 버려 움직이지 않고 조용히 마음을 한 곳에 모아 삼매에 들게 하므로 삼매인(三昧印), 혹은 법계정인(法界定印)이라 부르기도 한다.[12] 육대(六大 : 地·水·火·風·空·識)를 법계(法界)의 체성(體性)이라고 하며, "그것을 증득(證得)한다"고 표상(表象)을 말한다. 선정인은 참선할 때 짓는 수인이며, 삼매(三昧)에 든 것을 뜻한다.

② 시무외인(施無畏印) - 중품인(中品印)

이포외인(離怖畏印), 설법인(說法印)이라고도 한다. 설법할 때

---

12) 진홍섭 저, 『불상』 대원사, 1996, 70쪽 참고.

의 손 모습이다. 중생에게 두려움을 없애서
우환과 고난을 제거시켜 주는 자비의 모습
이다. 다섯 손가락을 가지런히 위로 뻗치고
손바닥을 보이도록 하여 어깨 높이까지 올
린 형태이다.

시무외인

③ 여원인(與願印) - 하품인(下品印)

시여인(施與印), 시원인(施願印), 여인(與
印)이라고도 한다. 부처님께서 중생에게 사
랑을 베풀고 중생이 원하는 바를 다 주시는
모습이다. 손의 모습은 손바닥을 밖으로 하
고 다섯 손가락을 펴서 밑으로 향하고 손 전

여원인

체를 늘어뜨리는 모양이다. 이 수인은 선정인이나 항마촉지인같
이 그러한 수인을 하던 때와 장소가 뚜렷하지 않기 때문에 석존이
이 수인을 하였다 해서 그것이 어떠한 장소에서 어떠한 뜻으로 나
타낸 것인지를 가려 내기가 어렵다.[13]

④ 항마촉지인(降魔觸地印)

석가모니부처님께서 마구니에게 항복 받
을 때 하셨던 손 모습이다. 손바닥을 오른쪽
무릎에 대고 땅을 가리키는 형식이다. 항마
인(降魔印), 촉지인(觸地印), 지지인(指地
印)으로도 부른다.

항마족지인

---

13) 진홍섭 저, 앞의 책, 72쪽 참고.

	상 품(선정인)	중 품(설법인)	하 품(여원인)
상 생	상품상생	중품상생	하품상생
중 생	상품중생	중품중생	하품중생
하 생	상품하생	중품하생	하품하생

9품인 사람의 근기는 9종의 품류에 따라 구분되어지기도 한다.

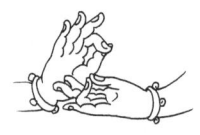

전법륜인

⑤ 전법륜인(轉法輪印)

부처님의 설법을 전법륜이라고 하는데 최초로 설법한 이때의 설법을 초전법륜이라 하고 손 모양을 전법륜인이라 한다. 왼손의 엄지와 검지의 끝을 서로 대고 중지, 약지, 소지의 3지(三指)를 편다. 오른손도 같이 한다. 그리고 왼손은 손바닥을 위로 하고 오른손 팔목에 왼손약지와 소지의 끝을 대며 오른 손바닥은 밖을 향한다.[14]

---

14) 진홍섭 저, 앞의 책, 72쪽 참고.

⑥ 천지인(天地人)

탄생하신 부처님의 모습을 표현하고 있다. 탄생하시자마자 4방으로 7걸음(周行七步) 걸으시고 '천상천하 유아독존(天上天下 唯我獨尊)'이라고 한 데서 유래되었다. 한 손은 땅을, 한 손은 하늘을 가리킨다.

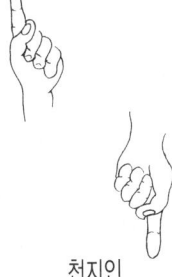
천지인

⑦ 지권인(智拳印)

이는 비로자나 부처님의 손 모습으로 오른손으로 왼손의 검지손가락 윗부분을 감싸는 형태를 취하는데 이와 반대의 경우도 있다. 곧 오른손은 부처님의 세계를 표현하고 왼손은 중생의 세계를 나타내는 것으로서 이와 같은 손 모습은 부처님과 중생(衆生)이 하나임을 나타내고 있는 것이다.[15]

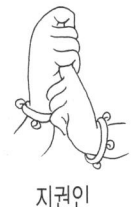
지권인

제4절_ 불화(佛畵)

불화라 하면 일반적으로 탱화(幀畵)라고 말한다. 탱화라는 말이 성립될 때의 불화는 좁은 뜻으로 해석되어진 것이며, 불교의 교리를 전달하기 위한 변상도(變相圖)나 수행과 이념을 추구하는 선화(善畵), 또는 사찰 건물을 장엄하기 위해서 그려지는 벽화(壁畵),

---

15) 진홍섭 저, 앞의 책, 72-73쪽 참고.

단청(丹靑) 등의 불교적 성격을 띠고 있는 모든 불교회화(佛敎繪畵)를 통틀어 불화라고 지칭할 때에는 넓은 뜻으로 해석되어진 것이다.[16]

불교신앙이 복합적인 3단(三壇)신앙으로 발전됨에 따라 탱화의 유형도 상·중·하단으로 제작되어 봉안되었다. 시대나 교리에 따라서 분류에 차이는 있지만 대체로 상단불화(上壇佛畵), 중단불화(中壇佛畵), 하단불화(下壇佛畵)로 분류한다.

1) 상단불화(上壇佛畵)

(1) 석가모니불 탱화

영축산에서 법화경(法華經)을 설법하시는 모습을 그린 영산회상도(靈山會上圖)가 모셔지며, 석가모니 부처님의 일대기를 그린 팔상도(八相圖) 등이 있다.[17]

① 영산회상도(靈山會上圖)

보통 화면 중앙에 편단우견(偏袒右肩)의 법의(法衣)를 걸친 석가모니 부처님이 항마촉지인(降魔觸地印)의 손 모양을 하고 설법하시는 모습을 보이며, 그 주위에는 문수·보현보살을 위시한 여러 협시보살들과 10대 제자 및 설법을 듣기 위해 모여 든 분신불(分身佛)들, 그리고 이들을 보호하는 사천왕, 팔부신중 등이 등장한다.[18]

---

16) 금정불교대학 편, 『강의 교재』 금정불교대학, 1997, 116쪽 참고.
17) 동국불교미술인회 엮음, 앞의 책, 44쪽 참고.
18) 홍윤식 저, 『불화』 대원사, 1990, 21쪽·30쪽·41쪽 참고.

② 팔상도(八相圖)

석가모니 부처님의 생애에서 가장 중요한 여덟 장면을 묘사한 탱화로 특별히 팔상전을 건립하여 봉안한다. 석가팔상(釋迦八相), 팔상성도(八相成道)라고도 한다. 우리나라의 팔상도는 『불본행집경(佛本行集經)』을 기본으로 하여 제작했던 것으로 짐작된다. 1447년에 제작된 『석보상절(釋譜詳節)』의 목판 팔상도가 가장 오래되었다.[19]

(2) 비로자나불 탱화(毘盧舍那佛 幀畵)

『화엄경』을 설법하는 장면들이 묘사되어 탱화로 모셔지거나, 『화엄경』 변상인 7처9회도(七處九會圖)가 모셔지기도 한다.

① 비로자나후불회도(毘盧舍那後佛會圖)

중앙에 지권인(智拳印)을 취한 비로자나불과 그 좌·우에 문수·보현보살을 위시한 여러 보살 및 10대 제자, 분신불, 성문중 등을 배치한 구조는 영산회상도의 구도와 비슷하지만, 외호중인 사천왕, 팔부중을 배치하지 않은 것이 원칙이다.

② 화엄경변상도(華嚴經變相圖)

화엄경의 내용을 집약하여 압축 묘사한 그림인 화엄경변상도에는 일곱 장소에서 아홉번 설법하는 장면이 묘사되어 있기 때문에 7처9회(七處九會)라고도 한다.[20] 구도는 화면 상단에 천상에서의 설법장면이, 가운데에는 지상에서의 설법 장면이 묘사되어 있고,

---

19) 월간미술 엮음, 『세계미술용어사전』 월간미술, 1998, 489쪽 참고.
20) 홍윤식 저, 앞의 책, 23쪽 참고.

화면 아래쪽에는 선재동자(善財童子)가 53선지식(五十三善知識)을 찾아 구도행각을 하는 장면이 묘사되어 있다.

(3) 아미타불 탱화(阿彌陀佛 幀畵)

일명 극락회상도(極樂會上圖)라고 불리는 아미타설법도, 선행과 염불을 많이 행한 중생을 아미타 부처님이 극락세계로 맞이해가는 장면의 아미타내영도, 그리고 관무량수경에 의해 설해진 내용을 그린 관경변상도 등이 있다.

① 아미타설법도(阿彌陀說法圖)

아미타 부처님이 서방정토 극락세계에서 무량한 설법을 행하시는 장면을 말한다. 여기에는 여러 형식이 있다. 아미타불 단독으로 설법하시는 형식과 아미타불, 관세음보살, 대세지보살, 혹은 지장보살 3존이 등장하는 아미타삼존도, 여기에 문수·보현보살을 더한 오존도, 미륵, 지장, 제장애, 금강장보살을 등장시킨 구족도, 그리고 영산회상도의 구도와 유사한 10대 제자 성문 중 외호중이 첨가된 형식 등의 극락회상도가 있다.

② 아미타내영도(阿彌陀來迎圖)

염불 수행을 행한 자를 서방극락으로 데려가기 위해 아미타 부처님이 내려오시는 장면이 묘사된 탱화로 특히 고려시대에 많이 제작되었다. 여기에도 몇 가지 형식으로 제작되어 있는데, 아미타불 단독으로 등장하는 형식과 아미타불과 관음대세지 혹은 지장보살의 삼존불, 아미타불과 25보살, 아미타불과 8대보살 및 성중, 그리고 왕생자들을 용선(龍船)에 싣고 인로왕보살(引露王菩薩)과 관음보살이 아미타불에게 인도해 가는 형식 등이 있다.

③ 관경변상도(觀經變相圖)

『정토삼부경(淨土三部經)』 중에 『관무량수경(觀無量壽經)』의 내용을 탱화로 제작했다. 여기에도 두 가지 형식이 있다. 『관경』을 설하게 된 배경을 표현하는 장면, 그리고 부처님에게 기원하는 왕비와 이에 따라 자비를 베푸는 부처님의 모습 등이 묘사되었고, 또 하나는 석가모니 부처님이 16가지 극락정토를 보여주는 것과 이에 따른 왕비 및 시녀들의 구원을 내용으로 하고 있다.[21]

(4) 미륵탱화

세 가지 형식이 있다. 첫째, 미륵보살이 설법하시고 있는 도솔천의 미륵천궁을 묘사한 형식이고, 둘째, 미래에 용화수 아래에서 미륵불이 되어 중생을 제도하시는 형식, 셋째는 미륵보살이 구름을 타고 내려오시는 미륵내영도 형식이다.

(5) 관음탱화

관세음보살이 자신의 몸을 변화시켜 가면서 중생을 구제하고 있으므로 다양한 명칭의 관세음보살탱화가 등장한다. 이들 변화관음은 법화경 관세음보살보문품의 관음 33응신설에 의한 33관음과 밀교에서 발달한 6관음, 7관음으로 구별되지만 대체로 7관음이 많이 등장한다. 특히 고려시대에는 33관음 중에 수월관음, 양류관음, 백의관음이 많이 제작되었다.

---

21) 홍윤식 저, 앞의 책, 20쪽 · 36-37쪽 참고.

2) 중단불화(中壇佛畵)

인도, 중국, 한국 등의 재래 민간 토속신을 불교화한 신중(神衆)의 불화로 신중도(神衆圖)라 부른다. 신중도는 불교를 외호하고 도와주는 선신(善神)이기 때문에 상단불화에 속해 있었으나, 밀교의 영향에 의해서 중단신앙으로 분화되었다.

중단불화의 대표적 탱화는 제석신중도(帝釋神衆圖)이다. 제석신중도에는 화엄신중의 39위와 여기에 토속신을 합친 104위 신중을 도설화하기도 했다. 대체로 상단부분에는 인도의 토속신, 중단부분에는 중국의 토속신, 하단부분에는 한국의 토속신을 배치한다. 그러나 보다 간략화 된 신중도가 많이 제작되었고 또한 독립적으로 봉안되기도 했다.[22]

3) 하단불화(下壇佛畵)

하단에 봉안되는 대표적인 것은 감로탱화를 비롯해서 독립적으로 봉안되던 지옥계 불화도, 지장보살도, 시왕도 등이 있다.

① 감로왕도(甘露王圖)

일명 우란분경변상도(盂蘭盆經變相圖)라고도 하는 이 감로탱화는 영가(靈駕)의 위패(位牌)를 모신 영단(靈壇)에 봉안되는 대표적인 하단탱화(下壇幀畵)이다. 특히 『우란분경』과 『목련경』을 근거하여 음력 7월 15일 백중날에 "돌아가신 부모나 가족을 위하여 시방의 부처님과 스님들께 우란분재의 성반(盛飯)을 올림으로써 아귀(餓鬼) 혹은 지옥중생에게 감로수(甘露水)를 베풀어 극락왕생

---

22) 동국불교미술인회 엮음, 앞의 책, 46쪽 참고.

하게 한다"는 내용이다.[23]

　감로탱화의 화면 구성은 상단부분에 7여래를 중심에 두고 왼쪽에 아미타삼존, 오른쪽에 인로왕보살(引露王菩薩) 등이 표현되어 지옥 중생을 극락으로 맞이해 가는 장면과 중단부분에 성반을 진설하여 재의식을 올리는 장면이 묘사되어 있으며, 하단부분에는 중앙에 아귀상과 그 양쪽에 지옥의 여러 모습 및 중생의 여러 생활상을 묘사하고 있다.

② 지장보살도(地藏菩薩圖)
　지장전의 본존인 지장보살이 후불탱화로 모셔지는 지장보살도는 망인천도(亡人薦度)의 재의식(齋儀式)의 발달에 따라 영단의 후불탱화로 모셔지기에 이르렀다. 지장탱화의 형식에는 지장보살 단독으로 표현된 지장독존도, 도명존자(道明尊者)와 무독귀왕(無毒鬼王)이 협시한 지장삼존도 그리고 지장삼존에 명부시왕과 그 권속들을 모두 표현한 지장시왕도 등이 있다.[24]

③ 시왕도(十王圖)
　중생이 죽은 뒤 염라대왕 앞에 끌려가 생전에 지은 죄를 심판받게 되는 장면을 묘사한 불화다.
　시왕도에는 지장보살도를 중심으로 왼쪽에 **1, 3, 5, 7, 9**의 홀수 대왕이, 오른쪽에 **2, 4, 6, 8, 10**의 짝수 대왕이 배치되는 것이 일반적인 형태다. 그림의 내용은 상단부분에는 대왕을 중심으로 시

---

23) 홍윤식 저, 앞의 책, **108**쪽.
24) 동국불교미술인회 엮음, 앞의 책, **65**쪽 참고.

녀(侍女), 판관(判官), 외호신장(外護神將)들이 둘러 서 있고, 그림의 하단에는 구름으로 구별하여 형벌을 받는 죄인과 형벌을 주는 사자(使者), 귀졸(鬼卒), 죄인에게 죄를 열거하며 읽어주는 판관 등이 그려져 있다.[25]

제5절_기타

1) 괘불(掛佛)

괘불은 사찰에 대중이 많이 모이는 큰 법회 때 야외에 모셔지는 거대한 불화다. 평소에는 괘불함에 보관되며, 사용시에는 옥외의 괘불대에 걸려진다. 불교국가 전반에 보편화된 것이 아니라 우리 나라와 서역 등 몇몇 국가에서만 있다. 괘불의 도상적 특징은 괘불 특유의 대형화된 형식상의 문제와 영산회상의 주존에 대한 표현에 있다. 일반 불화에서 통용되는 의궤와는 달리 괘불 특유의 도상을 지니고 있으며, 이는 전적으로 영산회상의 장엄한 종교적 분위기를 대형화하여 표현하였다고 볼 수 있다. 오늘날 티벳의 괘불 가운데 30여 미터의 크기에 달하는 것도 있어 대형 괘불의

괘불 사찰에서 대중이 많이 모이는 큰 법회에 사용된다.

---

25) 월간미술 엮음, 앞의 책, 274-275쪽 참고.

기운은 아무래도 서역과 밀접한 관계를 가지고 있다고 생각된다. 서역에서는 탕가(Thangka)라고 한다. 그 발음이 우리의 탱화와 유사하다. 우리나라에서는 불화를 한자로 '幀畵'라 표기하고 '정화'라 읽지 않고 '탱화'라 발음하는 것은 그와 같은 이유 때문이다.[26]

2) 단청(丹靑)

법당의 내부와 외부를 오색(五色)으로 장엄한 것을 단청이라 한다. 『근본설일체유부비나야(根本說一切有部毗奈耶)』에 이르기를 "급고독장자가 기원정사를 짓고 단청을 하지 않으면 아름답지 않으니 부처님께서 허락하신다면 장엄을 하겠다."고 하니 부처님께서 좋도록 하라고 하셨다는 기록이 있다. 왜 단청을 하는가?
① 부처님께서 계신 보배 궁전을 멋있도록 해서 모든 이로 하여금 환희심을 내게 한다. 서양의 미적 감각으로 길들여진 현대의 지각 없는 사람들이 우리 전통인 단청을 보고 거부감을 가지는 것을 볼 때 안타까움을 느낀다.

<음 양 오 행>

요일	방위	음	맛	계절	오장	한글	불교	오근	오지	수지경전	불	오상	색깔
木	동	각	신맛	봄	간장	아음	색깔	눈	청룡	반야경	약사여래불	인(仁)	청(靑)
火	남	상	쓴맛	여름	심장	설음	소리	혀	주작	지장경	노사나불	예(禮)	홍(紅)
土	중앙	궁	단맛	4계	비장	후음	향	몸	황웅	화엄경	비로자나불	신(信)	황(黃)
金	서	치	매운맛	가을	폐장	치음	맛	코	백호	법화경	아미타불	의(義)	백(白)
水	북	우	짠맛	겨울	신장	순음	촉감	귀	현무	열반경	석가모니불	지(智)	흑(黑)

---

26) 홍사성 주편, 앞의 책, 1120–1121쪽 참고.

② 불교적 입장에서 보면 이 세상의 화엄만다라를 나타내고 있다. 깨달은 성인이 이 세계를 보면 세상은 화려하고 장엄한 곳이다.
③ 단청은 동양의 오방색을 나타내고 있다. 단청의 기본 색깔인 청(靑), 홍(紅), 황(黃), 백(白), 흑(黑)은 각각 목(木), 화(火), 토(土), 금(金), 수(水)의 오행을 구체적으로 나타내고 있다. 음양오행은 동양의 철학, 학문의 기본이며 전체이다. 음양오행 빼고는 동양학 자체가 성립될 수 없다. 단청의 오방색은 온 우주를 나타낸다. 따라서 온 우주의 질서를 간직하고 온 우주의 행복을 갈무리한 곳이 법당이다.
④ 단청은 부식이나 훼손을 방지하는 부차적 효과도 있다.[27]

3) 벽화(壁畵)

사찰의 벽에는 여러가지 그림이 많다. 기둥이나 서까래에 곱게 칠한 단청은 물론이고 법당의 벽 안팎에도 빈틈없이 그려져 있다. 고찰의 그림은 그 색이 지나온 세월만큼이나 바래서 신비로움마저 안겨준다. 벽화는 너무 다양해서 전부를 다 알아보기 힘이 들지만 대체로 다음과 같이 분류할 수 있다.

① 법당 안팎에 부처님을 지키는 호법성중들의 그림이다.
② 석가모니 부처님의 일대기를 그린 팔상도이다.
③ 심우도(尋牛圖)이다.
④ 불교의 역사와 연관된 설화의 내용이다.
⑤ 기타 장식을 목적으로 한 그림이다.

---

27) 임영주 저, 『단청』 대원사, **17-19**쪽 참고.

4) 수미단(須彌壇)

부처님을 모신 불단을 수미단이라고 한다. 이 수미단위에는 불상을 모시거나 때로는 불사리가 안치되고 예불과 의식에 필요한 법구인 향로, 촛대, 화병 등이 놓인다. 수미산을 상징하는 장방형의 수미단이 불단의 가장 전형적인 형태이기 때문이다. 수미단이 다른 어느 곳보다 장엄한 것은 부처님의 세계가 수미산 위에 있는 제석천의 세계와 다르지 않음을 상징하기 때문이다.[28]

5) 불감(佛龕)

불감은 불상을 모시는 조그마한 집을 말한다. 좌우에 여닫는 문이 있으며 그 문을 닫으면 원통형의 함이 되는데 주자(廚子)라고도 한다.[29] 우리 나라 불감 중에서 가장 오래되고 우수한 작품으로는 송광사에 전해오는 보조국사가 지니고 다녔다는 목조삼존불감(木造三尊佛龕)을 꼽는다.[30]

불감의 형상은 그 자체가 소형이지만 공정이 까다롭고 많은 공이 드는 작품이므로 귀하게 여겨졌다. 스님들이 만행을 할 때 모시고 다니며 예경(禮敬)하기도 하였으며 개인적인 원불로 모시기도 하였다. 달리 표

송광사 목조삼존불감　보조국사 지눌 스님이 염지하던 것이다./국보 제42호

---

28) 金吉祥 편, 『불교학대사전』 홍법원, 1998, 1432쪽 참고.
29) 동국불교미술인회 엮음, 앞의 책, 157쪽 참고.
30) 『한국민족문화백과사전 8』 한국정신문화연구원, 1995, 55쪽 참고.

현하면 이동식 법당이라 할 수 있다.

6) 대좌(臺座)

대좌는 부처님을 모시기 위해 한 단계 높게 만들어 놓은 자리이다. 그 형태는 대체로 우주의 중심에 있는 수미산과 같은 모양을 취하고 있다. 대좌는 수미산 정상에 있는 도리천에 올라가셔서 법을 설하신 부처님의 모습을 재현한 것이다. 대좌는 상, 중, 하대로 나뉘어있다.[31]

7) 닫집(닻집)

집 속에 또 집을 달아서 부처님을 모셨는데 이 법당 안의 집을 닫집(닻집)이라 한다. 이 닫집은 법왕이신 부처님이 계신 곳으로 화려하고 정교하기가 옛날 임금이 앉았던 용상(龍床) 위의 그것보다 더하다. 이 닫집(닻집)의 근거는 『관불삼매경(觀佛三昧經)』에 있다. 즉, 경에서 "부처님이 도리천궁에 들어가셔서 미간의 백호광명(白毫光明)을 놓으니 그 빛이 칠보(七寶)의 대개(大蓋)를 이루어 마야부인의 위를 덮었다"

닫집 집 속에 또 집을 달아서 부처님을 모신 것을 말하기도 한다./봉암사

고 했다. 중국이나 일본에서는 불상 위에 양산 모양의 화개를 설치하는데 우리 나라의 닫집(닻집)은 우리 특유의 것이다. 닫집(닻집)의 화려한 모습은 부처님의 세계, 화엄만다라의

---

31) 홍사성 주편, 앞의 책, 1126쪽 참고.

보배궁전을 장엄한 것으로 모든 불자로 하여금 환희와 열반의 세계로 향하게 한다.

8) 법상(法床)

커다란 깨달음을 얻은 스님을 '큰스님'이라고 부른다. 큰스님이 부처님의 말씀을 경건하고 엄숙한 분위기 속에서 설법하는 것은 사찰의 중요한 의식의 하나이다. 부처님의 말씀을 전하는 의식에서 큰스님이 자리하는 곳이 법상이다. 법상위에 높이 올라 행하는 설법이 바로 진리요, 법인 것이다. 따라서 법상은 단순한 의자가 아니라 부처님의 소중한 가르침을 전수하는 위엄을 갖춘 스님이 앉는 자리로 섬세하고 화려하게 장엄 되어 있다.

9) 경상(經床)

사찰에서 불경을 읽을 때 사용하는 책상으로 우리나라의 경상은 당·송 시대의 양식에서 영향을 받았다. 그러나 중국의 것에 비해 날렵하고 세련미를 보여준다.[32] 상판(床板)의 양쪽은 두루마리형으로 말려 있고 호족형(虎足形)의 네 다리에는 아름다운 운당초(雲唐草)나 죽절형(竹節形)의 조각 장식이 있다. 몸체에는 한 두개의 서랍이 달려 있고, 흔히 앞뒤로 안상문(眼象紋)이나 여의두문(如意頭紋)이 음각되어 있다. 오래된 것일수록 검정 무쇠의 둥근 고리가 달려 있고 근래에 가까울수록 달개지형 주석장식을 쓰고 있다.[33]

---

32) 金吉祥 편, 앞의 책, **1998**, **96**쪽 참고.
33) 홍사성 주편, 앞의 책, **1281**쪽 참고.

10) 경통(經筒)

경통은 경전수호를 위해 불경이나 경문을 넣어 보관하는 통 모양의 법구다. 옛날에 불경을 길이 후손에게 전하기 위하여 경전을 땅속에 묻을 때에 경전을 담기 위해서 만들었다.[34] 중국에서 혜사(慧思)가 말법에 불교가 멸망될 것을 염려하여 56억7천만년 후에 출현하게 되는 미륵불의 세상에 전하기 위한 기원문에 인한 것인 듯하며,[35] 대개 원통형 · 육각형 · 팔각형으로 되어 있다. 우리나라에서는 발견된 예가 거의 없으며 국립중앙박물관에 소장되어 있는 통일신라시대의 금동경통이 유일한 예이다.[36]

11) 패(牌)

불 · 보살의 명호를 적은 것을 '불명패(佛名牌)' 라고 한다. 국태민안, 소원성취, 등의 발원과 함께 왕족의 만수무강을 축원하는 내용을 적은 것을 '전패(殿牌)' 라고 하며 영가의 신위를 모신 것을 '위패(位牌)' 라고 한다. 그 형태는 여러 가지가 있으나 단순히 패의 아래쪽에 연화대좌만을 붙이는 경우도 있다. 또는 그 위에 구름, 용, 연화 등의 문양을 조각하여 비석이나 탑의 옥개석처럼 나타내는 경우도 있다. 또한 위패의 양쪽에 작은 문을 설치하는 것도 있고 당초문을 장식하기도 한다. 의식에 사용되는 위패는 죽은 사람의 영혼을 대신한다.

---

34) 홍사성 주편, 앞의 책, **1286**쪽 참고.
35) 金吉祥 편, 앞의 책, **101**쪽 참고.
36) 한국정신문화연구원,『한국민족문화대백과사전 2』**190**쪽 참고.

12) 번(幡, patåkå)

불·보살의 위덕과 무량한 공덕을 나타내는 깃발과 같은 형태이다. 불전을 장엄하기 위하여 법당의 기둥이나 번간(幡竿)에 매달아 뜰 가운데 세운다. 혹은 천개나 탑의 상륜부에 매달아 높은 곳에서 나부껴 사람들을 불교에 귀의케 하는 역할도 한다.[37]

번신(幡身)의 형태는 상하가 긴 직사각형이고 번두(幡頭)는 이등변 삼각형이 변형되어 꼭지점 부분의 모서리는 모죽임을 하였고 양쪽의 매듭장식은 번신의 하부에까지 내려왔으며 번두와 번미(幡尾)는 간략화되어 번신과 분리되지 않고 마치 선을 돌린 것처럼 되어 있다.

13) 연(輦)

연은 속세에서는 임금이 탔을 뿐 일반인들은 일상생활에서는 사용할 수 없었던 것인데 불교에서는 재의식(齋儀式)에 이용하였다. 이를 시련(侍輦)이라고 하는데 절 문밖까지 연을 메고 나가 신앙의 대상과 재를 받을 대상을 도량으로 모셔오는 의식에 사용되었다.

연의 형태는 임금이 사용하던 것과 모양이 유사하다. 전체적으로 조그만 집 모양으로 생겼으며 안에 사람이 앉을 만한 공간이 있고 앞뒤에서 네 사람이 가마채를 손으로 들거나 끈으로 매어서 운반하게 되어 있다. 특히 부처님을 조성하여 법당으로 모시는 운반수단으로 이용되었던 것이다.[38]

---

[37] 金吉祥 편, 앞의 책, **788**쪽 참고.
[38] 동국불교미술인회 엮음, 앞의 책, **151**쪽 참고.

14) 향로(香爐)

향로는 향을 피우는 그릇이다. 금속이나 도자기로 만들어지며, 모양도 다양하다. 자루가 있는 것은 병향로(柄香爐, 들고 다니는 것), 없는 것을 거향로(居香爐, 지정된 장소에 두는 것)라 한다. 또한 뚜껑이 없고 윗 부분이 그릇형으로 된 것을 향완(香垸) 이라 한다. 이는 불교 의식에서는 필수적인 불구(佛具)의 하나이다. 고구려 고분벽화에는 향로를 들고 가는 행렬도가 있는 것과 중국에서 신라에 향을 보내온 사실, 그리고 통일신라시대 석탑의 사리장엄구 중에 향로에 대한 항목이 포함되어 있는 것을 들 수 있다.[39]

15) 정병(淨瓶)

정병은 깨끗한 청정수(淸淨水) 또는 감로수(甘露水)를 담는 병을 말한다. 관정의식(灌頂儀式)이나 스님의 필수품인 18지물의 하나로 쓰이는 귀중한 불구로 소개하고 있다. 그러나 점차 그 용도가 변하여 불전에 바치는 깨끗한 물을 담는 그릇으로 사용하게 되었다. 이 정병은 부처님 앞에 바치는 공양구로써 관음보살과 대세지보살을 상징하는 지물(持物)의 기능도 함께 하고 있다. 불교의식을 인도하는 스님이 솔가지로 감로수를 뿌려서 모든 마귀와 번뇌를 제거할 때에도 사용된다.

16) 금고(金鼓)

금속으로 만든 북의 일종인 금고는 반자(飯子), 금구(禁口) 등으로 표기되기도 한다. 그 형태는 쟁과리를 크게 만들어 놓은 모양

---

[39] 金吉祥 편, 앞의 책, 2772쪽 참고.

으로 측면과 상·하 밑에 2~3개의 고리를 장식하여 매달 수 있게 되어 있다. 외부에는 연화문 당좌를 장식하고 가장자리에는 보상화문, 구름당초, 여의주 문양 등이 장식된다.⁴⁰⁾

금고 금속으로 만든 북의 일종으로 반자, 금구 등으로도 표기한다./통도사

17) 바라(婆羅)

전체적인 형태는 서양악기의 심벌즈와 비슷하다. 타악기의 일종으로 동(銅)으로 만든 두 개의 평평한 접시모양의 원반형태인데 중앙의 움푹 들어간 부분에 구멍을 내고 끈을 달아서 좌우손에 한 개씩 들고 서로 비벼 치면서 소리를 내는 것이다. 불교 의식시에 스님이 사용한다. 우리 나라 전통무용에 있어서 바라춤은 중요한 영역을 차지한다.⁴¹⁾

18) 사물(四物)

절에서 의식 때 사용하는 대표적인 4가지 물건을 말하며, 범종·법고·목어·운판이 그것이다. 바깥에서의 사물은 북·꽹과리·징·장구를 일컫는다.

---

40) 동국불교미술인회 엮음, 앞의 책, 149쪽 참고.
41) 홍사성 편, 앞의 책, 1276쪽 참고.

법종루 절에서 의식때 사용하는 사물이 있는 곳이다. 사물에는 범종·법고·목어·운판이 있다. 통도사

(1) 범종(梵鐘)

지옥 중생을 비롯하여 일체의 모든 중생을 위해 친다. 아침에는 28번을 치는데 이 수는 마하가섭으로부터 육조혜능까지 28대 조사를 기리는 뜻으로 친다. 저녁에는 33번을 치는데 이는 불교의 우주관에서 천상의 28계와 지옥, 아귀, 축생, 아수라, 인간을 합해서 33곳에 있는 사바세계 중생들의 의식을 깨우기 위해 친다. 이 범종은 예불뿐만 아니라 절에 불의의 사고가 생겼을 때 대중을 모으는 데도 쓰이며 큰스님의 열반을 알릴 때도 친다.

33조사(祖師)는 조사당에 있는 서천(西天) 28조사와 중국 5조사를 말한다.

서천 28조사는 다음과 같다.

① 마하가섭(摩訶迦葉)　② 아난존자(阿難尊者)
③ 상나화수(商那和修)　④ 우바국다(優婆菊多)
⑤ 제다가(提多加)　⑥ 미차가(彌遮迦)
⑦ 바수밀(婆須蜜)　⑧ 불타난제(佛陀難提)

⑨ 복타밀다(伏馱蜜多) ⑩ 협존자(脇尊者)
⑪ 부나야사(富那耶舍) ⑫ 마명대사(馬鳴大士)
⑬ 가비말라(迦毘摩羅) ⑭ 용수존자(龍樹尊者)
⑮ 가나제바(迦那提波) ⑯ 라후라다(羅睺羅多)
⑰ 승가난제(僧伽難提) ⑱ 가야사다(伽耶舍多)
⑲ 구마라다(鳩摩羅多) ⑳ 암야다(闇夜多)
㉑ 바수반두(婆修盤頭) ㉒ 마라라(摩拏羅)
㉓ 학늑나(鶴勒那) ㉔ 사자존자(獅子尊者)
㉕ 바사사다(波舍斯多) ㉖ 불여밀다(不如蜜多)
㉗ 반야다라(般若多羅) ㉘ 보리달마(菩提達磨)[42]이다.

중국 5조사는 다음과 같다.

㉙ 신광혜가(神光慧可) ② 완공승찬(皖公僧璨)
③ 쌍봉도신(雙峰道信) ④ 황매홍인(黃梅弘忍)
⑤ 태감혜능(太鑑慧能)이다.[43]

(2) 법고(法鼓)

부처님 설법을 법고에 비유하기도 하는데 북소리가 널리 퍼지듯 부처님의 설법이 삼천대천 세계에 널리 퍼지라는 염원이 깃들어 있다. 특히, 축생의 의식을 깨우는 법구다.

(3) 목어(木魚)

고기 모양으로 나무를 깎아 속을 파고 그것을 조석 예불 때 친

---

[42] 권영한 지음, 『예불하는 마음에 자비를』 전원문화사, 1995, 251쪽 참고.
[43] 홍사성 주편, 앞의 책, 937쪽 참조.

다. 물고기는 눈을 감는 경우가 없다. 우리 중생들도 물고기처럼 부지런히 정진하라는 의미다. 특히 수중중생의 의식을 깨우치기 위해 친다.

(4) 운판(雲版)
주로 청동을 가지고 구름모양으로 만든다. 하늘에 사는 중생, 특히 날짐승의 해탈을 위해서 친다.

19) 목탁(木鐸)
일반적으로 중생의 의식을 깨우는 법구며 목어의 축소라고 할 수 있다. 대중을 모으거나 염불, 의식을 행할 때 박자를 맞추기 위해서 사용한다.

20) 죽비(竹篦)
선방에서 입선(入禪), 방선(放禪)을 알리거나 경책을 할 때 사용한다. 또한 스님들이 발우공양을 할 때 신호용으로 사용한다.

21) 요령(搖鈴)
소형 종이라 할 수 있다. 요령도 목탁처럼 박자를 맞추는 법구이다. 금강령(金剛鈴)이라고도 한다. 요령을 잡고 염불하는 스님을 법주(法主)스님이라 하고 목탁을 잡고 염불하는 스님을 바리지 스님이라 한다. 법주스님이 의식의 통솔자다.

22) 경쇠(磬)
대중의 일어서고 앉는 행위를 인도할 때 치는 일종의 악기로 놋

쇠(구리와 아연의 합금)로 주발처럼 만든 것으로, 가운데에 구멍을 뚫어 자루를 달고 노루뿔 같은 것으로 쳐서 울린다.[44]

23) 풍경(風磬)

법당이나 불탑의 처마 또는 지붕 부분에 매달아 소리를 나게 하는 장엄불구의 하나로서 풍령(風鈴) 또는 풍탁(風鐸)이라고도 한다. 풍경은 바람에 흔들려서 소리를 내며 경세(警世)의 의미를 지닌 법구로서 수행자의 방일이나 나태함을 깨우치는 역할을 한다.[45]

24) 다기(茶器)

차(茶)나 청정수(淸淨水)를 올리는 그릇이다. 중국에서는 물이 아주 좋지 않아서 차를 달여 부처님 전에 올렸다. 그 연유로 다기(茶器)라고 한다.

25) 염주(念珠)

부처님을 생각하게 하는 구슬이다.

염주는 수주(數珠)라고도 한다. 염불할 때, 진언을 외울 때, 절을 할 때 그 수를 헤아리기 위해 사용한다. 염주는 번뇌를 끊는 도구로도 사용되고 있다. 염주를 돌릴 때마다 번뇌가 끊어짐을 상징하고 죄업이 소멸된다는 의미가 있다. 염주는 일반적으로 오른손에 들고 엄지손가락을 사용하여 돌린다. 염주알에 따라 단주, 장

---

44) 金吉祥 편, 앞의 책, **96**쪽 참고.
45) 홍사성 주편, 앞의 책, **1275**쪽 참고.

주로 염주재료에 따라 보리자염주, 금강주, 월성주, 율무염주, 수정염주, 산호염주, 진주염주 등이 있다.

26) 불자(拂子)

짐승의 털이나 삼 등을 묶어서 벌레 등을 쫓을 때 사용한다.

흰말(白馬)의 꼬리로 만든 것을 귀하게 여겼으며, 특히 중국에서는 선종의 상징으로 사용되었다. 불진(佛塵)이라고도 한다.

자장율사불자 수행자의 번뇌를 떨어내는 데 사용하는 상징적 의미의 불구다.

27) 주장자(拄杖子)

선사들이 좌선할 때나 설법할 때에 가지고 다니는 지팡이를 말한다. 행각(行脚)시에 험로를 넘는 도구로 쓰며, 불자와 함께 선승의 좌선판도(坐禪辦道)와 심사방도(尋師訪道)에 결여될 수 없는 것이므로, 이로써 달마문하 승려들의 수행생활을 표현한다.

28) 석장(錫杖, khakharaka)

스님들이 갖는 고리가 달린 지팡이로서 원래, 인도의 승려가 산야를 유행(遊行)할 때, 흔들어 울려서 독사나 해충을 쫓았던 것을 말한다.[46] 유성장(有聲杖)·성장(聲杖)·지장(智杖)·덕장(德杖)이라고도 한다. 형태는 지팡이의 일종으로 머리부분의 석(錫)과 나

---

46) 金吉祥 편, 앞의 책, **1307**쪽 참고.

무자루와 금속의촉 등 세 부분으로 이루어져 있다. 머리부분에는 보통 6개의 고리가 달려 있으므로 육환장(六環杖)이라고 한다. 드물게는 12개의 고리가 달려 있는 것도 있다. 이 고리는 석장이 흔들릴 때마다 소리가 나도록 하기 위하여 단 것이다.[47]

29) 업경대(業鏡臺)

중생의 선악과 업(業)을 환하게 비추어 보는 거울이다. 명부전에 비치하여 지옥에서 심판을 받을 때 지은 죄업을 비춘다고 한다. 나무로 만든 것이 대부분이지만 금속으로 된 것도 있다.

30) 윤장대(輪藏臺)

경전을 넣은 책장에 축을 달아서 회전되도록 만든 나무로 된 책장이다. 한번 돌리기만 하면 경전을 한번 읽은 것과 같은 공덕을 쌓을 수 있다고 한다.

31) 금강저(金剛杵)

스님들이 수법(修法)할 때 쓰는 도구의 하나이다. 철이나 동으로 만들며 그 양끝이 나누어져 있지 않고 하나로 되어 있는데 특히 밀교의 수행법에서 이용되었다. 이를 독고(獨鈷) 또는 독고저(獨鈷杵)라 한다. 세 가닥으로 된 것을 3고(三鈷), 다섯 가닥으로 된 것을 5고(五鈷)라 한다. 금강저는 인도재래의 무기로써 불퇴전의 굳센 보리심을 상징한다.[48]

---

47) 홍사성 주편, 앞의 책, **1280**쪽 참고.
48) 홍사성 주편, 앞의 책, **1271**쪽 ; 金吉祥 편, 앞의 책, **287**쪽 참고.

약사여래불　질병과 재액을 소멸시키며, 법을 가르치겠노라 서원했다.

32) 사리장엄구

석가여래께서 입멸하신 후 그 유해를 다비하였는데 그때 얻어진 신골을 범어로 '사리라(Sårira)'라 하였는데 이것이 중국에 와서 '사리'라고 음역되었다.

사리장엄구는 부처님이나 스님의 유신(遺身)을 다비하고 나온 사리를 담는 사리구와 이 사리구를 탑속에 봉안하는 사리장치를 통틀어 일컫는 말이다. 사리장엄에는 그것을 만든 제작동기, 제작한 장인, 발원인 등의 이름을 기록하는 것이 보편적이다.

우리가 탑에 예배를 하는 것은 탑안에 사리, 불경, 각종 장엄구 등이 봉안되었기 때문이다. 우리나라에서도 삼국시대 이후부터 수많은 탑파에 사리장엄구를 설치했다.

33) 복장물(腹藏物)

불상을 조성하면서 불상의 배 안에 사리·불경 등을 넣는 것으로 넓은 의미로는 불상 즉 불보살이나 나한상 등의 여러 존상 내부에 봉안되어 있는 여러가지 불교적 상징물 또는 그것을 넣는 행위를 일컫는 말이다.

사리는 처음에는 탑파에만 봉안되었는데 생신사상(生身思想)이 유행됨에 따라 탑뿐만 아니라 불경이나 불화(佛畵)에도 봉안하였고 점차 불상 안에도 장치하게 되었다. 복장품은 그 밖에도 사리함 · 만다라 · 오곡(五穀) · 오색실 · 의복 등이 있으며 조상기(造像記)나 복장기(腹藏記) 등도 장치된다.[49]

34) 석조(石槽)

큰 돌의 내부를 파서 상수(上水)를 담아 두거나 기물을 씻는데 사용된 석조물이다.[50] 석조는 하나의 돌을 원형, 방형, 장방형으로 내부를 파내어 수량조절과 맑은 물을 담아두기 위하여 유수구(流水口)가 있고 바닥에는 배수구(排水口)가 뚫어져 있다.

---

49) 홍사성 주편, 앞의 책, **1131**쪽 참고.
50) 민중서림 편집국 편, 『국어사전』 민중서림, **1999**, **1259**쪽 참고.

찾아보기 INDEX

〈ㄱ〉

가람각 23
가섭(迦葉) 66, 77, 167, 197, 336
가섭마등(迦葉摩騰) 267
가전연 78
각(閣) 23
간경도감(刊經都監) 174, 280
감로다(甘露茶) 27
감로수(甘露水) 95, 324
감로왕도(甘露王圖) 324
감로탱화 325
개자겁 157
거사(居士) 44
격의불교(格義佛敎) 267
견갑 315
견성성불(見性成佛) 190
결가부좌 35
결집(結集) 262
경갑 315
경국대전 280
경상(經床) 331
경쇠 338
경전 167
경통(經筒) 332

계인(契印) 316
계주유 189
계학(戒學) 234
고 315
고두례(叩頭禮) 33
고성제 120
고행주의 58
공사상(空思想) 239
공양(供養) 43
공양구 334
공양물 25
과거칠불(過去七佛) 86
관경변상도(觀經變相圖) 323
관무량수경(觀無量壽經) 91
관미륵보살상생도솔천경 185
관불삼매경(觀佛三昧經) 330
관불삼매해경(觀佛三昧海經) 304
관세음보살 95
관세음보살보문품 104
관음전 23
관음탱화 323
광목천왕 20
광배(光背) 311
괘불(掛佛) 326

교상판석(敎相判釋) 246
교진여 64
구름당초 335
구마라습 176
구마라집(鳩摩羅什) 269
구병시식 130
구사론(俱舍論) 170
궁자유 188
극락세계 153
극락전 23, 90
근본분열(根本分裂) 260
근본불교 258
근본설일체유부비나야 327
금강경(金剛經) 186
금강령(金剛鈴) 338
금강문 19
금강반야바라밀경 186
금강역사(金剛力士) 19
금강장보살 322
금강저(金剛杵) 19, 341
금고(禁錮) 334
기도(祈禱) 129
기세경 182
기연화(技蓮花) 314
기원정사(祇園精舍) 66
길상초 73

〈ㄴ〉
나라연금강 19

나발(螺髮) 312
나유타 156
나한 99
나한전(羅漢殿) 23
남염부주 144
노사(老死) 118
노사나불(盧舍那佛) 85
녹야원 64
누진통(漏盡通) 101
능가경(能伽經) 184
능엄경 184

〈ㄷ〉
다기(茶器) 339
다문천왕 20
단청 327
닫집(닻집) 330
대광명전(大光明殿) 90
대반열반경 103, 183
대방광불화엄경 189
대방편불보은경(大方便佛報恩經) 304
대범천왕 150
대세지보살 96
대승(大乘) 100
대승경전 177
대승불교(大乘佛敎) 201, 263
대승비불설 179
대웅전 23

대적광전 23
대좌(臺座) 312, 330
데바닷타 79
도량(道場) 38
도리천 147
도성제 124
도솔래의상 70
도솔천 148
도행반야경(道行般若經) 175
독고(獨鈷) 341
독고저(獨鈷杵) 341
독성 99
독성각 23
돈교(頓敎) 191
돈황천불동(敦煌天佛洞) 300
동사섭(同事攝) 231
동승신주 144
두광 315
두타(頭陀) 76
등각(等覺) 193, 213

〈ㄹ〉
라훌라(羅睺羅) 79
룸비니 75

〈ㅁ〉
마명(馬鳴) 264
마왕파순 80
멸성제 123

명색(名色) 116
목어(木魚) 337
묘각(妙覺) 193. 214
무루심(無漏心) 242
무명(無明) 115
무상사(無上士) 101, 108
무색계 152
무소유처천 152
무우수 53
무착(無着) 242, 264
문수전 23
미륵반가사유상(彌勒半跏思惟像) 88
미륵탱화 323
미륵삼부경 185
미륵전 23
밀교(密敎) 265
밀적금강 19

〈ㅂ〉
바라(婆羅) 335
반가부좌(半跏趺坐) 36
반배 31
반야경(般若經) 185
반야바라밀(般若波羅蜜) 225
반야심경(般若心經) 186
방등경 183
방사시(房舍施) 217
백유경 181

백호(白豪) 312
번(幡) 333
범어경전 173
범종(梵鐘) 336
법구경 181
법고(法鼓) 337
법상(法床) 331
법신불(法身佛) 84
법화경 178, 187
법화칠유 188
보관(寶冠) 312
보검 315
보리과 27
보병(寶瓶) 314
보살(菩薩) 24, 93, 203
보살계 220
보시바라밀(布施波羅蜜) 216
보시법 230
보신불 85
보현보살 95
복갑 315
복련(覆蓮) 312
복장물(腹藏物) 342
부루나 78
부파불교 198, 260
북구로주 144
불(佛) 102
불감(佛龕) 329
불공(佛供) 176

불구(佛具) 25
불기(佛器) 28
불본행집경(佛本行集經) 182
불상 241, 313
불석겁 157
불소행찬 181
불이문(不二門) 21
불화 319
붓다가야 83
비로자나불(毘盧蔗那佛) 89
비로자나불탱화(毘盧遮那佛幀畵) 321
비로자나후불회도 321
비로전 90
비무량심(悲無量心) 227
비사리성결집 260
비상비비상처천 152
빔비사라왕 80

〈ㅅ〉

사리불 76
사리장엄구(舍利莊嚴具) 342
사무량심(四無量心) 226
사무량심(捨無量心) 228
사물(四物) 335
사부대중(四部大衆) 44
사생(四生) 138
사선천(四禪天) 152
사섭법(四攝法) 229

사성제(四聖諦) 120
사식(四食) 139
사십이장경(四十二章經) 182
사십팔경계(四十八輕戒) 221
사여의족(四如意足) 206
사위성 67
사천왕 20, 145
사천왕문 20
사홍서원 231
산문(山門) 18
산신각 98
삼계 138
삼단(三檀) 23
삼도(三途) 312
삼배 33
삼법인(三法印) 108
삼선천 150
삼성신앙 97
삼신불 84
삼십이상팔십종호(三十二相八十
　　　　　種好) 305
삼장(三藏) 169
삼취정계(三聚淨戒) 220
삼학(三學) 233
상단 24
상단불화(上壇佛畵) 320
상온 111
상품인(上品印) 316
쌍림열반상 74

색계 149
색온 110
서산대사 283
서우화주 144
석가모니불탱화 320
석장(錫杖) 340
선불장 22
선사상 250
선서(善逝) 101
선열미 27
선정바라밀(禪定波羅密) 225
선정인(禪定印) 316
선종(禪宗) 250
설선당 22
설상수도상 72
성주괴공 155
세존(世尊) 102
수(受) 117
수계(受戒) 37
수달타 67
수미단(須彌壇) 329
수보리(須菩提) 78
수온 111
수인(手印) 312, 316
수하한마당 73
숫타니파타 181
승만경 183
시무외인(施無畏印) 316
시왕도(十王圖) 325

식(識) 116
식온 112
신시(身施) 217
신장상 315
신족통 101
심시(心施) 217
십대제자 76
십대지옥 141
십사(十事) 199
십신(十信) 191, 209
십이연기(十二緣起) 114
십이처(十二處) 112
십주(十住) 192, 210
십지품(十地品) 190, 193
십팔계(十八界) 113
십행(十行) 192, 211
십회향(十廻向) 192, 212

〈ㅇ〉
아귀(餓鬼) 142
아나율 77
아난 78
아라한과(阿羅漢果) 99
아미타내영도(阿彌陀來迎圖) 322
아미타불(阿彌陀佛) 90
아미타불탱화(阿彌陀佛幀畵) 322
아미타설법도(阿彌陀說法圖) 322
아수라(阿修羅) 142
아잔타석굴 298

아함경(阿含經) 177, 180
안상(眼象) 312
안세고(安世高) 175
안시(眼施) 217
앙련(仰蓮) 312
애어섭(愛語攝) 230
야마천 148
야사(耶舍) 80
약사여래(藥師如來) 91
약사여래본원경 185
약초유 188
어간 25
업(業) 34, 118
업경대(業鏡臺) 341
여래장(如來藏) 100
여원인(與願印) 317
연(輦) 333
연기 114
연화좌(蓮華坐) 314
열반(涅槃) 68
열반경 186
열반적정 109, 127
염부수 55
염불 128
염불자십력 132
염주(念珠) 339
영락(瓔珞) 314
영산회상(靈山會上) 320
오계(五戒) 218

오분법 177
오십삼선지식 322
오음 128
오체투지 33
옥야경(玉耶經) 182
완천(腕釧) 314
왕사성(王舍城) 80, 168
요대 315
요령(搖鈴) 338
요사 22
욕계 139
용수(龍樹) 264
우슬착지 37
우팔리 79
운판(雲版) 338
원각경 184
원효 278
월광보살 97
위경 180
유(有) 117
유루심 242
유마경 182
유성출가상 72
유식사상(唯識思想) 241
유정 138
육계(肉髻) 312
육바라밀(六波羅蜜) 215
육방예경(六方禮經) 182
육법공양 25

육욕천 145
윤장대(輪藏臺) 341
윤회(輪廻) 119
율장 170
응공 100
의자유(醫子喩) 189
의천 280
이분법 177
이선천 150
이식(耳飾) 312
이행섭(利行攝) 230
인욕바라밀(忍辱波羅密) 223
일광보살(日光菩薩) 97
일승법계도 249
일주문(一柱門) 18, 38
일주삼간 19
입법계품 191

〈ㅈ〉

자무량심(慈無量心) 227
자씨보살(慈氏菩薩) 88
잡아함경 84
장궤 37
적묵당 22
전(殿) 23
전각 22
전법륜인(轉法輪印) 318
점교 191
정견(正見) 124

정념(正念) 126
정명(正命) 126
정변지 100
정병(淨瓶) 334
정사유 125
정어(正語) 125
정업(正業) 125
정정(正定) 126
정정진 126
정진바라밀 224
정토사상 251
정토삼부경 184
정학(定學) 235
제법무아 109
제석천왕(帝釋天王) 20
제파(提婆) 264
제행무상 108
조어장부 102
좌선 35
주령좌 315
주장자(拄杖子) 340
죽비 338
중관사상 239
중단 24
중단불화(中壇佛畵) 324
중품인(中品印) 316
지계바라밀 217
지권인(智拳印) 319
지루가참(支婁迦讖) 175

지말분열(枝末分裂) 260
지옥(地獄) 140
지장보살 96
지장보살도 325
진제 176
집성제 122

〈ㅊ〉

차수 31
참회 130
천안통 101
천왕문 38
천의(天衣) 314, 315
천이통 101
천인사 102
천지인(天地人) 319
천태사상 246
초선천 150
촉(觸) 116
축법호(竺法護) 76
축생 142
춘다 68
취(取) 117
칠각지(七覺支) 206
칠싱 98
칠성각 98

〈ㅌ〉

타심통 101

타화자재천 149
탑(塔) 21
통견(通肩) 312
퇴공 28

〈ㅍ〉
팔리어경전 173
팔상성도 69
팔재계(八齋戒) 220
팔정도(八正道) 74, 120, 208
패(牌) 332
풍경(風磬) 339
피안교(彼岸橋) 23

〈ㅎ〉
하단 25
하단불화(下壇佛畵) 324
하품인 317
합장 29
항마촉지인 317
해우소 48
해행당 22
행(行) 115
행온 111
향(香) 26
향로(香爐) 334
향적전 22
현장(玄) 176
혜학(慧學) 235

혜해탈 26
호궤 37
화남(和南) 47
화락천 149
화성유 188
화신불 86
화안시(和顏施) 217
화엄경(華嚴經) 177, 189
화엄경 변상도 321
화엄사상(華嚴思想) 246
화택유 189
회삼귀일사상(會三歸一思想) 19
흉식 312
흉갑 315
희무량심 228